EUROPAS WELTERBE ENTDECKEN

Thomas Bickelhaupt
EUROPAS
WELTERBE
ENTDECKEN
100 inspirierende Reiseziele von historisch bis magisch
BRUCKMANN

INHALT

NORWEGEN

SCHWEDEN

BALTIKUM

POLEN

TSCHECHIEN

UNGARN

RUMÄNIEN

TÜRKEI

UKRAINE

RUSSLAND

DIE WELTERBESTÄTTEN NACH THEMEN

Lincolnsee
KANADA
Kap Morris Jesup
Spitzbergen
Peary Land
Nordostrundingen
Ellesmere
Kennedy-Kanal
Smith Sund
Qaanaaq
Kap Parry
Kong Frederik VIII's Land
Danmarks Havn
Lauge Koch Land
Melville-Bucht
Dronning Louise Land
Shannon
Daneborg
Baffin-Bucht
Upernavik
Kong Christian X's Land
Traill
ATLANTISCHER OZEAN
Uummannaq
Disko
77
Ilulissat
Diskobucht
Kong Frederik IX's Land
Sisimiut
Kangerlussuaq
Maniitsoq
Kap Dan
Ammassalik
Nuuk
ISLAND
Timmiarmiut
Kap Cort Adelear
Alluitsoq
Unartoq
Kap Farvel
0
500 km
GRÖNLAND
REYKJAVÍK
ISLAND
76
75
Naturpark Vatnajökull
Europäische
Färöer (DK
Shetland-Inse
Rockall (GB)
St. Kilda
72
Äußere Hebriden
71
Aberd
Glasgow
66
Edinburgh
67
Belfast
GROSS-
IRLAND
70
DUBLIN
Leeds
Liverpool
Manchester
Skellig Michael
74
Cork
Sheffield
68
Birmingham
BRITANNIEN
ATLANTISCHER
LONDON
73
65
69
Ärmelkanal
Kanal-Inseln
Le Havre
Brest
37
Seine
41
Nantes
Orléan
Loire
36
FRANKREIC
OZEAN
La Coruña
Golf von Biscaya
44
Santiago de Compostela
Gijón
Bordeaux
Vigo
Bilbao
Garonne
34
Toulouse
Canal du midi
Porto
Valladolid
Duero
Ebro
PORTUGAL
ANDORRA
Zaragoza
LISSABON
MADRID
42
Tajo
Barcelona
SPANIEN
Guadiana
Valencia
Mallorca
Córdoba
Ibiza
Palma de Mallorca
Sevilla
Murcia
Balearen
Cádiz
Málaga
45
Madeira
Gibraltar
Tanger
Ceuta
MITTE
Melilla
ALGIER
Oran
RABAT
Casablanca
MAROKKO
ALGERIEN
N
0
300 km
Kanarische Inseln
43

Nordkap
Hammerfest
Barentsee
Vesterålen
Tromsø
Lofoten
Narvik
Murmansk
Halbinsel Kola
Weißes Meer
Petschora
Ob
Uchta
84
Lappland
Nordmeer
Archangelsk
Luleå
NORWEGEN
SCHWEDEN
Kama
Kama-stausee
Beresniki
82
Birka
Trondheim
RUSSLAND
Jekaterinburg
Perm
FINNLAND
Bottnischer Meerbusen
Onega-see
Petrosawodsk
Wotkinsker Stausee
81
Bergen
Tampere
Ladoga-see
Kirow
82
Hovgården
Turku
HELSINKI
Wolgoda
Ufa
OSLO
Uppsala
Sankt Petersburg
Rybinsk
Kasan
STOCKHOLM
83
TALLINN
87
Rybinsker Stausee
Gorkier Stausee
ESTLAND
Nowgorod
Kuibyschewer Stausee
Skagerrak
Norrköping
Pskov
Twer
Nishnij Nowgorod
Wolga
Oka
Göteborg
85
Visby
Gotland
LETTLAND
Samara
Kattegat
DÄNEMARK
RIGA
87
100
MOSKAU
Daugava
Saratower Stausee
Öland
Ostsee
Tula
KOPENHAGEN
79
78
Klaipeda
LITAUEN
80
Malmö
86
Kaunas
87
Witebsk
Smolensk
Nordsee
20
7
Schleswig
Bornholm
VILNIUS
Saratow
Rügen
18
Stralsund
Kaliningrad
MINSK
Wolgograder Stausee
10
Lübeck
Wismar
Gdańsk
Marienburg
KASACHSTAN
Bremen
8
Hamburg
91
BELARUS
Woronesch
Oder
Szczecin
Elbe
POLEN
Gomel
Kursk
AMSTERDAM
DEUTSCHLAND
4
Poznań
Brest
Achtubinsk
BERLIN
Oder
WARSCHAU
Wolgograd
Düsseldorf
2
13
Don
Quedlinburg
12
89
Charkov
9
Dresden
Breslau
99
KIEW
Wolga
16
17
Weichsel
Zimljansker Stausee
Astrachan
11
Frankfurt
6
95
UKRAINE
Don
Würzburg
Bamberg
Weimar
92
Krakau
Dnepr
Darmstadt
5
3
PRAG
88
90
Donezk
14
19
TSCHECHIEN
21
Dnipropetrowsk
Donau
Regensburg
93
Brünn
Rostow am Don
Stuttgart
94
SLOWAKEI
München
27
29
40
Salzburg
WIEN
BRATISLAVA
Debrecen
Kischinau
Cherson
26
Zürich
SCHWEIZ
28
96
RUMÄNIEN
Asowsches Meer
ÖSTERREICH
BUDAPEST
MOLDAWIEN
30
32
31
Graz
Odessa
Krasnodar
UNGARN
Bozen
49
Cluj Napoca
Krim
SLOWENIEN
97
Gardasee
57
Brasov
Verona
Vicenza
Ljubljana
Sibiu
Sewastopol
Jalta
Sotschi
GEORGIEN
Mailand
58
Venedig
56
ZAGREB
KROATIEN
BUKAREST
Tiflis
Po
Suchumi
Genua
Bologna
Ravenna
60
BIH
BELGRAD
Schwarzes Meer
Donau
Constanta
Batumi
51
Zadar
SARAJEVO
ARMENIEN
Pisa
Florenz
55
Split
61
Mostar
SERBIEN
Varna
Jerewan
ITALIEN
BULGARIEN
Adriatisches Meer
Assisi
47
Trabzon
Elba
Dubrovnik
SOFIA
Burgas
KOSOVO
Samsun
54
59
Podgorica
Skopje
Plovdiv
ROM
Istanbul
NORD-MAZEDONIEN
98
52
TIRANA
ANKARA
Van
Kizilirmak
48
Bari
Van-See
Sardinien
Neapel
50
ALBANIEN
Thessaloniki
46
53
Tigris
63
Tyrrhenisches Meer
GRIECHENLAND
TÜRKEI
Cagliari
Mossul
Ägäisches Meer
Izmir
Ionisches Meer
Adana
Palermo
Patras
62
ATHEN
Messina
Antalya
Aleppo
64
Olympia
Bodrum
Catania
SYRIEN
MITTELMEER
Sizilien
TUNIS
Demre
Homs
Rhodos
IRAK
TUNESIEN
MALTA
ZYPERN
Valletta
Lefkosia
LIBANON
Kreta
Iráklion
Damaskus

Burg Stahleck hoch über
dem Oberrheintal.

WELTERBE IM SPANNUNGSFELD VON GESCHICHTE UND GEGENWART

Nichts ist so subjektiv wie das Objektiv. Subjektivität beginnt schon mit der Auswahl des Motivs, das fotografiert werden soll. Sie setzt sich fort mit der Entscheidung für das Format des erwünschten Bildes, von der naturalistischen Traumlandschaft über Spielereien mit Lichteffekten bis zu nüchternen Dokumentaraufnahmen. Aus solchen Überlegungen resultieren schließlich die immer neuen – und subjektiven – Festlegungen zu Entfernung, Perspektive und Bildausschnitt.

Die Binsenweisheit der Fotografie gilt im übertragenen Sinne auch für diesen Band. Weltweit zählt die Welterbeliste der UNESCO gegenwärtig 1154 Denkmäler in 167 Ländern. Auf Europa entfallen über 500. Ganz vorn ist Italien mit 58 Denkmälern, Deutschland mit 51 liegt hinter China (56) auf Platz drei, gefolgt von Spanien und Frankreich mit jeweils 49. Allein die Großen zeigen, wie notwendig eine Auswahl ist. Und wie schwer.

Unterschiedliche Aspekte

Das geht nicht ohne den subjektiven Faktor. Anders als bei der offiziellen Liste gibt es für die ausgewählten 100 Beispiele keine strengen Kriterien. Vielmehr folgen sie in zehn Schwerpunkten individuellen Entscheidungen. Die einzelnen Texte beschreiben Orte und Landschaften nicht nur mit ihrer jeweiligen Geschichte. Mitunter wird auch auf weitere Welterbestätten verwiesen – so kommen am Ende deutlich mehr als einhundert in den Blick.

Die »Top Ten« beginnen mit dem Aachener Dom, einem europäischen Denkmal par excellence. Die ehemalige Pfalzkapelle von Karl dem Großen war 1978 auf der erstmals vorgelegten UNESCO-Liste der erste Eintrag Deutschlands. Wien, Paris und Rom dürfen unter den »Großen Zehn« ebenso wenig fehlen wie Venedig oder Prag. Die Aufnahme von Auschwitz in diese Reihe verweist darauf, dass neben Kunst und Kultur zum Erbe der Menschheit auch der große Zivilisationsbruch des 20. Jahrhunderts gehört.

»Welterbe historisch« vereint zehn Städte zwischen Visby und Dubrovnik, während die »majestätische« Auswahl mit Schlössern und Burgen von der deutschesten aller Burgen bis zum Castel del Monte tief im Süden reicht. Das Stichwort »abenteuerlich« gibt Anregungen für die Erkundung von Urwäldern, Gletschern und Fjorden. Dagegen führen »alter-

↑ Direkt neben dem Glacier-Express: St. Cassian im Schweizer Kanton Graubünden.
← Luxus aus der Antike: die römische Therme im englischen Bath.

↑ Rätselhaft: die Steinkreise von Stonehenge.
→ Wem die Stunde schlägt: astronomische Uhr am Rathaus in Prag.

tümliche« Orte zu frühen Zeugnissen der europäischen Siedlungs- und Kulturgeschichte, von denen weitere als »magische« Stätten vorgestellt werden.

Kirchen und Klöstern als »besinnliches« Welterbe stehen als »technische« Beispiele besondere Orte der Industriegeschichte gegenüber, »unendlich« ist natürliches Welterbe an Wasser und Meer. Schließlich machen »erstaunliche« Ziele neugierig auf weniger Bekanntes abseits großer Touristenrouten.

Europas Reichtum und Diversität

Selbstredend sind die Abgrenzungen zwischen den einzelnen Aspekten fließend. Doch in der Zusammenschau ergeben sie ein facettenreiches Bild von Reichtum und Diversität, das grundlegend ist für die Kulturgeschichte Europas. Der Umschlagtitel mit historischer Kirchenfassade und moderner Brückenkonstruktion steht für diesen weitreichenden Spannungsbogen.

Doch die Bilder und Geschichten zur Geschichte können und wollen Reiseführer nicht ersetzen – wohl aber neugierig machen und anregen zum Entdecken von Stätten und Landschaften, die des Sehens würdig sind. Zum Kennenlernen der Menschen, die dort wohnen. Mithin zu einer Tour, die keine weite Weltreise sein muss. Vielleicht aber auch einfach nur zum entspannten *armchair travelling*, bequem zurückgelehnt in einen Sessel, bei dezenter Musik und einem guten Schoppen. Dafür ohne Flugscham und Bedenken wegen des ökologischen Fußabdrucks.

Bei alledem ist durchaus so etwas wie Demut angebracht. Nach 1989 brachen zahllose gestandene Männer und Frauen überwältigt und hemmungslos in Tränen aus, als sie zum ersten Mal die Nordsee oder den Kölner Dom, den Eiffelturm oder den Canal Grande mit eigenen Augen sahen. Tränen der Wut darüber, dass ihnen das Recht des freien Reisens über Jahrzehnte verwehrt geblieben war. Aber auch Tränen der Freude über das Glück der gewonnenen Freiheit. Die Geschichte dieser Tränen ist noch nicht geschrieben.

Umso wichtiger ist angesichts neuerlicher Gefährdungen die Bewahrung von kulturellem Erbe und Schätzen der Natur für künftige Generationen. Dazu führt die Welterbe-Idee die Impulse fort, die schon 1954 von der Haager Konvention zum Schutz von Kulturgut ausgingen und in den 1960er-Jahren mit der Rettung altägyptischer Tempel zu einem großen Erfolg führten. Die Übereinkunft zum Schutz des Kultur- und Naturerbes stammt von 1972. Inzwischen beteiligen sich 194 Länder.

Dennoch kann die Spezialorganisation der UNO allein das Welterbe nicht schützen, zumal der nach strengen Kriterien vergebene Titel lediglich ein ideeller ist. Materiell ist er bestenfalls eine Ermutigung für Investoren und Politiker, Welterbestätten durch angemessene Zuwendungen dauerhaft zu sichern. Stattdessen aber gelangen immer wieder einzelne Stätten auf die Rote Liste. Mancherorts haben städtebauliche Entscheidungen die Auszeichnung sogar rückgängig gemacht. Zusätzliche Gefährdungen bringt der globale *overtourism*.

Ein »etwas naiver Wunsch«

Doch besonders dringlich ist der Appell zum Schutz des Welterbes seit dem Ukraine-Krieg. Die russische Aggression vom 24. Februar 2022 brachte in brutalstmöglicher Weise Krieg zurück nach Europa. Menschen in aller Welt sind erschüttert von den Bildern grausamer Verbrechen an der Zivilbevölkerung, die durch nichts zu rechtfertigen sind. Auch großflächige Verwüstungen und Zerstörungen von geradezu apokalyptischen Ausmaßen galten im modernen Europa bisher als überwunden.

So ist denn das Erbe der Menschheit so stark gefährdet wie lange nicht mehr. Schon 2017 hatte der Hallenser Ethnologe Christoph Brumann vor dem »etwas naiven Wunsch« gewarnt, »dass das großartige Erbe die Menschen verbinden wird«: So einfach sei es nicht, konstatierte der Wissenschaftler der Max-Planck-Gesellschaft. Nur wenn Konflikte vor Ort in jedem Einzelfall ernst genommen werden, könne die Bewahrung des Menschheitserbes zum Anliegen aller werden. Dem ist nichts hinzuzufügen.

Im Wattenmeer an der Nordsee.

DER HIMMEL AUF ERDEN
Die Pfalzkirche Karls des Großen

In Deutschland beginnt die Geschichte der Welterbestätten 1978 mit dem Aachener Dom. Er kam auf die weltweit erste Liste der UNESCO nicht nur als ein Beispiel früher Sakralarchitektur nördlich der Alpen. Die einstige Pfalzkapelle erinnert an Kaiser Karl den Großen, den streitbaren Vordenker eines modernen Europas. Das macht den heutigen Dom zu einem europäischen Denkmal par excellence.

1

Der Nachruhm war überaus positiv. Karl der Große (um 747–814) habe »ganz Europa erfüllt mit allem Guten« hinterlassen, und »allen Bewohnern der Erde« sei er »furchtbar, liebenswürdig und bewundernswert zugleich« erschienen. So jedenfalls beschrieb der fränkische Chronist Nithard (800–844) die Zeit nach dem Tod des Kaisers. Selbst Karls grausame Kriege erscheinen in günstigem Licht: Die »wilden und eisernen Herzen der Franken und Barbaren« habe er »durch gemäßigten Schrecken« so gebändigt, »dass sie in seinem Reiche nichts zu unternehmen wagten, als was mit dem allgemeinen Wohl und Besten sich vertrug«.

Karl der Große vereinte in sich wohl gleichermaßen Milde und Härte. Das war in den täglichen Überlebenskämpfen seiner Zeit durchaus nichts Außergewöhnliches. Gewalt blieb dabei für ihn nie das letzte Wort. Vielmehr setzte er auf Verständigung, Versöhnung und Integration zwischen den einzelnen Regionen. So wurden seine Eroberungsfeldzüge im frühen Mittelalter zu einem ersten Fundament für ein übergreifendes Europa der Völker.

Auf dem Höhepunkt seiner Macht herrschte er von der Nordsee bis zum Mittelmeer, von der Normandie bis nach Süditalien. Nach Zerstörungen folgten Phasen des Wiederaufbaus – etwa mit Pfalzen und Domen nach großen byzantinischen Vorbildern wie Jerusalem oder Ravenna, aber auch mit spektakulären Infrastrukturprojekten. So beginnt etwa die lange Geschichte einer künstlichen Wasserstraße zwischen Nordsee und Schwarzem Meer mit der als »Karlsgraben« bekannten Fossa Carolina im heutigen Mittelfranken.

Bei alledem sah sich Karl nicht nur als »König und Lenker des Frankenreiches«, sondern stets auch als Schirmherr und »demütiger Helfer der heiligen Christenheit«. Die Pfalzkapelle in seiner neuen Residenz Aachen, die er nach eigenen Vorstellungen errichten ließ, sollte diese Haltung bekräftigen. Der Kaiser sah seine Kirche als Abbild des himmlischen Jerusalems, das nach der biblischen Überlieferung die Berührung von Irdischem und Himmlischen symbolisiert.

Heutige Besucher erleben das hoch aufragende Achteck der um das Jahr 785 begonnenen Kapelle als den Zentralbau des Doms. Umschlossen ist das Oktogon von zweigeschossigen Umgängen sowie mehreren Kapellen, die zwischen dem 15. und 18. Jahrhundert angebaut wurden. Größter Anbau ist der 1414 vollendete Gotische Chor, wegen seiner schlanken, hohen Fenster bald auch »das Glashaus von Aachen« genannt.

↑ Einmalig: Den Blick vom Turm auf den Aachener Münsterplatz können Dombesucher immer nur Anfang September genießen.
← Vom Rathaus zeigt sich die Silhouette des Doms mit dem »Glashaus von Aachen«, dem Oktogon und dem neugotischen Turm.

Dort glänzt von der Höhe eine kostbare Strahlenkranzmadonna mit Maria, die eine Schlange zertritt. Die geschnitzte Doppelfigur in Gold und Blau ist eine der vielen Darstellungen, die den Dom als Marienkirche ausweisen. Dazu gehört auch das hölzerne Gnadenbild »Unserer Lieben Frau von Aachen« aus dem 14. Jahrhundert in einer Nische vor dem Hauptaltar. Weil über die Jahrhunderte zahllose Wallfahrer das Gnadenbild mit unterschiedlichsten Geschenken bedachten, prägte der Volksmund das Wort von der »reichsten Frau Aachens«.

↑ Der Königsthron erhielt seinen Platz auf der Empore wahrscheinlich zur ersten Krönung eines deutschen Königs im Jahr 936.
→ Am Übergang vom Oktogon mit dem monumentalen Radleuchter zum »Glashaus von Aachen« fällt der Blick auf die goldene Altartafel aus dem frühen 11. Jahrhundert.

Seit dem Mittelalter ist der Dom eine Reliquienstätte. Unter den vier der textilen Heiligtümer, die alle sieben Jahre den Pilgern gezeigt werden, ist das sogenannte Lendentuch des gekreuzigten Christus. Ihren Platz haben die Reliquien im vergoldeten Marienschrein in der Chorhalle. Die sterblichen Reste von Karl dem Großen ruhen im Karlsschrein, einem Meisterwerk maasländischer Goldschmiedekunst. Beeindruckend in seiner Schlichtheit ist dagegen im Obergeschoss der marmorne Kaiserthron.

Merkwürdige Einritzungen auf den Marmorplatten wie ein Mühlespiel gelten als Hinweise darauf, dass die antiken Platten möglicherweise einst als Bodenbelag dienten. Wie auch immer: Zwischen den Jahren 936 und 1531 sonnten sich über 30 Könige und zwölf Königinnen im Nachruhm des Kaisers, indem sie am historischen Ort ihre königlichen Würden empfingen. Kaiser Friedrich Barbarossa (um 1122–1190) ließ seinen berühmten Vorgänger 1165 heiligsprechen und stiftete dazu den monumentalen Radleuchter, der mit seinem goldenen Glanz die Symbolik des himmlischen Jerusalems sinnfällig unterstreicht.

Weitere Kostbarkeiten im Dom sind ferner eine goldene Altartafel vom Beginn des 11. Jahrhunderts und der Ambo, eine überaus reich geschmückte Kanzel aus der Zeit um das Jahr 1000. Seine vergoldeten Kassettenwände bewahren eine Sammlung wertvoller Preziosen wie Schalen aus Achat und römischem Bergkristall, byzantinische Schachfiguren, Goldreliefs der Evangelisten und Elfenbeinreliefs. Am Bronzeportal der Vorhalle schließlich beeindrucken der große Pinienzapfen und eine furchterregende Wolfsfigur aus dem 2. Jahrhundert, als Aachen noch römisch war.

Für Kaiser Karl war die Pfalzkapelle geistiger Mittelpunkt der neuen Residenz Aachen, die einst gern auch als »zweites Rom« bezeichnet wurde. Hier tagten Reichstage, wurden Reformen auf den Weg gebracht, entwickelten Gelehrte der »Hofakademie« ihre Europa-Ideen. Doch nur wenige Jahrzehnte nach Karls Tod war sein Riesenreich Geschichte. Geblieben ist ein einzigartiger Erinnerungsort mit reichen Kunstschätzen aus längst vergangenen Zeiten im Dom und seiner berühmten Schatzkammer.

INFO

PRINZEN UND PRINTEN

Seit dem 19. Jahrhundert ist Aachen eine der markanten Hochburgen des rheinischen Karnevals. Seine Geschichte beginnt mit der französischen Besetzung des Rheinlandes von 1794 bis 1814. Die Aachener waren empört über das militärische Gehabe der Franzosen, was sie deutlich zeigten, indem sie in Fantasiekostümen aus Lumpen vor den Kasernen auf und ab marschierten. Dabei sangen sie immer wieder Schmählieder und führten den militärischen Gruß absichtlich falsch aus: mit der rechten flachen Hand an der linken Seite der Stirn. Daraus wurde dann der Narrengruß der Karnevalisten mit Prinzen und Hofstaat. Sie gehören zu Aachen wie die Printen, die anfangs mancher gern auch als Symbol für die ungeliebten Franzosen nahm: Man konnte ihnen den Kopf abbeißen.

WEITERE INFORMATIONEN

UNESCO-Welterbe Aachener Dom
unesco.de/kultur-und-natur/welterbe/welterbe-deutschland/aachener-dom
aachenerdom.de
Karneval in Aachen
akv.de

CREATA SUNT
DIGNUS
DEUS HOC TUTUM STABILI FUNDAMINE
LAPIDES VIVI PACIS COMPAGE LIGANTUR

2

WELTERBE TECHNISCH – FAGUS-WERK ALFELD

IKONE DER INDUSTRIEARCHITEKTUR

Nachhaltiger Impuls für das Neue Bauen

In dem Fabrikgebäude wird nach über hundert Jahren noch immer produziert. Damit ist es eines der wenigen Industriedenkmäler in Deutschland, die bis heute entsprechend ihrer ursprünglichen Bestimmung genutzt werden. Für die Arbeitswelt des 20. Jahrhunderts markiert das Ursprungswerk moderner Industriearchitektur den Beginn einer neuen Ästhetik, die weit über den Gebäudestandort hinausreicht.

Er war zweifellos einer der großen Architekten. Mit seinen Werken hat Walter Gropius (1883–1969) die Welt des Bauens nachhaltig revolutioniert. Dabei konnte der spätere Gründer des Bauhauses in Weimar nicht einmal ordentlich zeichnen. Für Pläne auf dem Reißbrett war er deshalb stets auf Mitarbeiter angewiesen. Wichtigster Partner für sein erstes Großprojekt in Alfeld an der Leine war Adolf Meyer (1881 bis 1929), der ohnehin als das »Alter Ego« aus Gropius' Büro galt. Ohne Meyer sind Arbeiten wie das Fagus-Werk kaum vorstellbar, denn Gropius gab im Diskurs mit seinem engsten Mitarbeiter eher den Mann der Ideen und des Wortes. Dazu gehörte auch seine Forderung nach »neuen Bauorganismen«: »Paläste für Arbeiter« sollten den Beschäftigten nicht nur »Licht, Luft und Reinlichkeit« geben, sondern sie zugleich »etwas spüren lassen von der Würde der gemeinsamen großen Idee«.

Bei alledem war Gropius überzeugt, dass sich eine solche Gemeinsamkeit auch für den »subtil rechnenden« Unternehmer auszahlt: Er würde Rücksicht auf das »ursprüngliche Schönheitsideal« nehmen und erkennen, dass »mit der Zufriedenheit des einzelnen Arbeiters auch der Arbeitsgeist wächst und folglich die Leistungsfähigkeit des Betriebes«.

Der Alfelder Unternehmer Carl Benscheidt (1858–1947) fand an solchen Worten offenbar Gefallen. Jedenfalls erhielt Gropius 1911 den Zuschlag für den Neubau der Fagus GmbH. Mit dem Firmennamen, abgeleitet vom lateinischen Wort für Buche, verwies Benscheidt auf die hölzernen Schuhleisten aus seiner Fabrik. In dem lebendigen Industriedenkmal gehören Leisten für die Schuhherstellung bis heute zur Produktpalette.

Schwebende Leichtigkeit

Die schwerelose Eleganz des Fagus-Werks wirkt auf den Betrachter modern wie am ersten Tag. Besonders deutlich wird dieser Eindruck am dreistöckigen Bürogebäude, dessen große Glasflächen jeweils ohne Stützen um die Ecken geführt sind. Möglich wurde der optische Effekt von schwebender Leichtigkeit durch ein Skelett aus Stahlbeton, dessen Stützen im Inneren die Außenwände von ihrer tragenden Funktion befreien. Transparente Glasecken wie in Alfeld sollten denn auch bald in der Architektur der Moderne weltweit zu einem augenfälligen Merkmal werden.

Schuhe von Promis

Besucher können die Ikone der Industriearchitektur auf unterschiedlichen Wegen erkunden. Regelmäßige Führungen bieten Einblicke in die moderne Schuhleistenproduktion, aber auch in hundert Jahre lebendiger Industriegeschichte. Dabei kommt die Architektur von Walter Gropius ebenso in den Blick wie die innovativen Ideen des Firmengründers Carl Benscheidt für fußgerechte Schuhe nach individuellen Bedürfnissen.

Im früheren Lagerhaus für Schuhleisten können Besucher in der »Fagus-Gropius-Ausstellung« an einem Leisten aus Buchenholz ihren Wunschschuh feilen, hundert Jahre Schuhmode erkunden, Promi-Schuhe von Claudia Schiffer bis Til Schweiger oder Bauhaus-Möbel entdecken. Dagegen bietet die »Waldetage« vielfältige Einblicke in den Lebensraum Wald. Zudem gibt es bei der »ArchitekTour« durch verschiedene Gebäudeteile und über das Außengelände zahlreiche Details hinter den Kulissen. Ein besonderer Aspekt dabei ist die Bedeutung des Fagus-Werks für Ausbildung und Lehre am Staatlichen Bauhaus, das Gropius 1919 in Weimar gründete. Die Impulse der wichtigsten Hochschule des 20. Jahrhunderts für Kunst, Design und Architektur wirken weltweit bis in die Gegenwart.

↖ Zeitlose Moderne in Alfeld an der Leine bei Hannover.
↗ … bleib bei deinen Leisten.

INFO

PROTHESEN GEGEN SCHNARCHEN

Ein kurioses Kontrastprogramm bietet das weltweit einzige Schnarchmuseum im Alfelder Ortsteil Langenholzen. Bei einem Streifzug durch die Privatsammlung eines Mediziners lernt der Besucher allerlei Apparaturen vom 18. Jahrhundert bis in die Neuzeit kennen, die das Schnarchen verhindern sollen – von durchaus seriösen Hilfsmitteln bis hin zu Scharlatanerie. Mundprothesen gehören dazu ebenso wie Kinnbinden, Nasenklemmen und -pflaster, diverse Weckmittel und Lagerungskissen. Darüber hinaus ist zu erfahren, dass das lästige Schlafgeräusch schon antike Gemüter erhitzte. Der griechische Fruchtbarkeitsgott Dionysos etwa wurde beim Schnarchen und bei Atemaussetzern im Schlaf mit einem Pinienzapfen geweckt. Eine erste Dissertation über das »Schnarchen der Schlafenden« erschien übrigens schon 1745.

WEITERE INFORMATIONEN

UNESCO-Welterbe Fagus-Werk in Alfeld
unesco.de/kultur-und-natur/welterbe/welterbe-deutschland/fagus-werk-alfeld
Schnarchmuseum Langenholzen
schnarchmuseum.de

GESAMTKUNSTWERK VOLLER TRADITION

Das »Fränkische Rom« lebt mit seiner Geschichte

Ihre Herkunft als Bischofssitz kann die Stadt nicht verleugnen – viele Sachzeugen einer mehr als tausendjährigen Geschichte haben dank glücklicher Umstände die Jahrhunderte überdauert. Dazu gehören nicht nur Kirchtürme, bischöfliche Bauten und stattliche Bürgerhäuser. Weitgehend erhalten blieb auch die historische Altstadtstruktur. In ihrer Kleinteiligkeit pulsiert heute der moderne Alltag.

Schon immer hat Bamberg seine Besucher fasziniert – und dies bis heute unabhängig davon, ob gerade die Bischofsstadt gefragt ist oder aber die Bierstadt. In ihrer Mitte werden sie empfangen von kleinen Straßen und engen Gassen, durch die sie der Weg früher oder später hinaufführt zum Kaiserdom aus dem 11. Jahrhundert und zur fürstbischöflichen Residenz. Ihr zu Füßen liegt die Altstadt mit mehr als tausend denkmalgeschützten Gebäuden. Damit hat Bamberg das hierzulande größte erhaltene Altstadtensemble.

Seine Mitte ist zweifellos der Dom St. Peter. Zusammen mit der Abtei St. Michael, der Stephanskirche und der Oberen Pfarre am Kaulberg ist er eine der vier repräsentativen Kirchen Bambergs. Den Dom stiftete Kaiser Heinrich II. (um 978 bis 1024), der auf seiner fränkischen Pfalz zu residieren liebte und dessen kostbarer blauer Damast-Sternenmantel im Diözesanmuseum zu sehen ist. Den Bischöfen gab Heinrich mehr Rechte. Sie sollten als Territorialfürsten vor allem auch seine Reichspolitik unterstützen.

3

↑ Südliches Flair in »Klein Venedig«.
↙ Bambergs Altstadt zu Füßen des Kaiserdoms (links) mit dem Rathaus im Fluss (rechts).

Mit der Gründung des Bistums Bamberg im Jahr 1007 führte Heinrich die Stadt zu Größe und Glanz. Seine Frau, Kunigunde von Luxemburg (um 980–1033), unterstützte ihn und wurde nach dem Tod des Kaisers Regentin. Beide fanden ihre Grabstätte im Dom. Dessen bekanntestes Kunstwerk, der »Bamberger Reiter« aus dem 13. Jahrhundert, stammt wohl aus einer Werkstatt im Umfeld der Kathedrale in Reims, die für Bamberg auch die Statuen Marias und Elisabeths schuf. Die Identität des gekrönten Reiters indes ist unklar. Vermutlich ist es der Ungarnkönig Stephan (969–1038), der mit einer Schwester Heinrichs verheiratet war.

Ein Blick vom Domberg ins weite fränkische Land und über die abwechslungsreiche Dachlandschaft ruft unvermittelt Worte des weithin vergessenen Dichters Ferdinand Avenarius (1856–1923) ins Gedächtnis. Für ihn war schon vor über hundert Jahren »Bamberg an Stadtbaukunst eine der allerschönsten Städte Deutschlands«. Ihren architektonischen Reichtum verdankt sie nicht zuletzt vielen stattlichen Bürgerhäusern aus dem 17. und 18. Jahrhundert. Geradezu bescheiden ist dagegen das schmale Haus, in dem der Kapellmeister E. T. A. Hoffmann (1776–1822) eine Reihe von Jahren und eine unglückliche Liebe erlebte.

Den Namen des künstlerischen Multitalents trägt das Theater ganz in der Nähe. Dort wie andernorts in der Stadt laden vielerlei Weinstuben, Bierkeller und Cafés zum Verweilen ein, wobei vor allem Studenten der 1979 wieder begründeten Universität für lebendiges Treiben sorgen. Sie wurden nicht auf einen Campus außerhalb geschickt, sondern nutzen dasselbe Areal und teils dieselben barocken Gebäude wie im 17. Jahrhundert die »Academia Ottoniana«.

Ein Hauch von südländischem Flair liegt über der einstigen Fischersiedlung »Klein Venedig«. Winzige Gärten vor dicht gedrängten Fachwerkhäusern reichen direkt bis ans Ufer der Regnitz. Zugleich ist Bamberg der Moderne gegenüber aufgeschlossen und hat bedeutende museale Sammlungen vorzuweisen, zum Beispiel sakrale Goldschmiedekunst und kostbarste Gewänder im Diözesanmuseum. Das Naturkundemuseum bewahrt ein Naturalienkabinett von 1791. Das Stadtbild beleben zeitgenössische Großskulpturen von Botero, Luginbühl und anderen.

1995 zog die Porzellansammlung des Mäzens Peter Ludwig ins Alte Rathaus auf der Regnitzinsel ein – ein stimmig gewählter Platz: Der Bau aus dem Mittelalter auf der Grenze von Dombezirk und Bürgerstadt wirkt in seinem barockisierten Ambiente selbst so fragil wie aus Porzellan.

INFO

SCHLENKERLA

Bei alledem war und ist Bamberg immer auch eine Stadt des Bieres. Allein in der Stadt gibt es 13 einschlägige Familienunternehmen, im Umland kommen 60 weitere hinzu. Alle zusammen brauen sie immerhin 400 verschiedene Sorten, darunter auch international preisgekrönte. Bamberger Spezialität ist das »Schlenkerla«, der Urstoff eines süffigen Rauchbiers schlechthin. Der ausgefallene Name geht zurück auf einen Wirt des Blauen Löwen, dem beim Abladen der Bierfässer sein Gespann durchging, das ihn überrollte. Die Folge war eine Hüftverletzung und danach ein schlenkernder Gang … Gasthaus und Bier hatten ihren Namen weg. Die Bamberger gehen übrigens zum Feierabendbier oder auch sonst nicht in den Biergarten, sondern »auf'n Keller« – zum Freisitz über den Bierkellern in der durchlöcherten Unterwelt.

WEITERE INFORMATIONEN

UNESCO-Welterbe Altstadt von Bamberg
unesco.de/kultur-und-natur/welterbe/welterbe-deutschland/altstadt-von-bamberg

4

WELTERBE TOP TEN – BERLIN

ZWISCHEN ANTIKE UND MODERNE

Kunstzentrum und Wohnsiedlungen liegen eng beieinander

Welterbe in der Hauptstadt ist ein weites Feld. Schon die fünf großen Museen auf der Spreeinsel mit ihren unterschiedlichen Schwerpunkten sind für Besucher eine Herausforderung. Hinzu kommen in mehreren Außenbezirken die Wohnsiedlungen der Moderne. Ganz im Westen schließlich gehören die Berliner Ausläufer der berühmten Parklandschaft von Potsdam und Sanssouci dazu.

Eine preußische Kabinettsorder forderte am 29. März 1810 für Berlin »eine öffentliche, gut gewählte Kunstsammlung«, die vis-à-vis dem königlichen Schloss angelegt werden sollte. Doch bei der einen blieb es nicht: Im Laufe der Zeit entstanden fünf große Museen. Nach dem Zweiten Weltkrieg lag jedoch vieles in Trümmern. Erst 2009 war mit der »ergänzenden Wiederherstellung« des Neuen Museums von Friedrich August Stüler (1800–1865) der Wiederaufbau abgeschlossen.

Nach Abschluss des aufsehenerregenden Projekts von David Copperfield war gelegentlich von einem »Höhepunkt der Berliner Auferstehungsgeschichte« die Rede. Die behutsame Kombination von alter Substanz und moderner Ergänzung machte die Museumsinsel zu einem Kunstzentrum ohnegleichen. Die Bestände in den einzelnen Häusern reichen von Kunst aus babylonischer Zeit bis zum 20. Jahrhundert. Der Weg dorthin beginnt seit 2019 in der modernen James-Simon-Galerie, eine Hommage an den 1932 verstorbenen Berliner Mäzen.

Das klassische »Spree-Athen«

Der erste Museumsbau, das 1830 eröffnete Museum am Lustgarten von Karl Friedrich Schinkel (1781–1841), wird längst nur noch »Altes Museum« genannt. Es ist eines der besten Beispiele des europäischen Klassizismus und gilt unter Fachleuten als Gründungsbau der modernen Museumskultur. 1841 bestimmte dann König Friedrich Wilhelm IV. (1795 bis 1861) das gesamte Areal des Lustgartens zwischen Spree und Kupfergraben zu einer »Freistätte für Kunst und Wissenschaft«: Die Museumsinsel war geboren.

Das Gesamtkonzept des enorm produktiven Schinkel-Schülers Stüler sah für das Areal nicht nur das Neue Museum als Erweiterungsbau für ägyptische Kunst vor. Ferner sollte nach antikem Vorbild ein Forum mit einem tempelartigen Bau für Aula und Hörsäle der 1809 gegründeten Universität entstehen. Daraus wurde jedoch später die Nationalgalerie. Ihre korinthischen Säulen verhalfen der Stadt zu dem gern strapazierten Beinamen »Spree-Athen«.

Ein Hauch von Venedig liegt über der Inselspitze im Norden: Unmittelbar aus dem Wasser erhebt sich das mächtige neubarocke Kaiser-Friedrich-Museum, das später den Namen seines berühmten Gründungsdirektors Wilhelm von Bode (1845–1929) erhielt. Der 1897 begonnene Bau, der auch religiöse Kunst zeigen sollte, konnte wegen Verzögerungen durch Bismarcks Kulturkampf gegen die katholische Kirche erst 1904 abgeschlossen werden. Als fünfter und größter Bau auf der Spreeinsel wurde schließlich 1930 das Pergamonmuseum mit dem rekonstruierten Altar aus der antiken türkischen Stadt Bergama eröffnet.

↑ Modernes Bauen vor hundert Jahren: die »Siedlung Schillerpark«.
← Tempel der Kunst mitten in der Spree: das Bode-Museum.

Auf neuen Wegen

Für das 21. Jahrhundert sucht die Museumsinsel nach neuen Wegen. Das Ziel ist eine neue Gemeinsamkeit aller Häuser, indem große und zeitlos bewegende Themen übergreifend dargestellt werden – etwa zum Selbstverständnis des Menschen zwischen Geburt und Tod oder zu den Vorstellungen von Chaos und Kosmos in unterschiedlichen Kulturen. Der Ort dafür ist eine unterirdische »Archäologische Promenade« zwischen dem Neuen Museum und dem Bode-Museum. Sie soll zugleich einladen zum bequemen Schlendern zwischen den Häusern ohne lange Umwege im Freien.

Welterbe finden Berlin-Besucher jedoch nicht nur in Mitte. Ein Muss für Architekturfans sind die sechs »Siedlungen der Berliner Moderne«, mit denen prominente Architekten zwischen 1913 und 1934 Maßstäbe setzten für bezahlbare Wohnungen. Das älteste dieser Wohngebiete ist die »Gartenstadt Falkenberg« von Bruno Taut (1880–1938) im heutigen Stadtbezirk Treptow-Köpenick. Die 80 Einfamilien- und sechs Mietshäuser sind wegen der auffallend bunten Farbigkeit von Fassaden, Fenstern, Brüstungen und anderen Details besser bekannt als »Tuschkasten-Siedlung«.

↑ Die bunte »Tuschkastensiedlung« von Bruno Taut.
→ Ein begehrtes Wohnquartier: die »Hufeisensiedlung«.
↘ Neuer Blickfang am Pergamonmuseum: die James-Simon-Galerie.

Hufeisen und »Weiße Stadt«

Ausgesprochen großstädtisch baute Taut ab 1924 im Arbeiterbezirk Wedding. Die »Siedlung Schillerpark« nimmt Bezug auf moderne holländische Architektur jener Zeit, die roten Fassaden zitieren die Backsteinfassaden Amsterdams. Bekannter jedoch ist zweifellos Tauts »Hufeisensiedlung«. In der zwischen 1925 und 1930 errichteten Großsiedlung auf dem einstigen Rittergut Britz in Neukölln leben bis heute 5000 Menschen. Die zentrale umlaufende Häuserzeile bildet um einen eiszeitlichen Pfuhl ein riesiges Hufeisen, das von weiteren Wohnbauten umgeben ist.

Die »Wohnstadt Carl Legien« in Prenzlauer Berg ist benannt nach dem ersten Vorsitzenden des Allgemeinen Deutschen Gewerkschaftsbundes von 1919. Für die unmittelbare Nachbarschaft zu dicht bebauten Quartieren der Gründerzeit entwarf Taut zusammen mit Franz Hillinger (1895–1973) eine Großstadtsiedlung mit hellen Vier- und Fünfgeschossern und dazwischenliegendem Grün.

Die »Weiße Stadt« in Reinickendorf und die »Siemensstadt« in Charlottenburg schließlich gelten im Wohnungsbau als Schlüsselprojekte für Neues Bauen am Ende der 1920er-Jahre. In Reinickendorf entstanden nach Entwürfen mehrerer Architekten unter der Gesamtleitung des Stadtplaners Martin Wagner (1885–1957) zwischen 1929 und 1931 über 1200 Wohnungen. Die direkt integrierten Versorgungseinrichtungen – Läden, Kinderheim, Arztpraxis, Café – waren damals ein Novum.

Den städtebaulichen Entwurf für die Großsiedlung »Siemensstadt« lieferte Hans Scharoun (1893–1972), der später mit seiner Philharmonie im damaligen Westberlin weithin für Aufsehen sorgte. An der 1929 begonnenen Großsiedlung waren prominente Vertreter des Neuen Bauens beteiligt, darunter der Bauhaus-Gründer Walter Gropius (1883–1969) und sein Weimarer Nachfolger Otto Bartning (1883–1959). Unverkennbar hinterließen sie ihre Handschriften, von Gropius' nüchternem Funktionalismus bis zu Scharouns differenziertem Spiel mit unterschiedlichen Formen.

Als aufgelockerte Stadt mit viel Grün dazwischen wurde »Siemensstadt« nach dem Zweiten Weltkrieg vielerorts zum Synonym für den Wiederaufbau der zerstörten Städte. In Berlin sind die Siedlungen der Moderne nach wie vor begehrte Wohngegenden. Für »ArchitekTouren« ist das ein Problem: Das Innere der städtebaulichen Ensembles, deren Wohnungen mit Toiletten, Bädern, Zentralheizung, Balkon oder Loggia für ihre Zeit durchaus revolutionär waren, bleibt heutzutage interessierten Besuchern zumeist verschlossen.

INFO

PFAUENINSEL UND CO.

An der Glienicker Brücke, die im Kalten Krieg nach 1945 für den Agentenaustausch zwischen Ost und West stand, zeugen Parks und Schlösser von der feudalen Vergangenheit der lauschigen Landschaft zwischen Berlin und Potsdam mit ihren Wäldern und Seen. Auf der Pfaueninsel in der Havel nördlich von Glienicke legte 1821 Peter Joseph Lenné (1789–1866) den ersten Rosengarten Preußens an. Der Park am Schloss Klein-Glienicke ist ebenso ein Werk des berühmten Gartenkünstlers wie der Böttcherberg und der heutige Waldpark Nikolskoe am Havelufer. Dort erinnert das Blockhaus im russischen Stil an die dynastischen Beziehungen zwischen dem preußischen und dem Zarenhof im 19. Jahrhundert. Heute lädt dort eine Gaststätte zum Besuch ein.

WEITERE INFORMATIONEN

UNESCO-Welterbe Museumsinsel Berlin
unesco.de/kultur-und-natur/welterbe/welterbe-deutschland/museumsinsel-berlin
UNESCO-Welterbe Siedlungen der Berliner Moderne
unesco.de/kultur-und-natur/welterbe/welterbe-deutschland/siedlungen-der-berliner-moderne
UNESCO-Welterbe Schlösser und Parks von Potsdam und Berlin
unesco.de/kultur-und-natur/welterbe/welterbe-deutschland/schloesser-und-parks-von-potsdam-und-berlin

IKONE DES JUGENDSTILS

Künstlerkolonie markiert Wendepunkt in Architektur und Kunst

Ursprünglich gab es dort nur eine Gartenanlage nach dem Vorbild englischer Landschaftsparks und eine russische Kapelle. Doch an der Wende zum 20. Jahrhundert wurde die Mathildenhöhe zur Künstlerkolonie mit weitreichenden Impulsen für die Moderne. Die für ihre Zeit experimentelle Architektur geht einher mit künstlerischem Anspruch und illustriert damit die Vision einer dauerhaften Verbindung von Kunst und Handwerk.

Die ursprüngliche Parkgestaltung auf dem höchsten Punkt der Darmstädter Innenstadt war eine Idee von Großherzog Ludwig III. von Hessen und bei Rhein (1806–1877). Er gab der Anlage den Namen seiner Gattin Mathilde – und machte sie damit gleichsam unsterblich. Denn als »Mathildenhöhe« sollte der Ort im Europa um 1900 bald zu einem Synonym für den künstlerischen Aufbruch in die Moderne werden. Großherzog Ernst Ludwig (1868–1937) versprach sich vom Projekt Künstlerkolonie vor allem mehr Aufmerksamkeit für den Jugendstil. Zugleich aber hoffte er auf wirtschaftliche

5

Impulse durch die Verbindung von Kunst und Handwerk: »Mein Hessenland blühe und in ihm die Kunst.« Dazu engagierte der kunstsinnige Mäzen den österreichischen Architekten Joseph Maria Olbrich (1867–1908), der gerade erst mit der »Wiener Secession« weithin für Furore gesorgt hatte. Sein Wiener Kollege Josef Hoffmann (1870–1956) kannte ihn als einen Mann »voll von sprühenden Ideen und vielleicht zu großer Romantik«, der ein »kolossaler Arbeiter und unermüdlicher Schaffer« sei und »am liebsten Walhalla gebaut« hätte.

Olbrichs kühne Vision

Auch Großherzog Ernst Ludwig war begeistert von Olbrichs kühnem Bau in Wien mit der berühmten Kuppel aus goldglänzendem Lorbeerlaub. Aus diesem Grund holte er den Österreicher auch nach Darmstadt, wo in der neuen Künstlerkolonie Architektur, Kunsthandwerk und Malerei zusammengeführt und gleichzeitig zukunftsweisende Wohn- und Bauformen erarbeitet werden sollten. Eine Forderung übrigens, die an der Wende vom 19. zum 20. Jahrhundert als Alternative zur industriellen Massenproduktion immer häufiger erhoben und zwischen Berlin, München und Wien in ganz unterschiedlichen Werkstattmodellen umgesetzt wurde.

Einer der Mitstreiter Olbrichs in Darmstadt war der Architekt und Designer Peter Behrens (1868–1940), Mitbegründer der »Vereinigten Werkstätten« in München. So entstand in enger Teamarbeit in der hessischen Stadt ein zweites Jugendstil-Zentrum. Olbrich schuf die meisten Gebäude, die er nicht nur entwarf, sondern zu denen er meist auch noch die Inneneinrichtung, die Gärten und einige Gebrauchsgegenstände konzipierte. Sein »Haus der Arbeit« mit Ateliers, Meisterstuben, Theater sowie Turn- und Festsälen verglich er mit »einem Tempel«, in dem Arbeit gleichsam »als heiliger Gottesdienst« gelte.

Diesem Haus »am höchsten Streif« stellte er die Wohnhäuser der Künstler gegenüber, »gleich einem friedlichen Ort, zu dem nach des Tages emsiger Arbeit von dem Tempel des Fleißes herabgestiegen wird, um den Künstler mit dem Menschen einzutauschen«. Olbrich sei auch in Darmstadt »ein echter Wiener Künstler« geblieben, befand der Schriftsteller Ludwig Hevesi (1843–1910) beim Tod des Architekten im Alter von nur 40 Jahren.

Hochzeit im Fünf-Finger-Turm

Später wurde das »Haus der Arbeit« in Würdigung von Olbrichs Mäzen zum »Ernst-Ludwig-Haus«. Heute befindet sich dort das Museum der Künstlerkolonie. Das ebenfalls von Olbrich gebaute »Große Glückerthaus« beherbergt die Deutsche Akademie für Sprache und Dichtung, die mit dem Georg-Büchner-Preis den wichtigsten deutschen Literaturpreis vergibt.

Überragt wird das Areal vom 48,5 Meter hohen »Hochzeitsturm«, den Olbrich zwischen 1905 und 1908 zur Erinnerung an die Hochzeit Ernst Ludwigs mit Prinzessin Eleonore Solms-Hohensolms-Lich errichten ließ. Das Wahrzeichen Darmstadts, wegen der auffälligen Giebelfront gern auch »Fünf-Finger-Turm« genannt, hat längst seine neue Aufgabe gefunden – als eigenwillige und unverwechselbare Nebenstelle des Darmstädter Standesamts. Die Russische Kapelle entstand jedoch schon 1899 und unabhängig von der Künstlerkolonie.

← Aufgang zum Museum der Künstlerkolonie.

INFO

48 JAHRMILLIONEN

Welterbe der ganz anderen Art bewahrt die Grube Messel nordöstlich von Darmstadt. Die Fossillagerstätte war 1995 das erste deutsche Naturdenkmal auf der UNESCO-Liste. Mehrere Zehntausend Fossilien aus dem Maarvulkan-See dokumentieren die Entwicklungsgeschichte der Erde vor 48 Millionen Jahren, als die Dinosaurier verschwanden und sich Tier- und Pflanzenwelt explosionsartig veränderten. Eine Besonderheit ist neben den vielen Tier- und Pflanzenfossilien eine große Zahl von sehr gut erhaltenen Vollkörperskeletten. Dies alles lässt sich bequem erkunden mit dem Welterbe-Express, der per E-Mobil durch den früheren Tagebau für Ölschiefer fährt und auf seiner Tour auch direkt zu den Grabungsstätten der Fossilien in eine Tiefe von bis zu 60 Metern vordringt.

WEITERE INFORMATIONEN

Mathildenhöhe Darmstadt
unesco.de/kultur-und-natur/welterbe/mathildenhoehe-darmstadt-von-unesco-ausgezeichnet

UNESCO-Welterbe Fossillagerstätte Grube Messel
unesco.de/kultur-und-natur/welterbe/welterbe-deutschland/fossillagersta-ette-grube-messel
grube-messel.de

6

WELTERBE TECHNISCH – MONTANREGION ERZGEBIRGE/KRUŠNOHOŘÍ

ENTLANG DER ALTEN SILBERSTRASSE

Städte und Stätten zeigen 800 Jahre Bergbaugeschichte

Das Welterbe im Erzgebirge ist nichts für Eilige. Immerhin vereint es in der deutsch-tschechischen Bergbauregion 22 Stätten mit markanten Zeugnissen der Industriegeschichte, darunter allein 17 in Deutschland. Mehr oder weniger eng verbunden sind sie durch die sächsisch-böhmische Silberstraße, die auf 140 Kilometern den alten Handelswegen der Bergleute folgt.

Wenn die Bergparade durch die Stadt zieht, sind die Menschen im Erzgebirge ganz bei sich. Was zugereiste Schaulustige am Straßenrand mitunter eher als folkloristisches Schauspiel mitverfolgen, ist für die Mitwirkenden in ihren historischen Bergmannsuniformen lebendige Tradition. Sie resultiert aus einer achthundertjährigen Geschichte des Bergbaus, von dem die Region und die Lebensweise ihrer Bewohner bis heute bestimmt sind.

Begonnen hat alles 1168 mit einem Zufallsfund. Nachdem Fachleute das rätselhafte Objekt als Silbererz erkannten, machte die Kunde schnell die Runde. Dieses »Berggeschrey« löste weit über den Fundort bei Christiansdorf hinaus einen wahren Ansturm aus. »Wo eyn man ercz suchen will, das meg her thun mit rechte«, versprach denn auch der zuständige Markgraf Otto von Meißen (1125–1190). Es kamen nicht nur Bergleute und Händler, sondern auch Abenteurer und Vagabunden – sozusagen Klondike-Fieber auf Sächsisch.

Romantischer Mythos

Das kleine Christiansdorf wurde zu Freiberg, der ältesten Bergstadt im heutigen Erzgebirge. Der 1765 gegründeten Bergakademie verdankt sie den Ruf als weltweit führender Standort der Montanwissenschaften. Einer der ersten Studenten war Georg Philipp von Hardenberg (1772–1801), besser bekannt als Novalis. Sein unvollendeter Roman »Heinrich von Ofterdingen« lebt von einzigartigen und unübertroffenen Bildern eines romantischen Mythos vom Bergbau.

In der Altstadt von Freiberg spiegeln repräsentative Bauten den Aufschwung als wirtschaftliches und politisches Zentrum. Auf dem Obermarkt mit dem Rathaus aus dem 15. Jahrhundert dreht sich alljährlich zum Christmarkt eine große Pyramide. Der 1512 geweihte Dom am Untermarkt mit der »Goldenen Pforte« und einer Silbermannorgel gilt als eine der bedeutendsten Kirchen in Sachsen. Auf den Bergbau verweist die filigrane steinerne Tulpenkanzel: Die Last der Wendeltreppe trägt ein Knappe.

Auch im Umland gibt es viele Sachzeugen der Bergbaugeschichte. Von der Grube Segen Gottes Erbstolln beispielsweise, bis zum 19. Jahrhundert wichtigstes Bergwerk bei Gersdorf, sind ein steinernes Grubenwehr in der Freiberger Mulde und Reste eines Kanals erhalten, auf dem einst das Erz transportiert wurde. Dagegen verarbeitet der Hüttenkomplex Muldenhütten nördlich der Altstadt von Freiberg noch immer Buntmetalle, wie seit mindestens 600 Jahren.

↑ Altenbergs Wahrzeichen: der Förderturm des Arno-Lippmann-Schachts.
← Freigelegte Geschichte: Grundmauern der Saigerhütte Grünthal.

Planstadt Annaberg

Einen neuerlichen Silberrausch brachte das »Große Berggeschrey« gegen Ende des 15. Jahrhunderts. 1496 wurde Annaberg die erste Planstadt der Region, wo es neben Silber, Kupfer und Zinn auch Wismut und Kobalt sowie verschiedene Steine und Erden gab. Schon auf dem Grundriss der Stadt war neben Marktplatz, Rathaus und Bürgerhäusern auch der exponierte Standort für die monumentale Annenkirche festgelegt.

Weithin sichtbar ist ihr 78 Meter hoher Turm, und in der luftigen Höhe von 42 Metern bietet die Türmerwohnung den Bewohnern jederzeit einen einzigartigen Überblick. Im Inneren überrascht die hohe und lichte Hallenkirche mit einem kunstvoll ausgemalten Gewölbe. Doch berühmt ist die Kirche vor allem wegen des einzigartigen Bergaltars. Die Bilder des spätgotischen Malers Hans Hesse (1470–1539) zum Bergbau sind mit die ältesten Darstellungen zu diesem Thema.

Ganz in der Nähe präsentiert sich am Flüsschen Sehma der »Frohnauer Hammer« als das älteste Schmiedemuseum in Deutschland. Das Hammerwerk von 1621 in einer ehemaligen Getreidemühle können Besucher noch immer in Aktion erleben. Dabei bewegt ein Wasserrad über eine rotierende Welle den Hammer zunächst nach oben, bevor er dann mit einer Wucht von bis zu zwölf Tonnen herabfällt und lautstark das Werkstück formt. Auf diese Weise wurden einst unter

↑ Unscheinbar, aber wertvoll: Silbererz.
→ Bergbau-Motive im Freiberger Dom mit der Tulpenkanzel.
↘ Der Frohnauer Hammer hämmert noch immer.

ständigem Hämmern Werkzeuge für den Bergbau und die Landwirtschaft geschmiedet.

Streifzüge unter Tage

Rund um Annaberg künden ebenso wie östlich davon im Marienberger Gebiet und in der Region um Schneeberg weiter westlich zahlreiche Stollen an den Bergbau früherer Zeiten. Viele dieser Zugänge sind heute beliebte Besucherbergwerke zum direkten Kennenlernen der harten Arbeitsbedingungen unter Tage, aber auch zum Erkunden tektonischer Verwerfungen, von Sinterbildungen und anderen geologischen Phänomenen.

Das alte Marienberg ist ähnlich wie Annaberg und das heutige Horní Blatná (Bergstadt Platten) im tschechischen Erzgebirge (Krušnohoří) eine geometrisch geplante Stadt. Die Altstadt mit ihrem quadratischen Grundriss und regelmäßig verteilten Gebäuden war damals die erste Idealstadt der Renaissance nördlich der Alpen. Dem Stadtgründer von 1521, Herzog Heinrich dem Frommen (1473–1541), setzten die Stadtväter im Jahr 1900 auf dem Markt ein Denkmal.

Radioaktive Entdeckungen

Ein besonderes Kapitel in der sächsisch-böhmischen Montanregion ist der Abbau von Uranerz. Dazu gehört einerseits die Entdeckung von radioaktiven Elementen durch die polnische Physikerin Marie Curie (1867–1934). Sie isolierte Radium und Polonium erstmals 1898 aus Erzen von St. Joachimsthal, wo einst Georg Agricola (1494–1555) die Wissenschaft zu Bergbau, Hüttenwesen und Mineralogie maßgeblich voranbrachte. Zudem kamen 1519 aus dem heute tschechischen Jáchymov die ersten Silbergulden. Als »Thaler« verhalfen sie neuzeitlichen Münzsystemen bis hin zum Dollar zu ihrem Namen.

Andererseits aber führte die bahnbrechende Entdeckung von Joachimsthal letztlich zum massiven Uranbergbau im Kalten Krieg des 20. Jahrhunderts. Über Jahrzehnte wurde nach 1945 das höchst gefährliche radioaktive Material auf beiden Seiten des Erzgebirges ohne Rücksicht auf Mensch und Natur aus dem Berg geholt – mit einfachsten Mitteln und für die atomare Aufrüstung der Sowjetunion.

In Jáchymov war der Uranabbau jahrelang verbunden mit harter Zwangsarbeit für politische Gefangene. Die einstigen Abbaugebiete sind inzwischen stillgelegt und für viel Geld aufwendig saniert. Geblieben sind neben Spätfolgen für Betroffene auch Erinnerungsorte wie die Grube »Svornost« (Einigkeit) in Jáchymov und der »Rote Turm des Todes«, die Aufbereitungsanlage für Uran im ehemaligen tschechischen Arbeitslager 13.

INFO

HEIRATEN UNTER ENGELN
Von Bergbau über Holzspielzeug bis zur erzgebirgischen Weihnacht reicht die Erlebniswelt in der »Manufaktur der Träume« in Annaberg-Buchholz. Mit einer überaus vielfältigen Volkskunst schufen sich die Erzgebirgler einst eine Traumwelt jenseits der schweren Arbeit im Bergwerk. Daraus entstand eine reiche und bis heute lebendige Volkskunst. Aus Träumen und Illusionen wachsen immer wieder neue Interpretationen des Alltags … wie etwa die Weihnachtsberge, die es nur dort gibt: Zwar versetzt Glaube auch im Erzgebirge keine Berge. Aber eine ausgeprägte Volksfrömmigkeit holt die alte biblische Geschichte direkt in die heimische Umgebung einer fantasievollen und bunt bevölkerten Bergbaulandschaft. Einzigartiges Highlight in dem Museum: Heiraten unter Engeln mit himmlischen Chören und Sektempfang.

WEITERE INFORMATIONEN
UNESCO-Welterbe Montanregion Erzgebirge/Krušnohoří
unesco.de/kultur-und-natur/welterbe/welterbe-deutschland/montanregion-erzgebirge-krusnohori
montanregion-erzgebirge.de
Entlang der Silberstraße
Erzgebirge-tourismus.de
Manufaktur der Träume
annaberg-buchholz.de/manufaktur-der-traeume/

WIKINGER AN DER SCHLEI

Legendäres Handelszentrum zwischen Meeren und Welten

Wikinger mit Hörnerhelmen sind etwas für die bunte Welt von Comics. In Wirklichkeit waren die Nordmänner vor tausend Jahren nicht nur gefürchtete Krieger, sondern auch Händler und Staatengründer. Einer ihrer wichtigsten Orte für den Warenumschlag war am Ostseefjord der Schlei der Hafen von Haithabu, der ältesten Stadt des frühen Mittelalters im Norden Europas.

Der zweifelhafte Ruf als »beutegierige Unholde« aus alten fränkischen und angelsächsischen Chroniken begleitete die Wikinger nicht von ungefähr: Als ihre Horden im Jahr 793 über die englische Insel Lindisfarne herfielen, plünderten sie das Kloster, zerstörten die Kirche und erschlugen die Bewohner. Damit begannen die drei Jahrhunderte der Wikingerzeit, in der die Nordmänner regelmäßig mit Raubüberfällen durch England und Westeuropa zogen, aber auch bis ans Mittelmeer und nach Konstantinopel. Zur gleichen Zeit aber waren sie immer auch als Entdecker und Kaufleute unterwegs. Schwedische Wikinger errichteten zwischen 800 und 850 Herrschaftsgebiete mit festen Burgen im russischen Norden, norwegische Seefahrer entdeckten um 860 Island. Mit Erik dem Roten (um 950–1003) begann im Jahr 985 die Besiedlung Grönlands, und lange vor Kolumbus erreichte schon um das Jahr 1000 der Isländer Leif Erikson (um 970 bis 1020) als erster Europäer in Neufundland die amerikanische Küste.

7

↑ Wikinger-Langboot im Museum Haithabu.
↙ Längst keine Insel mehr: die alte Fischersiedlung »Holm«.

Händler und Handwerker

In ihrer Blütezeit reichte die Welt der Wikinger von den Lofoten und Island im Nordmeer bis zur Normandie im Westen sowie im Osten bis zur Wolga und zum Schwarzen Meer. In Haithabu an der schmalsten Stelle Jütlands handelten sie mit Waren aus der nahezu gesamten damals bekannten Welt. Der Ort lag günstig zwischen zwei Meeren: Bis zur Ostsee waren es nur 42 Kilometer, und selbst der beschwerlichere Weg zur Nordsee mit 16 Landkilometern zum Flüsschen Treene sparte lange Umwege durch Kattegat und Skagerrak oder den Limfjord in Nordjütland.

Im Hafen vor Haithabu, dem Haddebyer Noor, ragten die Landungsbrücken für die Handelsschiffe bis zu 50 Meter ins Wasser. Dort wurden Holz, Speckstein und Walrosselfenbein sowie Felle und Pelze aus dem Norden getauscht gegen Glas, Schmuck, Seide, Tuche, Gewürze oder Silber aus dem fernen Orient. In die nördlichen Gefilde kam die Ware über Zwischenhändler in Russland. Unmittelbar am Hafen hatten Metallgießer, Weber, Drechsler und Goldschmiede ihre Werkstätten, wo sie die Handelsware direkt verarbeiteten. Sie lebten in gedrungenen Häusern, ihre Siedlung schützte ein halbkreisförmiger, 1300 Meter langer Wall. Haithabu war im 9. Jahrhundert die erste planmäßig angelegte Stadt in Nordeuropa.

Multikulti des Mittelalters

Auf engem Raum lebten Friesen, Dänen, Schweden und Norweger zusammen mit Sachsen, Franken und Slawen. Mit über tausend Bewohnern war Haithabu für seine Zeit nicht nur eine sehr große, sondern zugleich eine geradezu moderne multikulturelle Stadt. Heutige Besucher des Museums bei Schleswig können auf dem Freigelände die einstige Atmosphäre hautnah nachempfinden. Sieben Häuser und eine Landungsbrücke, nach historischen Funden detailgetreu rekonstruiert, bieten für unterschiedliche Aktivitäten zu Leben und Arbeit im Mittelalter ein stimmiges Ambiente.

Von den Wäldern, Sümpfen, Mooren und Heideflächen, die Haithabu einst umgaben, ist nicht viel geblieben. Die Zeiten überdauert hat jedoch der befestigte Grenzwall zum karolingischen Frankenreich, dem die Herrscher auf der Halbinsel Jütland von jeher ein Dorn im Auge waren. Das sogenannte Danewerk reichte ursprünglich von der Schlei bis zum Nordseehafen der Wikinger in Hollingstedt. Teile davon dienten noch im Dänisch-Preußischen Krieg von 1864 als Verteidigungslinie.

Heute empfehlen sich die Reste des einst 30 Kilometer langen Walls als Orte beschaulicher Begegnungen von Natur und Geschichte. Die von Haithabu endet – wie auch die Wikingerzeit – im 11. Jahrhundert: 1066 brannten slawische Truppen die Hafenstadt nieder.

INFO

FISCHERSIEDLUNG HOLM
Die Siedlung im benachbarten Schleswig ist bereits vor über tausend Jahren entstanden. Ihre dänische Bezeichnung »Holm« bedeutet »kleine Insel« und erinnert daran, dass sie ursprünglich durch das Holmer Noor vom Festland getrennt war. Alle Häuser standen rund um die Insel direkt am Wasser, was eine optimale Fischverarbeitung ermöglichte. Blickfang des heutigen Stadtviertels von Schleswig ist ein kleiner Friedhof mit eigener Kapelle, um den sich kreisförmig die einzelnen Fischerhäuschen gruppieren. Ihre Bewohner hatten einst weitreichende Privilegien, darunter das exklusive Recht zum Fischfang auf der Schlei, das im »Schleibrief« von 1480 festgeschrieben war. Und die »Holmer Beliebung« von 1650 als Gilde zur gegenseitigen Hilfe gibt es noch heute.

WEITERE INFORMATIONEN
UNESCO-Welterbe Archäologischer Grenzkomplex Haithabu und Danewerk
unesco.de/kultur-und-natur/welterbe/welterbe-deutschland/archaeologischer-grenzkomplex-haithabu-und-danewerk
Kultururlaub in der Wikingerstadt Schleswig an der Schlei
ostseefjordschlei.de

8

WELTERBE HISTORISCH – SPEICHERSTADT UND CHILEHAUS HAMBURG

NEUES LEBEN IM ALTEN FREIHAFEN

Die Speicherstadt Hamburg erzählt Wirtschaftsgeschichte

Der größte zusammenhängende Lagerkomplex der Welt steht am Hamburger Hafen. Er entstand Ende des 19. Jahrhunderts, als die Stadt in das einheitliche Zollgebiet des erst jungen Deutschen Reiches einbezogen wurde. Heute verbindet das Areal die historische Innenstadt mit der modernen HafenCity und ist Hamburgs größtes Denkmal-Ensemble.

Über Generationen lebten die Hamburger Kaufleute von dem Privileg, importierte Waren zollfrei zu lagern, zu veredeln und zu verarbeiten. Doch diese Begünstigungen waren mit dem Anschluss Hamburgs an den Deutschen Zollverein gefährdet. Um die drohende Belastung der Hafenwirtschaft durch Zölle zu vermeiden, wurde 1881 als Kompromiss ein Freihafen ausgewiesen, in dem das deutsche Zollrecht nicht galt. Für die zollfreien Güter wurden jedoch dringend neue Lagerflächen gebraucht.

Sie entstanden ab 1883 mit der Speicherstadt. Der erste Abschnitt war fünf Jahre später – und damit pünktlich zum

Beitritt Hamburgs zum Zollgebiet – fertig. Zuvor mussten allerdings auf den Elbinseln Kehrwieder und Wandrahm die historischen Wohn- und Geschäftshäuser aus dem 17. und 18. Jahrhundert abgerissen werden. Rund 20.000 Menschen verloren ihr Zuhause. Die »Freie und Hansestadt Hamburg« sei zur »Freien und Abrißstadt Hamburg« geworden, befand damals der erste Direktor der Hamburger Kunsthalle, Alfred Lichtwark (1852–1914).

Entgegen der Kritik von Zeitgenossen dominiert heute gegenüber der Speicherstadt die Wertschätzung als ein lebendiges Zeugnis der Wirtschaftsgeschichte. Die neugotischen Backsteingebäude mit ihren charakteristischen grünen Kupferdächern stehen am Ufer der Elbe und entlang der künstlichen Fleete auf Tausenden Eichenpfählen. An der Wasserseite haben die fünfstöckigen Speicher eine Seilwinde, mit der sich Kaffee, Tee, Gewürze und andere Waren auf die Böden hieven lassen. Auf der anderen Seite verläuft jeweils die Straße zum Abtransport der Güter.

Der Aufbau des 26 Hektar großen Lagerhauskomplexes dauerte bis zum Ende der 1920er-Jahre. Doch nach dem Zweiten Weltkrieg lag die Hälfte des Areals in Trümmern. Der Wiederaufbau ab 1946 verband unter Leitung des renommierten Hamburger Architekten Werner Kallmorgen (1902–1979) eine weitgehend originalgetreue Rekonstruktion mit behutsamen Ergänzungen im Stil der westdeutschen Nachkriegsmoderne.

Heute ist die Speicherstadt ein belebter und beliebter urbaner Bereich mit einer einzigartigen Atmosphäre. Während zwischen den Gebäudereihen Barkassen gemächlich durch die langen Kanäle schippern, können im Internationalen Maritimen Museum Tausende Schiffsmodelle bewundert werden. Die Kaffeerösterei in einem früheren Kaffeespeicher bietet nicht nur frisch geröstete Bohnen, sondern auch allerlei Wissenswertes zu Kaffee und Co. im Wandel der Zeiten.

Weitere Highlights sind das Miniatur Wunderland und das Speicherstadtmuseum, das Deutsche Zollmuseum erzählt von Zoll und Schmuggel. Als markante Gebäude neben den Speichern zeigen sich das »Wasserschloss« am Ende des Holländischen Brooks und das »Fleetschlösschen« am Brooktorkai. Dagegen lockt der Traditionsschiffhafen im Sandtorhafen mit 20 historischen Schiffen. Der Hafen war bei seiner Eröffnung 1866 in Hamburg das erste Hafenbecken, in dem die Schiffe direkt am Kai be- und entladen werden konnten.

Im Kontorviertel nördlich der Speicherstadt erhebt sich mit dem imposanten Chilehaus eine weithin bekannte Architekturikone. Entworfen wurde das zehnstöckige Kontorhaus in den 1920ern von dem Hamburger Architekten Fritz Höger (1877–1949) für den mit Chile handelnden Reeder Henry Sloman. Die hochgezogene Spitze der expressionistischen Architektur erinnert an einen Schiffsbug, der sich den Orkanwellen der Ozeane genauso entgegenzustemmen vermag wie den Stürmen der Geschäftswelt. Insgesamt wirkt das mächtige dunkle Backsteingebäude mit den zurückgesetzten oberen Stockwerken und einer leicht geschwungenen Fassade wie ein schlanker Ozeandampfer, der trotz seiner Größe geschmeidig durch die Wellen gleitet.

↖ Fotogenes Highlight in der Speicherstadt ist das »Wasserschloss«.

INFO

ERLEBNIS ELBPHILHARMONIE

Die Kritiker sind längst verstummt. Stattdessen urteilen Künstler wie Publikum gleichermaßen positiv über die Elbphilharmonie, die spätestens mit der Eröffnung Anfang 2017 zum Hamburger Wahrzeichen des 21. Jahrhunderts wurde. Das eigenwillige Wellendach ist an seiner höchsten Stelle über hundert Meter hoch und gibt dem modernen städtischen Quartier HafenCity einen unverwechselbaren Auftakt. Die vielfach gebrochenen Glasfassaden über dem früheren Kaiserspeicher entfalten Tag für Tag mit Licht und Schatten ein virtuoses Wechselspiel – gewissermaßen als Pendant zu musikalischen Virtuosen im Großen Saal. Die offene Aussichtsplattform der Plaza in einer Höhe von 37 Metern bietet auch ohne Konzertbesuch einen faszinierenden Panoramablick auf die Stadt und ihren Hafen.

WEITERE INFORMATIONEN

UNESCO-Welterbe Speicherstadt und Kontorhausviertel mit Chilehaus
unesco.de/kultur-und-natur/welterbe/welterbe-deutschland/speicherstadt-und-kontorhausviertel-mit-chilehaus
Chilehaus
chilehaus.de/de/Auf-einen-Blick.html
Elbphilharmonie Laeiszhalle Hamburg
elbphilharmonie.de

WELTERBE BESINNLICH – KÖLNER DOM

GOTIK AUS SECHS JAHRHUNDERTEN

Bauwerk am Rheinufer ist Höhepunkt der Kathedralarchitektur

Von der Grundsteinlegung bis zur Vollendung sind Hunderte von Jahren vergangen – sein heutiges Aussehen erhielt der Kölner Dom erst im 19. Jahrhundert. Seither prägen die beiden spitzen Türme als weithin sichtbares und unverwechselbares Wahrzeichen das Panorama der Stadt. Das gotische Meisterwerk am Rhein besuchen jedes Jahr bis zu sechs Millionen Menschen aus aller Welt.

Die Empörung ließ nicht lange auf sich warten. Mit deutlichem Protest reagierten die Kölner von Kirche bis Karnevalsverein und weit darüber hinaus im Frühjahr 2022 auf die Ankündigung aus dem Rathaus, die Stadt werde künftig im Logo auf die symbolischen Domtürme verzichten. Das Signet sei »nicht mehr zeitgemäß« und mit Symbolen »überfrachtet«, weshalb neben dem Schriftzug »Stadt Köln« künftig nur noch das Stadtwappen mit Doppeladler und Kaiserkrone stehen bleiben soll.

Wie auch immer: Der Dom gehört zweifellos zur Kölner Identität. Das bleibt auch Besuchern der Stadt nicht verborgen, wenn sie die Spuren seiner langen Geschichte erkunden. Wer zu den Fundamenten des Doms hinabsteigt, begibt sich in die Tiefe der Zeiten, aus denen in Panzerglasvitrinen nicht nur Teile des kostbaren Domschatzes, sondern auch freigelegtes römisches Mauerwerk und Reste eines karolingischen Vorgängerbaus zu finden sind. Die Domgrabungen umfassen heute eine Fläche von rund 4000 Quadratmetern.

9

↑ Reizvolle Kontraste im Kunstmuseum Kolumba.
↙ Blaue Stunde mit Dom und Hohenzollernbrücke.

Tief in der Geschichte

Christen lebten schon seit etwa tausend Jahren in der Stadt, als die Kölner um das Jahr 1200 mit Planungen für einen neuen Dom auf dem hohen Rheinufer begannen. Der Handelsplatz Köln war damals mit etwa 50.000 Einwohnern die größte Stadt der Deutschen. Der Grundstein für den Dom wurde 1248 gelegt, 1322 vollendete die Weihe des Chores den ersten Bauabschnitt. Anschließend wurde an den Seitenschiffen und am Südturm weitergebaut, bevor die Baustelle ab 1560 verwaiste.

Während zu diesem Zeitpunkt die riesige Westfassade zum Domplatz noch immer fern der Vollendung war, hatten wenigstens alle fünf Schiffe des Langhauses bescheidene Dächer. Damit war die Bauruine am Rhein zumindest etwas geschützt. Einen wesentlichen Impuls für den Weiterbau im 19. Jahrhundert gab die zunehmende romantische Begeisterung für die Welt des Mittelalters. Zudem wuchs nach den Napoleonischen Kriegen auch die Sehnsucht nach einem nationalen Symbol.

Ein glücklicher Fund half: Auf einem Dachboden in Darmstadt fand sich der mittelalterliche Aufriss der Domfassade. Damit konnten trotz der langen Unterbrechung ab 1842 die ursprünglichen Intentionen umgesetzt werden. Das Geld kam durch Spenden und Lotterien zusammen, darunter allein zwei Drittel vom Zentraldombauverein. Entstanden ist bis 1880 ein architektonisches Meisterwerk, an dem die Baukunst der Hochgotik in beispielhafter Geschlossenheit ablesbar ist.

Im Zweiten Weltkrieg wurde der Dom von Luftangriffen nicht verschont, doch die Türme blieben erhalten. Am Rand der zerstörten Altstadt setzten sie ein 157 Meter hohes Zeichen des Überlebenswillens. Seit der Wiederherstellung des Doms nach 1945 zieht im Inneren das hohe Mittelschiff den Blick in die Tiefe des Raums und zu den Kreuzgewölben.

Gerhard Richters Farbenspiel

Von den farbigen Fenstern sind einige der ältesten im Chorumgang, darunter zwei Bibelfenster aus dem 13. Jahrhundert und die Königsfenster von 1310. In deutlichem Kontrast dazu zeigt sich seit 2007 im Südquerhausfenster das moderne (und nicht unumstrittene) Mosaik aus 11.500 Glasquadraten in 72 Farben von Gerhard Richter.

Als wunderkräftig gelten Gläubigen die Reliquien der Heiligen Drei Könige im goldenen Schrein beim Hochaltar im Zentrum des Chors. Auch andernorts in Dom und Schatzkammer lassen sich schauend und bewundernd Stunden verbringen. Tatsächlich aber reichen außerhalb der regelmäßigen Gottesdienste vielen Besuchern nur wenige Minuten – ob sie nun Andacht halten oder aber den authentischen Ort erleben wollen.

INFO

KOLUMBA

Unter diesem Namen vereint das Erzbistum Köln seit 2007 seine Kunstschätze. Mit dem Neubau des Museums am Standort der kriegszerstörten Kirche St. Kolumba verband der Schweizer Architekt Peter Zumthor modernes Bauen mit Fragmenten des früheren Kirchenbaus und einer Kapelle aus der Nachkriegszeit. Die Bestände des bereits 1853 gegründeten Museums reichen von Kunst der Spätantike bis zur Gegenwart, von romanischen Skulpturen bis zu zeitgenössischen Rauminstallationen. Schwerpunkte sind das frühe Christentum mit kostbaren Geweben sowie Malerei, Plastik und Goldschmiedekunst des 11. bis 16. Jahrhunderts. Darüber hinaus ist das 19. Jahrhundert ebenso vertreten wie die klassische Moderne. Präsentiert werden die einzelnen Bereiche jeweils in einer Auswahl, die alljährlich im September wechselt.

WEITERE INFORMATIONEN

UNESCO-Welterbe Kölner Dom
unesco.de/kultur-und-natur/welterbe/welterbe-deutschland/koelner-dom
koelner-dom.de

Kolumba
kolumba.de

10

WELTERBE HISTORISCH – LÜBECK

METROPOLE MIT HANSEATISCHER NOBLESSE

In der Silhouette der Stadt spiegeln sich Jahrhunderte

Lübeck war 1987 auf der Welterbeliste die erste Altstadt Nordeuropas. Die einstige Hauptstadt der mittelalterlichen Hanse hatte allerdings durch Fliegerbomben im Zweiten Weltkrieg Unwiederbringliches verloren. Der Wiederaufbau der Altstadt folgte dem ursprünglichen Straßenverlauf, und nicht zuletzt mit ihren großen Kirchen erhielt die Hanseatenmetropole ihre alte Noblesse zurück.

Die charakteristische Stadtsilhouette ist schon von Weitem gut zu erkennen. »Damit die Erde hafte am Himmel, schlugen die Menschen Kirchtürme in ihn: Sieben kupferne Nägel, nicht aufzuwiegen mit Gold« – so beschreibt der 1933 geborene Lyriker Reiner Kunze das unverwechselbare Weichbild von Lübeck. Beim Näherkommen präsentiert sich die alte Hansestadt dann in reichlich Backsteingotik vom Feinsten, wie sie in kaum einer anderen norddeutschen Stadt zu finden ist.

Mit Lübeck entstand ab 1158 die erste deutsche Planstadt, an Trave und Wakenitz systematisch angelegt vom Welfenkönig

Heinrich dem Löwen (um 1129–1195). Schon bald dominierte die Handelsstadt den Ostseehandel, zudem gaben die Lübecker Ratsherren im mittelalterlichen Städtebund der Hanse den Ton an. 1226 erhob der Stauferkaiser Friedrich II. (1194–1250) Lübeck zur Freien Reichsstadt.

Seit dem späten 15. Jahrhundert wacht über den Zugang nach Lübeck das Holstentor. Das berühmteste Wahrzeichen der Stadt ist längst in mannigfacher Ausfertigung unterwegs – auf Postkarten, Briefmarken und Münzen ebenso wie auf Marzipantorten. Im Laufe seiner Geschichte stellten allerdings weder Kanonen noch Kriege, sondern Kommunalpolitiker seinen Bestand ernsthaft infrage: Weil das Tor 1863 der Bahnlinie nach Hamburg buchstäblich im Weg stand, sollte es verschwinden.

Die Bürgerschaft entschied sich jedoch gegen einen Abriss und für die Restaurierung. So gehört das wuchtige Stadttor mit seinen dreieinhalb Meter dicken Mauern, den markanten Kegeltürmen und dem Stufengiebel dazwischen nach wie vor als Wahrzeichen zum Lübecker Stadtbild. Dessen heutiges Aussehen ist das Ergebnis des Wiederaufbaus der Stadt nach 1945. Endgültig abgeschlossen war er erst 1987 mit dem Turm von St. Petri.

45 Jahre zuvor standen nach einem Luftangriff drei der fünf großen Kirchen in Flammen, ein Fünftel der Altstadt lag in Trümmern, 320 Menschen kamen ums Leben, mehr als 15.000 wurden obdachlos. An die Schreckensnacht von 1942 erinnern bis heute herabgestürzte Kirchenglocken in der Marienkirche. Doch längst ist Lübeck mit den restaurierten Kirchen und der sanierten Altstadt wieder ein Spiegelbild der Jahrhunderte.

Im Dom ist das 17 Meter große Triumphkreuz ein Meisterwerk des norddeutschen Künstlers Bernt Notke (um 1435 bis 1509). Der Maler und Bildschnitzer aus Vorpommern wurde wenige Jahre vor seinem Tod Werkmeister an der St.-Petri-Kirche, die mittlerweile als Kultur- und Universitätskirche genutzt wird. Von ihrem Turm aus können Besucher den Ausblick auf die Altstadtinsel mit Patrizierhäusern aus dem 15. und 16. Jahrhundert genießen.

Auffallend am Lübecker Rathaus, das um 1230 begonnen und in den nächsten dreihundert Jahren immer wieder erweitert wurde, sind die schwarz glasierten Ziegel der hohen Schaufassade. Aus dem 13. Jahrhundert stammt auch das Heiliggeist-hospital am Koberg mit einer dreischiffigen Kirche und dem ausgemalten Sternengewölbe in der Hospitalhalle. Das Hospital war eine Stiftung wohlhabender Kaufleute für Arme und Kranke.

In den malerischen Hinterhöfen am Koberg mit seinen vielen »Gängen« ist besonders Lüngreens Gang zwischen Bäckergang und Fischergrube einen Besuch wert. Sehenswert sind zudem das St.-Annen-Museum in einem ehemaligen Kloster und das Literaturmuseum für die Brüder Thomas und Heinrich Mann im Buddenbrookhaus, das mit dem 2002 eröffneten Günter Grass-Haus ebenbürtige Gesellschaft erhielt.

Und wo segeln über langen Gasttischen pittoreske Koggen und Fregatten? Im Haus der Schiffergesellschaft in der Breiten Straße, wie seit eh und je.

INFO

LÜBECKER GENUSS

Eine weithin bekannte und beliebte Spezialität aus der Hansestadt ist das Lübecker Marzipan, untrennbar verbunden mit dem Namen des Konditors Johann Georg Niederegger (1777–1856) aus der Mareeschen Konditorei am Markt. Nach dem Tod des Besitzers wurde ihm das Geschäft übertragen – und damit am 1. März 1806 sein erstes eigenes Unternehmen. In achter Generation hat das Familienunternehmen gegenwärtig rund 700 Mitarbeiter. Für Genuss sorgt auch Rotwein aus Lübeck, der jedoch in weiter Ferne reifte: Der Rotspon kommt in Holzfässern aus Bordeaux, wird bis zur Flaschenreife in der Stadt gelagert und erst dann abgefüllt. Seinen Namen hat der Rotwein, den es seit dem 13. Jahrhundert auch in anderen Hansestädten an der Küste gibt, vom plattdeutschen spon für Span oder Holz.

WEITERE INFORMATIONEN

UNESCO-Welterbe Hansestadt Lübeck
unesco.de/kultur-und-natur/welterbe/welterbe-deutschland/hansestadt-luebeck
Buddenbrookhaus
buddenbrookhaus.de
Günter Grass-Haus
grass-haus.de
Städtebund Die Hanse
hanse.org

↖ Drei von sieben: Majestätisch krönen hohe Kirchtürme die Altstadt Lübecks an der Trave.

BURGENROMANTIK TRIFFT FLUSSLANDSCHAFT

Einzigartige Erlebnispfade säumen das Mittelrheintal

Kaum ein anderer Fluss in Deutschland ist derart mit Mythen verhaftet wie »Vater Rhein«. Zu diesem überhöhten Bild haben nicht zuletzt die Romantiker des 19. Jahrhunderts beigetragen. Doch besonders am Mittelrhein ist die uralte Flusslandschaft mit zahllosen Spuren einer bewegten Geschichte auch ein riesiger Abenteuerspielplatz in vielfältiger Natur.

Die Mühe lohnt sich: Am Ende des steilen Weges zur Burg Stahleck bietet die Terrasse hoch über dem Rhein einen faszinierenden Ausblick. Die heutige moderne Jugendherberge steht auf den Überresten einer 1689 zerstörten Burganlage. Das Städtchen Bacharach zu ihren Füßen gehört mit den benachbarten Orten Kaub, Lorch und Niederheimbach zu den »Romantischen Vier« im Herzen des Mittelrheintals. Deren Highlights auf beiden Seiten des Rheins lassen sich mühelos per Bus, Bahn oder Rad, aber auch über mehrere Fähren erkunden.

Als Oberes Mittelrheintal gilt der 130 Kilometer lange Abschnitt zwischen Bingen und Koblenz. Von nahezu jeder Ortschaft aus sind nach mehr oder weniger anspruchsvollen Aufstiegen familientaugliche Höhenwanderwege erreicht. Als einzigartige Erlebnispfade eröffnen sie immer neue Blickwinkel in eine vielfältige Natur und Landschaft. Und die vielen Burgruinen am Wege erweisen sich nicht nur für kleine Wanderer als ein stets willkommener Abenteuerspielplatz.

11

Auf dem knapp 200 Kilometer langen Rheinburgenweg führen auf den linksrheinischen Höhen sieben Etappen zu den schönsten Plätzen, darunter zum Vierseenblick bei Boppard oder zum Sieben-Jungfrauen-Blick oberhalb von Oberwesel. Von Bacharach aus führt der Burgenweg nach Niederheimbach und dort zu einem Märchenrundweg, zu den Burgen Sooneck und Heimburg sowie zum Sieben-Burgen-Blick.

Der rechtsrheinische Rheinsteig ist sportlicher ausgelegt, insgesamt 320 Kilometer lang und überwindet in seinem Verlauf über 11.000 Höhenmeter. Von Kaub mit seiner sehenswerten historischen Ortsmitte und der Pfalz im Rhein führt eine der längsten und anspruchsvollsten Etappen nach St. Goarshausen – und damit auch zum weltberühmten Loreley-Felsen. Das markante und viel besungene Schieferplateau bietet den Besuchern in einer Höhe von 132 Metern nicht nur einmalige Rundblicke, sondern auch die barrierefreie, 700 Meter lange Sommerrodelbahn »Loreley Bob«.

Schließlich führt im Oberrheintal auch der beidseitige Rheinhöhenweg zu markanten Aussichtspunkten und stattlichen Burgen. Dort konkurrierten einst die mittelalterlichen Burgherren um die Zollrechte am Warenverkehr auf einer der wichtigsten europäischen Wasserstraßen. Doch in den Wechselfällen der Geschichte wurden die meisten Burgen im Laufe der Zeit zu Ruinen.

Ihre Bewahrung und Erneuerung haben sie zumeist Privatleuten zu verdanken, deren Burgenleidenschaft das Zeitalter der Romantik spürbar und nachhaltig beflügelte. Auch für die Entdeckung der Naturschönheiten zu beiden Ufern des Rheins gaben die Romantiker wichtige Impulse. So fuhren seit 1827 zwischen Koblenz und Mainz regelmäßig Passagierschiffe, sozusagen als Vorboten der heutigen Flusskreuzfahrten.

An einer ihrer Stationen setzte Bacharach seiner romantischen Vergangenheit ein originelles Denkmal: Direkt am Rhein hocken drei Bronzefiguren mit den Namenszügen Victor Hugo, Clemens Brentano und Heinrich Heine. Hugo in der Gestalt eines gallischen Hahns verweist auf den großen Franzosen und seine »Rheinreise«, der Vogel auf Brentanos Kopf soll die Freiheit der Gedanken bekräftigen, und die Stiergestalt Heines symbolisiert dessen jüdische Wurzeln.

Bacharach ist nicht nur durch Dichter eng mit der Romantik verbunden: Die filigrane Ruine der einstigen »Wernerkapelle« aus dem 13. Jahrhundert gilt als ein Schlüsselbild der romantischen Kunst. Deren reale Vorlagen lassen sich auch andernorts in der Rheinlandschaft entdecken. Neben malerischen Burgruinen gehören dazu eindrucksvolle Kirchen wie etwa die ehemalige frühgotische Propsteikirche in Hirzenach oder die Liebfrauenkirche in Oberwesel.

So ist die Faszination der vielfältigen Kulturlandschaft am Oberrhein bis heute ungebrochen. Und dies umso mehr in einer schnelllebigen Zeit, in der immer mehr Menschen in der Ruhe und Schönheit der Natur Ausgleich und Erholung suchen. Dazu gehört nicht zuletzt eine einladende Gastlichkeit in vornehmer Umgebung von Geschichte und Tradition – oder aber in einer Straußwirtschaft bei einem der vielen Winzer der Region, wo es in Hof oder Garten Wein an einfachen Tischen mit schlichten Bänken gibt.

← **Grandios: Flusslandschaft mit Burg Stahleck oberhalb von Bacharach.**

INFO

DIE GRÖSSTE HÖHENBURG

Burg Rheinfels bei St. Goar war einst die größte Wehranlage am Mittelrhein. Davon zeugen die Reste der Höhenburg aus dem 13. Jahrhundert noch heute. Das weitläufige Areal ist ein beliebtes Kletterparadies, der Rheinfelspfad informiert über das Leben der Grafen und Landgrafen auf der Burg, die französische Truppen 1796 und 1797 zerstörten. Tafeln auf den Burgmauern erläutern alte Waffen und einstige Kriegsführung, aber auch Pflanzen, Tiere oder geologische Details. Einzigartig ist der größte freitragende Gewölbekeller Europas. Er stammt aus dem 16. Jahrhundert, ist 24 Meter lang sowie jeweils 16 Meter breit und hoch. Seit 1997 bietet der komplett renovierte »Große Keller« für Konzerte, Theater und Veranstaltungen wie das Feuerwerkspektakel »Rhein in Flammen« bis zu 400 Besuchern Platz.

WEITERE INFORMATIONEN

UNESCO-Welterbe Oberes Mittelrheintal
unesco.de/kultur-und-natur/welterbe/welterbe-deutschland/oberes-mittelrheintal

Bacharach am Rhein
bacharach.de

Loreley
loreley-touristik.de

Burg Rheinfels
romantischer-rhein.de

12

WELTERBE ABENTEUERLICH – DER MUSKAUER PARK

SPIELWIESE EINES EXZENTRIKERS

Entlang der Neiße wird Natur zur Gemäldegalerie

An den Legenden um sein Leben hat Fürst Pückler fleißig selbst gestrickt. Die Inszenierungen auf dem Abenteuerspielplatz Natur folgten einem klaren Bekenntnis: »Bei mir heißt es nicht: Was werden die Leute davon sagen? Sondern: Werden auch die Leute etwas davon sagen?« Mit dem Muskauer Park tief im Osten der Republik hinterließ der exzentrische Fürst einzigartige »Naturmalerei« von Weltrang.

Der Ausblick ist atemberaubend. Vom Schloss bis zum Horizont dehnt sich Grün in unterschiedlichen Schattierungen aus. Hohe Bäume geben der Schlosswiese einen sorgsam inszenierten Rahmen. Manche von ihnen sind so alt wie der Muskauer Park. Ihr dichtes grünes Laub verwandelt sich nach dem Sommer in ein weites Meer bunter Blätter. In der Herbstsonne bieten sie ein faszinierendes Spiel der Farben, bevor der erste Schnee die Szenerie in einen verschwiegenen und beinahe verwunschenen Ort verwandelt.

Hermann Fürst von Pückler-Muskau (1785–1871) sah es als seine Bestimmung, »Oasen in Sandwüsten anzulegen«. Die

Muskauer Parklandschaft an der Neiße, das wohl bekannteste Werk des »grünen Fürsten« und einer der größten Landschaftsgärten Mitteleuropas, entstand zwischen 1815 und 1845. Kurz zuvor hatte er von seinem Vater die dortige Standesherrschaft übernommen. Den Schlosspark gestaltete er nach dem Vorbild der englischen Gartenkunst, die sich nicht an geometrischen Formen orientiert, sondern an den Gegebenheiten der Landschaft.

Bei Bad Muskau ist sie geprägt von der weiten Neiße-Aue im Muskauer Faltenbogen, wie Geologen die Gegend an der heutigen Grenze zu Polen nennen. Pückler ließ beide Seiten des Flusses mit Brücken verbinden und führte an den Ufern und Hangkanten entlang neue Wege. Das Wechselspiel seiner Pflanzungen mit ausgedehnten Wiesen sorgt bis heute für überraschende Sichtachsen. Ihre Perspektiven zeigen sich beim Schlendern oder bei einer gemächlichen Kutschfahrt in stetigem Wechsel.

Vortreffliches Lustwandeln

Für Pückler war die Natur ein riesiger Abenteuerspielplatz mit immer neuen Überraschungen. Ein Park sollte »wie eine Gemäldegalerie sein, alle paar Schritte soll man ein neues Bild sehen«. Deshalb hat er die künstlich angelegten Wasserläufe mit plätschernden Wasserfällen aufgewertet und an ausgewählten Punkten romantische Orte zum Verweilen platziert – den Blauen Garten etwa mit der »Liebeshöhe«, die Gloriette oder das »Englische Haus«, das es allerdings nicht mehr gibt.

Jenseits der Terrassenhänge am rechten Flussufer auf der heute polnischen Seite geht die Anlage über in den Äußeren Park, zu dem einst unter anderem eine Baumschule, eine Fasanerie und die Braunsdorfer Felder gehörten. In den Park eingebettet ist Bad Muskau, das oberhalb der Hauptstraße vom Bergpark gekrönt ist. Der Ort sei »durch geschicktes Gruppieren und Bepflanzen so trefflich verdeckt, dass man tatsächlich während des Lustwandelns unter den Bäumen des Parkes nicht das geringste Anzeichen ihrer allernächsten Nähe empfängt«, befand der Reiseschriftsteller August Trinius (1851–1919) schon 1887.

↖ **Malerisches Idyll: Schloss Muskau spiegelt sich in einem kunstvoll angelegten Teich.**

Die Beschreibung gilt nahezu unverändert, zumal das Städtchen während der letzten Kriegstage im April 1945 seine einst dominierenden Bauten wie Fabriken, Kirchen und Rathaus verlor. Auch dem Park setzte der Krieg heftig zu. Das Schloss brannte aus und überdauerte lange als trostlose Ruine. Zudem schien der größte Teil des 830 Hektar großen Parks durch die neue Grenze zu Polen auf Dauer abgetrennt.

Gleichwohl gab es auf beiden Seiten immer auch Versuche, das Pückler'sche Erbe zu bewahren. 1988 wurde schließlich die gemeinsame Wiederherstellung des Gesamtkunstwerks beschlossen. Neben Arbeiten im Freien begann 1995 der mehrjährige Wiederaufbau des Schlosses, und 2007 fielen in der erweiterten Europäischen Union auch im Weltkulturerbe »Muskauer Park/Park Mużakowski« an der Neiße endgültig die letzten Grenzbarrieren. Seither sind Schloss und Park ein international bekannter Anziehungspunkt – mit Ausstellung, Café und fantastischen Ausblicken vom 35 Meter hohen Schlossturm.

INFO

SPEKTAKULÄRE WASSERWELT

Ganz in der Nähe entsteht in ehemaligen Braunkohlegruben eine spektakuläre Wasserwelt. Nach Abschluss der Flutungen in den letzten Gruben ist das neue Seenland die größte jemals von Menschenhand geschaffene Wasserlandschaft Europas. Die Konturen von Deutschlands größtem Seengebiet sind an einigen Orten bereits deutlich zu erkennen. Allein die 30 Meter hohe »Landmarke Lausitzer Seenland« zwischen Senftenberg und Hoyerswerda ist umgeben von zehn Seen. Sie tragen Namen von Dörfern, die einst unter den Bagger kamen. Komplett ist das knapp 14.000 Hektar große Areal mit 13 weiteren gefluteten Tagebaukratern. Sie laden ein zu Fahrten per Ruderboot oder Kanu, manche träumen sogar von Wasserflugzeugen. Der Neuwieser, der Bergener und der Erika-See indes bleiben dem Naturschutz vorbehalten.

WEITERE INFORMATIONEN

UNESCO-Welterbe Muskauer Park/Park Mużakowski
unesco.de/kultur-und-natur/welterbe/welterbe-deutschland/muskauer-park-park-muzakowski
Landmarke Lausitzer Seenland
lausitzerseenland.de

DIE KATHEDRALE DER FRAUEN

Adlige Damen bestimmten einst die Geschicke des Ortes

Majestätisch und monumental thront der Kirchenbau über der Stadt, die eng verbunden ist mit der Geschichte deutscher Kaiser und Könige. Doch die Geschicke des Ortes im östlichen Harzvorland lagen über Jahrhunderte in den Händen der adligen Damen im Frauenstift. Geistlicher Mittelpunkt ihres Zusammenlebens in frommer Gemeinschaft war das Frauenstift mit der Stiftskirche auf dem Schlossberg.

Der Ausblick ist faszinierend: Vom großen Plateau zu Füßen der Stiftskirche erschließt sich das Altstadtpanorama von Quedlinburg als kleinteiliges Sammelsurium von jahrhundertealten Fachwerkhäusern. Nicht wenige von den mehr als zweitausend Gebäuden sind bis zu 600 Jahre alt. Die liebevoll erhaltenen Schmuckstücke illustrieren anschaulich den weithin anerkannten guten Ruf der Stadt als das größte Fachwerkensemble in Deutschland.

Eine Kaiserurkunde aus dem 10. Jahrhundert nennt Quedlinburg »Metropole des Reiches«. Durch deren bewahrtes Ambiente führt der Weg hinauf zur Stiftskirche St. Servatius, die zwischen den Jahren 1017 und 1129 an der Stelle von drei kleineren Vorgängerbauten errichtet wurde. Mit dem Turmpaar aus dem 19. Jahrhundert und ihren markanten, dem romantischen Stil angepassten Pyramidenaufsätzen ist sie ein unverwechselbarer Blickfang.

13

Ein geistiges Zentrum

Im Inneren bewahrt die Kirche zahlreiche Grabstätten, darunter die von König Heinrich I. (876–936) und der 30 Jahre später gestorbenen Königin Mathilde. Als Witwe des Königs begründete sie die Geschichte des Frauenstifts Quedlinburg, das mehr sein sollte als eine Art Pensionat für höhere Töchter. Zunächst ging es der Lebensgemeinschaft adliger Damen vor allem um das Gedenken an den verstorbenen König. Doch schon bald entstand daraus ein Zentrum der Bildung und Kultur.

Für die Kontinuität des Familiensitzes und dessen Finanzierung sorgte anfangs Mathildes Sohn als Kaiser Otto I. (912 bis 973). Die Gemeinschaft bestand immerhin bis 1803. Frauenstifte wie in Quedlinburg lebten zwar nach klösterlichen Regeln, doch zumeist weniger streng. Die Bewohnerinnen konnten das Stift jederzeit verlassen und auch heiraten. Darüber hinaus hatten Frauenstifte oft erheblichen wirtschaftlichen und politischen Einfluss auf das Geschehen außerhalb.

Dem Quedlinburger Stift verhalfen umfangreiche Schenkungen zu einem bedeutenden Domschatz, hinzu kamen zahlreiche Besitzungen zwischen Duderstadt und Potsdam und von Soltau bis nach Gera. Allein im Jahr 936 schenkte Kaiser Otto I. den Quedlinburger Damen 25 Orte. Später sorgten wirtschaftliche Privilegien des Stifts für den städtischen Aufschwung. Dem damit verbundenen Selbstbewusstsein setzte jedoch Äbtissin Hedwig von Sachsen im 15. Jahrhundert ein jähes Ende: 1477 ließ sie die Rolandstatue wieder stürzen, die fünf Jahrzehnte zuvor als Symbol der Hanse am Rathaus aufgestellt worden war.

Längst steht die Statue wieder, und die Kathedrale der Frauen erleben heutige Besucher bei Gottesdiensten oder Konzerten

↑ Selbstbewusst: der Roland am Rathaus.
↙ Die Stiftskirche thront über der Altstadt.

als Ort der Andacht und Besinnung. Im Kirchenraum begegnet ihnen romanische Architektur in Reinform. In ruhigem Wechsel säumen Pfeiler und Säulen das gewaltige Langhaus. Vor dem Chor an dessen östlicher Seite schwebt in filigraner Leichtigkeit ein modernes großes Kreuz aus Metall, dessen stilisierte Form an Triumphkreuze aus dem Mittelalter erinnert.

Mahnmal einer Kirchenschändung

Befremdlich indes wirkt dahinter der romanisierende Abschluss des Chorraums. Die monumentale Apsiswand ist ein Relikt der Nationalsozialisten. Mit ihrer »Weihestätte« missbrauchten sie tausend Jahre nach dem Tod von König Heinrich dessen Gedenken für ihre Zwecke. Kanzel und Chorgestühl wurden entfernt und christliche Symbole ersetzt durch solche der Nazis. Während mit dem Ende der Nazizeit Reichsadler und Hakenkreuz wieder verschwanden, ist die Chorwand geblieben – als mahnendes Denkmal einer beispiellosen Kirchenschändung.

INFO

FEINES BEI FEININGER
Nicht ohne Stolz verweist Quedlinburg auf das weltweit einzige Museum zu Lyonel Feininger (1871–1956). Die Galerie am Schlossberg betreut seit 1986 den größten Einzelbestand an Druckgrafiken des Künstlers, die dank günstiger Umstände vor der Vernichtung durch die Nazis als »entartete Kunst« bewahrt werden konnten. Vor seiner Auswanderung 1937 in die USA übergab der einstige Bauhaus-Lehrer Feininger einen Teil seiner Arbeiten an seinen ehemaligen Quedlinburger Schüler Hermann Klumpp (1902–1987), der von 1929 bis 1932 am Dessauer Bauhaus studiert hatte. In Klumpps entlegener Heimatstadt blieb das kostbare Konvolut über den Nationalsozialismus hinaus und in der DDR in sicherer Obhut. Nachdem schließlich die komplizierten Eigentumsverhältnisse mit den Feininger-Erben geklärt werden konnten, war der Weg frei zur Gründung der Quedlinburger Lyonel-Feininger-Galerie.

WEITERE INFORMATIONEN
UNESCO-Welterbe Stiftskirche, Schloss und Altstadt von Quedlinburg
unesco.de/kultur-und-natur/welterbe/welterbe-deutschland/stiftskirche-schloss-und-altstadt-von-quedlinburg
Lyonel-Feininger-Galerie
feininger-galerie.de

14

WELTERBE BESINNLICH – SCHUM-STÄDTE SPEYER, WORMS UND MAINZ

JERUSALEM AM RHEIN

Lebendige Traditionen in den »Heiligen Gemeinden«

Erste Anzeichen jüdischen Lebens auf dem heutigen Gebiet Deutschlands gibt es bereits für das vierte Jahrhundert. Doch in den späteren Wirren der Völkerwanderung verlieren sich diese Spuren. Erst seit dem 10. Jahrhundert sind an Flüssen und Handelsstraßen wieder größere jüdische Ansiedlungen bezeugt. Ihr geistiges Zentrum waren die drei einstigen »Heiligen Gemeinden« Speyer, Worms und Mainz.

↑ Die romanische Synagoge in Worms.
↙ Markante Architektur: die Neue Synagoge in Mainz.

Über dem Ort liegt andächtige Stille. Überall auf der grünen Wiese stehen Steine – große und kleine, schmucklose und einfache. Manche neigen sich dem Boden zu, andere sind teils längst im Erdreich versunken. Über der Erde ist von ihnen nur noch ein Bruchteil zu sehen. Mit hebräischen Schriftzeichen werden sie erkennbar als Grabsteine im jüdischen »Haus der Ewigkeit«, als authentische Orte der Erinnerung an eine lange und wechselvolle Geschichte.

Die ältesten dieser Friedhöfe Europas haben die Jahrhunderte in Mainz und in Worms überdauert und damit in zwei Städten, die zusammen mit Speyer im mittelalterlichen Kaiserreich das jüdische Zentrum waren. Ihre Bezeichnung als »SchUM«-Städte ergibt sich aus den Anfangsbuchstaben der alten hebräischen Städtenamen – *Schpira* für Speyer, *Warmaisa* (U) für Worms und *Magenza* für Mainz. Dabei war SchUM im 11. Jahrhundert mehr als nur ein Zusammenschluss von drei jüdischen Gemeinden.

Berühmte Gelehrtenschulen

Mit ihren Gelehrtenschulen wirkten sie weit über die Region hinaus, befand der um 1250 gestorbene Gelehrte Rabbi Isaak ben Mose: »Wie sehr gehören unsere Lehrer in Mainz, in Worms und in Speyer zu den Gelehrtesten der Gelehrten, zu den Heiligen des Höchsten.« Von ihnen gehe die Lehre aus »für ganz Israel«, denn »seit dem Tage ihrer Gründung richteten sich alle Gemeinden nach ihnen, am Rhein und im ganzen Land Aschkenas«. Das »ganze Land Aschkenas« – das waren damals zwischen 4000 und 5000 Juden im gesamten Mitteleuropa.

Für sie waren die Rabbinate in den christlichen Hochburgen Speyer, Worms und Mainz so etwas wie ein »Jerusalem am Rhein«. Manche der Entscheidungen der zentralen Autorität zu Fragen des jüdischen Kultus und der Liturgie sind als Riten, Gesänge und Regeln bis heute bekannt. Zwar haben die SchUM-Gemeinden nach Vertreibungen und Pogromen im 13. Jahrhundert viel von ihrer überregionalen Strahlkraft eingebüßt. Geblieben sind von der jüdischen Blütezeit aber zahlreiche Sachzeugen.

In Speyer ist die Monumentalmikwe von 1120 im einstigen Judenviertel das älteste in Europa erhaltene jüdische Ritualbad. Bis zur Auflösung der Gemeinde im 16. Jahrhundert war die Mikwe für die jüdische Bevölkerung ein zentraler Ort. Für heutige Besucher führt der Weg hinab zum Taufbecken für rituelle Reinigungen auf einer langen Treppe durch einen romanischen Torbogen und an einem Umkleideraum mit steinernen Bänken vorbei.

Beredte Sachzeugen

Weitere archäologische Stätten sind Reste der Synagoge von 1104 und der benachbarten »Frauenschul« aus dem 13. Jahrhundert. Zudem wurden 1997/98 Fundamente der Jeschiwa, der Hochschule zum Studium der Tora und des Talmud, freigelegt. Darüber hinaus bietet das Museum SchPIRA zahlreiche Ausgrabungsfunde zur jüdischen Stadtgeschichte. Grabsteine erinnern an den im 15. Jahrhundert aufgelassenen Friedhof, dessen Steine erst sehr viel später bei Bauarbeiten wiedergefunden wurden.

Das Schicksal der Synagoge von Worms ist geradezu exemplarisch für das deutsch-jüdische Verhältnis in den vergangenen Jahrhunderten. Im Jahr 1034 geweiht, wurde das Gotteshaus sechs Jahrzehnte später, beim Kreuzzugspogrom von 1096, schwer beschädigt. Fanatisierte Kreuzfahrer richteten im Vorgriff auf die erwartete Auseinandersetzung mit Muslimen in Jerusalem ihre Aggressionen gegenüber Andersgläubigen zunächst gegen die Juden.

Eine neue Synagoge erhielt Worms erst 1174/75. Neuerliche Zerstörungen brachten die Judenverfolgungen während der europaweiten Pestpogrome, die 1349 auch den Rhein erreich-

↑ Im Museum »SchPIRA« in Speyer.
→ Andächtige Stille: der alte jüdische Friedhof »Heiliger Sand« in Worms.

ten. Weil Europa seit der Antike von der Pest verschont geblieben war, wurde nunmehr behauptet, die todbringende Seuche hätten die Juden ausgelöst – durch Vergiftung der öffentlichen Brunnen. Fast 300 jüdische Gemeinden wurden während der Pogrome vernichtet.

Als 1615 in Worms die Juden trotz ihrer Privilegien aus der Stadt vertrieben wurden, stand die wiederaufgebaute Synagoge erneut im Fokus antijüdischer Ausschreitungen. Allerdings musste nach der Rückkehr der Juden die Stadt für den Wiederaufbau des verwüsteten Gebäudes aufkommen. In den folgenden Jahrhunderten bis zur Zerstörung durch die Nationalsozialisten im jahr 1938 galt das Gotteshaus als Sinnbild für die einstige Blüte von Worms als einer der drei SchUM-Städte.

Umso nachdrücklicher war nach 1945 der weltweite Ruf nach Wiederherstellung dieser Stätte des historischen Judentums. Sie wurde nach historischen Fotos und Plänen neu errichtet und konnte schließlich im Dezember 1961 feierlich eingeweiht werden. Heute ist die Synagoge auf Grundmauern aus dem 12. Jahrhundert wieder ein Ort vielfältigen jüdischen Lebens. Zusätzliche Impulse erhielt die Gemeinde seit den 1990er-Jahren mit der Zuwanderung von Juden aus Osteuropa.

Kühnes Symbol

Ein starkes Bild für eine Brücke in die Zukunft ist die Neue Synagoge in Mainz. Der auffällige Bau mit seiner vielfach gezackten Fassade steht seit 2010 am Ort der 1938 zerstörten Hauptsynagoge. An das alte Gebäude auf dem heutigen Synagogenplatz erinnern nur noch ein paar restaurierte Säulen. Darüber hinaus vermeidet der Neubau an prominenter Stelle im Stadtbild zur früheren Synagoge jeglichen Bezug: Zu gebauter Architektur wurden hebräische Schriftzeichen.

Die stark abstrahierten fünf Buchstaben des jüdischen Segenswortes *Keduschah* – hebräisch für Erhöhen und Segnen – geben dem Gebäudekomplex eine gleichermaßen eigenwillige wie unverwechselbare Silhouette. Der Kölner Architekt Manuel Herz sieht darin einen Hinweis auf die besondere Bedeutung der Schrift im Judentum. Im Gegensatz zu anderen Religionen gebe es bei den Juden »keine richtige Tradition des Bauens, dafür aber eine Tradition des Schreibens religiöser Texte«. Schrift sei ihnen »zum Ersatz für räumliche Heimat« geworden.

So prägt der künstlerische Umgang mit Schriftzeichen die Synagoge auch innen. Den Gebetsraum ziert ein Relief aus einer Million dicht gedrängter hebräischer Buchstaben, die nur wenige Millimeter hervorstehen. Im Wechsel der Tageszeiten verwandelt einfallendes Tageslicht das Meer aus Buchstaben in ein faszinierendes Lichtspiel. An einigen Stellen werden Texte erkennbar, die Mainzer Rabbiner im Mittelalter geschrieben haben.

INFO

MARKSTEINE DES MITTELALTERS

Imposante Marksteine des mehrheitlich christlichen Europas im Mittelalter sind die Kaiserdome am Rhein. Der zwischen 1025 und 1106 errichtete Dom in Speyer gilt seit der teilweisen Zerstörung der Abtei Cluny durch Napoleon als größte romanische Kirche der Welt. Vier Kaiser, drei Kaiserinnen und mehrere Könige fanden dort ihre letzte Ruhestätte. Die Anfänge des Doms in Mainz gehen zurück bis zur Grundsteinlegung im Jahr 975. Der erste Bau wurde jedoch 1009 Opfer der Flammen, der Wiederaufbau dauerte bis 1036. Der kleinste der rheinischen Kaiserdome ist St. Peter in Worms. Die Silhouette des Doms aus dem 12. Jahrhundert ist alljährlich im Sommer der Hintergrund für die Nibelungenfestspiele mit renommierten Regisseuren und Schauspielern.

WEITERE INFORMATIONEN

UNESCO Welterbe SchUM-Stätten Speyer, Worms und Mainz
unesco.de/kultur-und-natur/welterbe/welterbe-deutschland/schum-staetten
SchUM Städte e. V.
schumstaedte.de

INDUSTRIE ZUM ANFASSEN
Einziges erhaltenes Werk der Blütezeit im 19. Jahrhundert

Ihr Hundertjähriges konnte die riesige Industrieanlage noch feiern. Aber schon drei Jahre später kam für die Völklinger Hütte das Aus. Nur der Denkmalschutz konnte 1986 das weltweit einzige erhaltene Werk aus der Blütezeit der Eisen- und Stahlindustrie vor dem Abbruch retten. Heute bietet die einst bedeutendste Eisenhütte Deutschlands industrielle Revolution zum Anfassen.

Früher blickten Besucher mit einer Mischung aus Stolz und Mitgefühl auf die sechs Hochöfen, die Werkhallen und das undurchschaubare Gewirr von Rohrleitungen. Mit Stolz, weil die Eisen- und Stahlwerke der Familie Röchling enorm produktiv waren, immer wieder an die Spitze des Fortschritts vorrückten; in den besten Jahren des westdeutschen »Wirtschaftswunders« 17.000 Menschen Arbeit gaben. Und mit Mitgefühl wegen der unermesslichen Härte, der hohen Unfallgefahr und dem ohrenbetäubenden Lärm.

Die Völklinger Hütte war einst eine der modernsten Industrieanlagen in Europa. Nach fast 150 Jahren ist sie als Einzige noch vollständig erhalten. Schon frühzeitig gab es dort europäische Zusammenarbeit, wenn etwa Stahlkocher aus dem Saarland und Lothringen schwedisches und lothringisches Erz mit saarländischer Kohle zu Eisen machten. Zur Werksgeschichte gehört aber auch das dunkle Kapitel ausländischer Zwangsarbeiter während der beiden Weltkriege, die hier unter schwierigsten Bedingungen beschäftigt wurden.

15

↑ Neue Räume für moderne Kunst.
↙ Denkmal des Aufschwungs: Völklinger Hütte am Abend.

Historisches Aussehen

Das heutige Industriedenkmal entspricht etwa dem Erscheinungsbild des Unternehmens in den 1930er-Jahren. Von den einstigen Beschwernissen im Arbeitsalltag indes ist nichts mehr zu spüren. Stattdessen verbindet das heutige Weltkulturerbe die Geschichte der Industrialisierung im 19. und 20. Jahrhundert einschließlich ihrer Schattenseiten mit moderner Kunst und Kultur.

Dabei sind die komplett erhaltenen Anlagen zur Produktion von Roheisen stets gegenwärtig. Mehrere kilometerlange Besucherwege führen zu Meilensteinen der Technikgeschichte, wozu der einzigartige Schrägaufzug ebenso gehört wie die gewaltige Gebläseanlage. In dieser Umgebung können Besucher die Arbeitsschritte bei der Herstellung von Roheisen hautnah nachvollziehen – von der Aufbereitung des Eisenerzes bis zur Schmelze in den Hochöfen.

Von deren Aussichtsplattform kommen die Saar und das gesamte Werksgelände in den Blick, aber auch die Stadt Völklingen und zwei alte Schlackenpyramiden. Die haben vor langer Zeit die Goethe-kundigen Völklinger auf den Namen »Hermann und Dorothea« getauft: nach dem Werksgründer Hermann Röchling und seiner Frau Dorothea.

Bühne für moderne Kunst

Das Gelände an der ehemaligen Kokerei, wo einst Hitze, Staub und Feuer dominierten, hat sich die Natur zurückerobert. Auf 33.000 Quadratmetern zwischen dem Hüttengelände und der Saar ließ die Landschaftsarchitektin Catherine Gräfin Bernadotte von der Insel Mainau mit dem »Paradies« einen malerischen Garten entstehen.

In enger Nachbarschaft zum historischen Stahl-Kohleturm von 1897 und den erhaltenen Koksbatterien wachsen nunmehr Birken und Schmetterlingsflieder, begegnen sich Füchse und Wildschweine, und im Wasser tummeln sich Frösche und Fische. Thematische Gartenräume ergänzen den einzigartigen Landschaftsgarten.

Er ist Teil jenes abwechslungsreichen Umfelds, in dem sich die Völklinger Hütte heute als anregender Schauplatz für den Dialog zwischen Industriekultur und Natur empfiehlt. Das geschieht mit Ausstellungen und Theater, mit Musik, Tanz und Performances. Und alle zwei Jahre lädt zudem das Festival »UrbanArt Biennale« ein. Es gilt insbesondere Künsten, die sich aus Street-Art und Graffiti entwickelt haben.

All diese intensiven Kontraste lassen erkennen, wie sich das Weltkulturerbe Völklinger Hütte als Europäisches Zentrum für Kunst und Industriekultur versteht. Die Ziele sind hochgesteckt: Das Industriedenkmal will »einer der spannendsten Orte der Welt« sein.

INFO

GROSSE SAARSCHLEIFE
Das schönste Ausflugsziel des Saarlandes ist nur einen Katzensprung entfernt in der Nähe von Mettlach. Dort windet sich die Saar auf nahezu zehn Kilometern zwischen viel Grün durch eine Landschaft von Felsen und Buchten. Oberhalb der Schleife führt ein Baumwipfelpfad durch Eichen, Buchen und Douglasien zum Aussichtsturm, der hoch über dem Flusstal ein atemberaubendes Panorama bietet. Zudem gibt es zum Erkunden der Saarschleife zahlreiche mehr oder weniger anspruchsvolle Wanderwege, und als besonderes Highlight werden abendliche Führungen bei Vollmond angeboten. Auf dem Bergrücken innerhalb der Schleife erinnert die Burgruine Montclair aus dem 15. Jahrhundert an die Geschichte des Ortes, die zurückreicht bis zu ersten Bauten der Kelten um das Jahr 500 v. Chr.

WEITERE INFORMATIONEN
UNESCO-Welterbe Völklinger Hütte
unesco.de/kultur-und-natur/welterbe/welterbe-deutschland/voelklinger-huette
voelklinger-huette.org
Saarschleife
urlaub.saarland

16

WELTERBE MAJESTÄTISCH – DIE WARTBURG

DIE DEUTSCHESTE ALLER BURGEN

Thüringer Landeskrone ist Symbol von nationaler Bedeutung

Die markante Silhouette hoch über der Stadt ist in Eisenach allgegenwärtig. Doch mit einer Burg des Mittelalters hat die heutige Burganlage nur noch wenig zu tun. Vielmehr ist die Thüringer Landeskrone ein Spiegelbild der romantischen Burgenbegeisterung im 19. Jahrhundert. Nach 1945 stand sie an der innerdeutschen Grenze als weithin sichtbares Symbol für Einheit und Freiheit.

Zum Greifen nah scheinen der Thüringer Wald, das nordhessische Bergland und der Nationalpark Hainich. »Die um die Wartburg allmächtig und reich gelagerte Natur spielte mir einige Freude zu, wie ich sie lange nicht hatte«, schwärmte 1799 der Schriftsteller Jean Paul (1763–1825). Und auch der Romantiker Friedrich Schlegel (1772–1829) zeigte sich ergriffen: »Schöneres hab' ich in Deutschland nichts gesehen als diese Burg auf einem einzelnen, ehedem ganz waldumkränzten Berge, rundum von Felsen und Tälern und Hügeln umschlossen.«

Am Anfang stand im Jahr 1067 der markige Spruch »Wart' Berg, du sollst mir eine Burg werden«. Damit jedenfalls soll Ludwig der Springer (1042–1123) bei einer Jagd in der Gegend die Herrschaft der aufstrebenden Ludowinger begründet haben. Der Ort war strategisch gut gewählt. Von hier oben ließen sich die europäische Handelsstraße Via regia ebenso gut kontrollieren wie die nahen Flusstäler von Hörsel und Werra.

Doch bei aller Schwärmerei vor zweihundert Jahren: Damals war die Burg eher eine »unregelmäßige Häusermasse, deren höchster und ältester Teil weit mehr einem Speicher ähnlich sah als einer fürstlichen Herrenburg«, befand 1826 der inzwischen vergessene Schriftsteller Adolph Stahr (1805–1876). Drei Jahrzehnte später veranlasste der Weimarer Großherzog Carl Alexander (1818–1901) den Wiederaufbau. Den entscheidenden Impuls – und nicht zuletzt das erforderliche Geld – gab die vermögende russische Großfürstin Maria Pawlowna (1786–1859), die 1804 in das Fürstenhaus eingeheiratet hatte.

Dem Großherzogtum ging es jedoch mit dem Mammutprojekt in der Nebenresidenz Eisenach um mehr als nur ein romantisches Ensemble in malerischer Landschaft. Vielmehr müsse mit der neuen Burg »die historisch und politisch-faktische Bedeutung, zweitens ihre Bedeutung für die Entfaltung des Geistes und namentlich der Poesie, drittens ihre Bedeutung für die Reformation und viertens ihre katholisch-religiöse Bedeutung« herausgestellt werden. Nach dem Wiederaufbau zeigte sich Carl Alexander durchaus zufrieden. Die Wartburg sei »ein wahres Juwel geworden für die gebildete Welt überhaupt, für das deutsche Vaterland im Besonderen«, so der Großherzog 1890.

Sängerkrieg und Wartburgfest

In die historisierende Erneuerung hatte Architekt Hugo von Ritgen (1811–1889) die Lutherstube von 1521/22 ebenso mit einbezogen wie den Palas aus dem 12. Jahrhundert. Künstlerisch federführend war der Münchner Spätromantiker Moritz von Schwind (1804–1871). Die Fresken zum Sängerkrieg, zu Thüringer Sagen und vor allem zur Heiligen Elisabeth gehören zu den besten Werken des Künstlers. Nach aufwendiger Sanierung in den vergangenen Jahrzehnten sind sie für Wartburg-Besucher ein besonderer Höhepunkt bei einem Rundgang durch die wechselvolle Geschichte der Burg.

Sie reicht von der Blüte der Landgrafschaft Thüringen mit dem Sängerkrieg und dem wohltätigen Wirken von Landgräfin Elisabeth (1207–1231) über die Leistungen des Bibelübersetzers Martin Luther (1483–1546) bis zum Einheitsstreben der Deutschen im 19. Jahrhundert: Das Wartburgfest der Burschenschaften zum 300-jährigen Reformationsjubiläum war 1817 nach den Befreiungskriegen gegen Napoleon ein erstes großes Plädoyer für die deutsche Einheit. Und nach dem Zweiten Weltkrieg bis zum Ende der DDR war die Burg Namensgeberin und Logo der Pkw-Produktion in Eisenach.

⇖ Wechselvolle Geschichte: die Wartburg bei Eisenach.

INFO

GUT EI UND KIKERIKI!

Der etwas ausgefallene Schlachtruf ist das Motto des Eisenacher Sommergewinns, der als größtes Frühlingsfest Deutschlands jeweils drei Wochen vor Ostern gefeiert wird. Höhepunkt des lebendigen Brauchtums ist seit 1897 ein farbenfroher Festumzug mit bunt geschmückten Wagen. Tausende von Blumen und Blüten aus Papier stehen für das Wiedererwachen der Natur nach der dunklen Winterzeit. Im anschließenden Streitgespräch zwischen der strahlenden Frau Sunna und dem grimmigen Herrn Winter siegt – wie könnte es anders sein – traditionell die Sonne. Und der Winter mit seiner todbringenden Kraft wird als Strohpuppe symbolisch verbrannt – sozusagen ein mythisches Frühlingsopfer. Die Ursprünge des Sommergewinns, der inzwischen zum immateriellen Kulturerbe der UNESCO gehört, reichen zurück bis ins 13. Jahrhundert.

WEITERE INFORMATIONEN

UNESCO-Welterbe Wartburg

unesco.de/kultur-und-natur/welterbe/welterbe-deutschland/wartburg

Sommergewinn

sommergewinn-eisenach.de

unesco.de/kultur-und-natur/immaterielles-kulturerbe/immaterielles-kulturerbe-deutschland/sommergewinn

KLASSIK TRIFFT MODERNE

Eine kleine Residenz wird zur kulturellen Großmacht

Die Größe der Stadt liegt eher im Geistigen. So brachte es Thomas Mann einst kurz und knapp auf den Punkt. Auch wenn viele in der Thüringer Kulturstadt das geflügelte Wort nicht mögen – es steckt darin viel Wahrheit. Denn tatsächlich gibt es dort nur wenige imposante Äußerlichkeiten zu entdecken, dafür aber eine Menge Orte und Hinweise zur Erinnerung an das Zeitalter der Klassik.

Irgendwann ist in dieser Stadt alles klassisch. Aber auch die Klassik war anfangs Moderne, bis sie sich allmählich etablierte als geistig-kulturelles Phänomen mit nachhaltigen Auswirkungen. Angefangen hat alles mit Herzogin Anna Amalia (1739–1807). Mit ihr sei über den Hof und die Stadt »ein ganz anderer Geist« gekommen, befand der Dichterfürst und Staatsminister Johann Wolfgang Goethe (1749–1832) unmittelbar nach ihrem Tod.

Als 16-Jährige nach Weimar verheiratet, war Anna Amalia schon 1758 Witwe. Weil Thronfolger Carl August (1757–1828) zu diesem Zeitpunkt noch kein Jahr alt war, stand die junge Herzoginwitwe in der Pflicht – zumindest bis 1775. Wichtigste Aufgabe in der Zeit ihrer Vormundschaft war der Abbau des im wahrsten Wortsinn fürstlichen Schuldenberges. In Erinnerung geblieben ist sie jedoch als Wegbereiterin der deutschen Klassik.

17

Anfangs erlebte die Prinzessin aus Wolfenbüttel die Thüringer Residenz aber als einen Ort jenseits der ersten Blüte. Sie war verbunden mit dem greisen Hofmaler Lucas Cranach d. Ä. (um 1472–1553) und mit der 1617 gegründeten Sprachakademie »Fruchtbringende Gesellschaft«, aber auch mit höfischer und Kirchenmusik unter dem jungen Barockkomponisten Johann Sebastian Bach (1685–1750).

Vor diesem Hintergrund setzte die ambitionierte Herzogin fort, was sie bereits am aufgeklärten Hof von Braunschweig-Wolfenbüttel erlebt hatte: die Hinwendung »zur Kultur der Kunst und Wissenschaft«, wie Goethe es nannte. Anna Amalia schmückte Weimar mit dem Philosophen und Dichter Christoph Martin Wieland (1733–1813), den sie für die Prinzenerziehung 1772 von der Erfurter Universität holte. Für Kultur bei Hofe belebte sie das Theater ebenso wieder wie die Kapelle, wobei sie selbst musizierte und komponierte.

Geistvolle Tafelrunden

Das »Grüne Schlösschen« ließ sie zur Bibliothek umbauen, die seit 1991 ihren Namen trägt. Nach der Brandkatastrophe von 2004 wurde sie aufwendig saniert, der berühmte Rokokosaal ist wieder Herzstück und Besuchermagnet. In besonderer Weise mit Anna Amalia verbunden ist zudem das Wittumspalais, wo sie in den legendären »Tafelrunden« mit Vorlesen, Theaterspiel und Musizieren neue Formen geistreicher Geselligkeit etablierte. Dazu kamen Adlige und Hofleute, aber auch Schriftsteller, Künstler, Wissenschaftler und andere Größen.

Ab 1775 setzte der junge Regent Carl August eigene Akzente. Ein zeitlebens enger Vertrauter war Goethe, den der 18-jährige Fürst noch im ersten Regierungsjahr aus Frankfurt nach Weimar geholt hatte. Er sollte zum unangefochtenen Mittelpunkt jener Epoche werden, die als Weimarer Klassik zur europäischen Geistesgeschichte gehört. Goethes Wohnhaus und das benachbarte Nationalmuseum sind denn auch für Weimar-Besucher zweifellos die wichtigsten Anlaufpunkte.

Wenige Schritte entfernt, im Park an der Ilm, erinnert das Gartenhaus an Goethes erste Jahre in Weimar. Weitere Pilgerstätten liegen mehr oder weniger nebenan – das Wohnhaus des Dichterfreundes Friedrich Schiller (1759–1805), das Residenzschloss als Mitte der heutigen »Klassik Stiftung Weimar«, die Stadtkirche als Wirkungsstätte des »bekanntesten Unbekannten« Johann Gottfried Herder (1744–1803) und hoch über der Stadt das Goethe- und Schiller-Archiv.

↑ Der Glockenturm von Buchenwald erinnert an die dunkle Kehrseite.
↙ Müßiggang in klassischem Ambiente am Weimarer Schloss.

Die deutsche Republik

Das einst von Goethe geleitete Hoftheater wurde 1908 ersetzt durch einen Neubau, der nach dem Ersten Weltkrieg als Deutsches Nationaltheater Geschichte schrieb: Während der Nationalversammlung vom 6. Februar bis Mitte August 1919 erarbeiteten die 423 Abgeordneten die Weimarer Reichsverfassung, die der jungen Republik ihren Namen gab.

Doch nicht nur politischer Aufbruch prägte damals die Stadt. Den Start in die künstlerische Moderne gab 1919 das Staatliche Bauhaus. Seit dem 100. Gründungsjubiläum setzt ein modernes Museum im Stadtbild ein markantes Zeichen, dass die legendäre Kunst- und Designschule ursprünglich aus Weimar kommt. Dessau und Berlin waren lediglich weitere Stationen bis zum endgültigen Verbot durch die Nationalsozialisten, was den Exodus seiner Lehrmeister auslöste.

↑ Geburtsort des Staatlichen Bauhauses von 1919.
→ Prachtvolles Rokoko in der Herzogin-Anna-Amalia-Bibliothek.

Konzeptionell forderte die neue »Werkstatt der Zukunft« die Einheit von Kunst und Technik: »Das Bauhaus will Architekten, Maler und Bildhauer aller Grade je nach ihren Fähigkeiten zu tüchtigen Handwerkern oder selbständig schaffenden Künstlern erziehen und eine Arbeitsgemeinschaft führender und werdender Werkkünstler gründen, die Bauwerke in ihrer Gesamtheit – Rohbau, Ausbau, Ausschmückung und Einrichtung – aus gleich geartetem Geist heraus einheitlich zu gestalten weiß.«

Aufstieg der Moderne

Gleichwohl war das frühe Bauhaus dem Expressionismus und dem Dadaismus näher als einer akademischen Bildungsstätte. Gründungsdirektor Walter Gropius (1883–1969) war zuständig für das Praktische, Johannes Itten (1888–1967) als Guru der Lebensreformbewegung Mazdaznan sorgte sich ums Spirituelle. Die Lehrlinge, Gesellen und Meister arbeiteten in Werkstätten wie Druckerei, Töpferei, Weberei, Tischlerei, Bühnenbild und in der Metallwerkstatt; hinzu kamen Formen- und Farbenlehre, Architektur, Baulehre und Freie Kunst.

Künstler wie Lyonel Feininger, Gerhard Marcks, Paul Klee, Oskar Schlemmer und Wassily Kandinsky machten das Bauhaus als Lehrer weltberühmt. Höhepunkt der ersten Jahre war die große Ausstellung von 1923. Unkonventionelle Feste, die Bauhausbühne und -kapelle sorgten im konservativen Weimar für Aufsehen, fanden aber ebenso heftige Ablehnung. Schließlich kündigte die rechtslastige Landesregierung von 1924 die Arbeitsverträge, was für die Kunstschule das Aus bedeutete. Ende März 1925 verabschiedete sich das Bauhaus mit einem großen Kehraus-Fest.

Eine Idee kehrt zurück

Die einstigen Lehr- und Werkstattgebäude beherbergen heute die Bauhaus-Universität. Einziges Bauhaus-Gebäude in der Stadt ist das »Haus Am Horn« von 1923. Das damalige Musterhaus erinnert an eine geplante, aber nie gebaute Bauhaus-Siedlung. 1995 kehrte die Idee zurück mit dem Wohngebiet »neues bauen am horn«. In der Siedlung auf einem früheren innerstädtischen Militärgelände gibt es zahlreiche Beispiele dafür, dass das angeblich vom Bauhaus verfügte »Diktat des rechten Winkels« nicht zwangsläufig zu Monotonie führen muss. … Und irgendwann ist in dieser Stadt auch das klassisch.

INFO

DUNKLE KEHRSEITEN

Zu Weimar gehört auch Buchenwald – und damit die erschütternde Erkenntnis, wie dicht beieinander humanistische Hochkultur und grausame Menschenverachtung liegen können. In unmittelbarer Nachbarschaft zu den Stätten der deutschen Klassik begannen die Nationalsozialisten 1937 auf dem Ettersberg mit dem Aufbau des Konzentrationslagers, in dem bis 1945 mindestens 56.000 Menschen starben. Nach dem Zweiten Weltkrieg nutzte dann bis 1950 die sowjetische Besatzungsmacht das ehemalige KZ Buchenwald als Internierungslager für Nazi-Täter und Mitläufer, aber auch für Unschuldige und grundlos Denunzierte. Die Bilanz: Von den rund 28.000 Internierten im »Speziallager« starb jeder vierte. Die ersten KZ überhaupt hatten die Nazis schon 1933 in Nohra bei Weimar und in Bad Sulza bei Apolda eingerichtet. In ganz Thüringen gab es bis zum Kriegsende 1945 ein dichtes Netz von Lagern.

WEITERE INFORMATIONEN

UNESCO-Welterbe Klassisches Weimar
unesco.de/kultur-und-natur/welterbe/welterbe-deutschland/klassisches-weimar
UNESCO-Welterbe Das Bauhaus und seine Stätten in Weimar, Dessau und Bernau
unesco.de/kultur-und-natur/welterbe/welterbe-deutschland/das-bauhaus-und-seine-staetten-weimar-dessau-bernau
Gedenkstätten Buchenwald und Mittelbau-Dora
buchenwald.de

18

WELTERBE ERSTAUNLICH – STRALSUND UND WISMAR

IM HERZEN DER HANSE

Backsteingotik zeugt von einstiger Blütezeit an der Ostsee

Backsteinarchitektur ist untrennbar verbunden mit den Hansestädten und dem Ostseeraum. Sie setzte sich im Mittelalter vor allem dort durch, wo es zum Bauen kaum Naturstein gab und stattdessen aus Lehm oder Ton gebrannte Ziegel verwendet wurden. Bis heute prägt die charakteristische Bauweise ganze Landstriche – in Form großer Kirchen und Kathedralen, aber auch in historischen Altstädten.

Wind von der Ostsee umweht die Spaziergänger zwischen den alten Mauern, zwischen der zurückgewonnenen Schönheit von Stufengiebeln und Arkaden, individuell gestalteten Hauseingängen und Schaufronten. Die Geschichte von Stralsund lebt fort im Muster des Straßennetzes und in der Backsteingotik der mächtig aufragenden Kirchen. Sie zeugen von mittelalterlicher Frömmigkeit, aber auch von einstiger politischer und wirtschaftlicher Kraft der alten Hansestadt.

Stralsund erhielt das Stadtrecht 1234 und profitierte als Hafenstadt vor allem vom Fernhandel. Die Türme der drei imposanten Kirchenbauten aus dieser Zeit bestimmen bis heute das Stadtbild. Auffällig an der monumentalen Nikolaikirche ist die ungewöhnliche Doppelturmfassade: Nachdem im 17. Jahrhundert ein Feuer die gotischen Turmspitzen zerstörte, erhielt der Südturm eine barocke Haube, der Nordturm hingegen nur ein Notdach.

Die Marienkirche ist die größte Stralsunder Backsteinkirche. Ihre Orgel von 1659, ein Meisterwerk des Orgelbauers Friedrich Stellwagen (1603–1660), zählt zu den bedeutendsten historischen Orgeln in Norddeutschland. Die etwa 3500 Pfeifen hinter dem 20 Meter hohen Orgelprospekt erklingen regelmäßig zu Gottesdiensten und in Konzerten. Vom Kirchturm bietet sich nach 366 Stufen in einer Höhe von 104 Metern ein grandioser Blick über Altstadt und Ostsee.

Die Jakobikirche schließlich als die jüngste der großen Stralsunder Kirchen stammt aus dem frühen 14. Jahrhundert. Sie war besonders oft von Zerstörung und Krieg betroffen. Nach dem Zweiten Weltkrieg blieb sie über ein halbes Jahrhundert Ruine. Gründlich restauriert, ist sie seit 1995 eine Kulturkirche für Musik, Theater, Kunstmessen und andere Veranstaltungen.

Mittelpunkt der Stralsunder Altstadt ist das prunkvolle backsteinrote Rathaus von 1300. Seine kunstvoll durchbrochene Fassade erinnert bisweilen an Lübeck. Die langjährige Sanierung und Stabilisierung des Gebäudes feierten die Stralsunder 2004 mit einem großen Fest am Alten Markt. So ist Altstadtambiente in Stralsund selbst dort noch gegenwärtig, wo im Oktober 1944 die Bomben des Zweiten Weltkriegs viel zerstört hatten.

Rettung vor dem Verfall

Wie in Stralsund wurde ab 1990 auch in Wismar die lange vernachlässigte Altstadt Haus um Haus gerettet. Der Marktplatz ist einer der größten in ganz Norddeutschland. Über die berühmte Wasserkunst aus dem 16. Jahrhundert erhielten 220 Häuser und 16 öffentliche Brunnen fortwährend Nachschub mit frischem Quellwasser. Die Umgebung des einen Hektar großen Marktes bestimmen Gebäude aus dem Mittelalter, aber auch die großartige Renaissancefassade des Fürstenhofs sowie Bauten aus Barock und Klassizismus bis hin zum Jugendstil.

Als Stadt wurde Wismar erstmals im Jahr 1229 erwähnt. Der geschützte Hafen an der Mecklenburger Bucht sorgte in der Blütezeit für Wohlstand und Wirtschaftskraft, wofür auch hier große Kirchen stehen. St. Georgen aus dem 13. Jahrhundert wurde im Zweiten Weltkrieg stark beschädigt, konnte aber nach 1990 mit Spenden aus ganz Deutschland wieder aufgebaut werden.

Ein anderes Schicksal widerfuhr der Marienkirche. Sie galt einst als das schönste norddeutsche Backsteingebäude. Doch die Kriegsruine wurde schon 1960 gesprengt. Nur den Turm ließen die DDR-Behörden stehen. Seither ist das 80 Meter hohe Wahrzeichen auch ein Mahnmal gegen die mutwillige Zerstörung von Kulturgut.

⇖ In Stralsund trifft Moderne auf Backsteingotik.

INFO

PERLE DER BACKSTEINGOTIK

Auf halber Strecke zwischen Stralsund und Wismar empfiehlt sich im Hinterland der Ostsee das Doberaner Münster als »Perle der Backsteingotik«. Die Architektur des einstigen Zisterzienserklosters aus dem 13. Jahrhundert ist geprägt von unterschiedlichen Stilelementen seiner Zeit. Vorbilder aus dem französischen Kathedralbau und Stilelemente hanseatischer Backsteinkirchen sind verbunden mit den Bauregeln der Zisterzienser. Zur reichen mittelalterlichen Ausstattung gehört neben dem ältesten Flügelaltar der Kunstgeschichte aus dem frühen 14. Jahrhundert auch das Zifferblatt einer astronomischen Uhr von 1390. Sie wurde allerdings im Dreißigjährigen Krieg zerstört. In den Sommermonaten lädt der eindrucksvolle Kirchenbau in lauschiger Umgebung regelmäßig zu Münsterkonzerten ein.

WEITERE INFORMATIONEN

UNESCO-Welterbe Altstädte von Stralsund und Wismar
unesco.de/kultur-und-natur/welterbe/welterbe-deutschland/altstaedte-von-stralsund-und-wismar

Doberaner Münster
muenster-doberan.de

GESAMTKUNSTWERK DES BAROCK

Ehrgeiziges Bauprogramm mit internationaler Handschrift

Das ständige Streben von Fürsten nach Ansehen und Selbstdarstellung im 18. Jahrhundert hat in Würzburg ein einzigartiges Bauwerk von europäischem Rang hervorgebracht: Am Neubau der Residenz waren Baumeister, Innenarchitekten und Künstler aus mehreren Ländern beteiligt. Sie fanden zu einer gelungenen Synthese, die sich gleichermaßen in Struktur wie im Dekor dieses architektonischen Meisterwerks zeigt.

Dem Würzburger Fürstbischof Johann Philipp Franz von Schönborn (1673–1724) genügte weder die alte Festung Marienberg hoch über dem Main noch das kleine Greiffenklau-Schlösschen am Rennweg als Residenz. Als Baumeister wählte er den noch jungen Balthasar Neumann (1687 bis 1753), der bald schon unentbehrlich war. Er kannte sich aus in Europa, war unter anderem Ingenieur bei der Belagerung Belgrads und hatte das barocke Wien studiert.

In Würzburg wurde Neumann das Glück großer Aufgaben zuteil. Hier wuchs er zum Städtebauer sowie zum Baumeister von Stift und Residenz heran und wurde zum begehrten Meister seines Fachs im ganzen Reich. Er war gerade 33 Jahre alt, als am 22. Mai 1720 der Grundstein für die Würzburger Residenz gelegt wurde. Der Fürstbischof persönlich nahm die Zeremonie vor. Wie fast alle seine Verwandten war Schönborn ein Bauherr von Rang und ein Mitplaner, aber kein geltungssüchtiger Verschwender.

↑ Der Kaisersaal ist Glanzstück der Würzburger Residenz.
↙ Barockes Gesamtkunstwerk: Residenz und Hofgarten.

Berühmtheiten unter sich

Baugeld war ihm aus einem Unterschlagungsprozess gegen den Kammerdirektor seines Vorgängers zugeflossen. Allerdings reichte die vergleichsweise riesige Summe von 600.000 Gulden bei Weitem nicht aus. Dennoch durfte Balthasar Neumann planen und bauen. Er reiste nach Paris und Versailles und legte seine Risse dort berühmten Kollegen wie dem Hofbaumeister Robert de Cotte (1656–1735) und dem Innenarchitekten Germain Boffrand (1667–1754) vor. Auch der Wiener Barockmeister Lukas von Hildebrandt (1668–1745) war an der Planung beteiligt.

Und der Erfolg bestätigte die Planer. Während andernorts an Schlössern über Jahrhunderte gearbeitet wurde, entstand die Würzburger Residenz in gut zwei Jahrzehnten. Mit dem 1744 vollendeten Schloss war ein Gesamtkunstwerk mit internationaler Handschrift entstanden. Als Höhepunkte der Würzburger Raumkunst gelten das Treppenhaus und der Kaisersaal. Für den Treppenaufgang hatte de Cotte vorgeschlagen, auf die Doppelanlage zu verzichten und stattdessen die verbleibende Treppe zu vergrößern.

Ihre Weiträumigkeit hat sie nicht zuletzt der seinerzeit kühnen stützenlosen Überwölbung zu verdanken. Neumann soll damals erklärt haben, man könne auch Kanonen darunter abfeuern, sie werde standhalten. Seine Aussage wurde in der Bombennacht des 16. März 1945 bestätigt: Die freitragende Steindecke überdauerte Hitze, Erschütterungen und herabstürzenden Bauschutt. Deshalb blieb auch das imposante Deckengemälde des venezianischen Barockmalers Giovanni Battista Tiepolo (1696–1770) erhalten.

Rettung nach dem Krieg

Die Huldigung für den Fürstbischof gilt als eine der größten je gemalten einteiligen Fresken. Mehr noch als das superlative Maß von 30 mal 18 Metern ist es der Kontrast vom Dämmerlicht des Säulenwaldes im Untergeschoss zur Licht- und Farbenfülle der oberen Treppenhalle. Dieser Übergang wird bei jedem Besuch stets aufs Neue zum Erlebnis – eine irdisch-himmlische Lichterfahrung, wie sie so kaum anderswo in historischen Bauten erreicht ist.

Zu beiden Seiten schließen die Kaiserzimmer an, die nach schweren Zerstörungen kurz vor dem Ende des Zweiten Weltkrieges wieder hergestellt werden konnten. Gerettete Einrichtungsteile, vor allem aber detailgenaue Fotodokumente aus dem Jahr 1942 machten die Rekonstruktion möglich. Nicht zu vergessen ist schließlich der junge Offizier John D. Skilton. Als Angehöriger der U.S. Army sorgte er 1945 dafür, dass Tiepolos Fresken nicht durch eindringende Nässe ruiniert wurden.

INFO

WEIN AUS DEM SPITAL

Wein aus Würzburg kommt seit nunmehr 700 Jahren von der Stiftung Bürgerspital zum Heiligen Geist. Das Stiftungsweingut im fränkischen Weinland ist eines der größten in Deutschland, und von der besonderen Qualität der Reben vom »Würzburger Stein« schwärmte einst schon der Weimarer Dichterfürst Johann Wolfgang Goethe. Ein weiterer großer Anbieter von Würzburger Wein mit langer Tradition ist das Weingut Juliusspital, das 1576 als soziale Stiftung gegründet wurde. Besonders imposant sind der 250 Meter lange Holzfasskeller und der Fürstenbau des Spitals. Angebaut wird Würzburger Wein auf Hängen in unmittelbarer Umgebung, aber auch in anderen Regionen Mainfrankens wie an der Mainschleife bei Volkach. Frankenweine sind überwiegend Weißweine der bevorzugten Rebsorten Silvaner, Riesling, Bacchus und Müller-Thurgau. Zunehmender Beliebtheit erfreut sich seit jüngster Zeit die lange vernachlässigte Scheurebe.

WEITERE INFORMATIONEN

UNESCO-Welterbe Residenz Würzburg mit Hofgarten und Residenzplatz
unesco.de/kultur-und-natur/welterbe/welterbe-deutschland/residenz-wuerzburg-mit-hofgarten-und-residenzplatz
residenz-wuerzburg.de
Frankenwein in Würzburg
wuerzburg-wein.de

20

WELTERBE UNENDLICH – DAS WATTENMEER

VIEL WASSER UND VIEL WIND

Kulturlandschaft am Meer in ständigem Wandel

Das Wattenmeer ist weitaus bunter, als es auf den ersten Blick erscheint. Denn der einzigartige Lebensraum entlang der Deutschen Bucht beherbergt Tausende von unterschiedlichen Tier- und Pflanzenarten. Hinzu kommt das immerwährende Wechselspiel von Ebbe und Flut, das an der Nordsee regelmäßig neue und faszinierende Landschaftsbilder entstehen lässt.

Die Wanderung über den glitschigen Meeresboden dauert zwischen drei und vier Stunden, vorausgesetzt die Zwischenstopps bei Wattwürmern, Miesmuscheln und Co. sind kurz. Am Ende des gut zehn Kilometer langen Fußmarsches, der in Cuxhaven beginnt, ist die Insel Neuwerk erreicht, ein Stück Hamburg im Meer. Dorthin machen sich per pedes oder im Wattwagen jährlich bis zu 100.000 Besucher auf den Weg. Am Fuße des dicken Leuchtturms aus dem 14. Jahrhundert können sie die Faszination Wattenmeer wie in einem Brennglas erkunden.

Dazu gehört nicht nur der ständige Wechsel der Gezeiten, die bei Ebbe auf dem Wattboden eine Unzahl kleiner und kleinster Lebewesen freigeben. Die kleine Insel in der Nordsee ist auch ein günstiger Standort für Beobachtungen in Natur und Umwelt, die für das gesamte Wattenmeer an der

Nordsee charakteristisch sind wie etwa das Leben auf Salzwiesen. Auf Neuwerk entstanden sie mit der Renaturierung früherer Weiden für Pferde, Rinder und Schafe.

Seither blühen auf dem östlichen »Vorland« wieder Halligflieder, Strandaster, Strandwermut oder die Portulak-Keilmelde. Vogelarten wie Rotschenkel, Austernfischer oder Brandseeschwalben finden willkommene Brutstätten und Rastplätze. Darüber hinaus bieten Salzwiesen, wie sie auf bewohnten und unbewohnten Wattinseln überall zu finden sind, auch den Lebensraum für Tausende von Insektenarten, die es nur dort gibt.

Das Wattenmeer der Nordsee reicht von der dänischen Halbinsel Skallingen bis zur niederländischen Küstenstadt Den Helder, ist etwa 500 Kilometer lang und bis zu 40 Kilometer breit – und damit das weltweit größte Watt überhaupt. Seine Landschaft prägen Sandstrände und Dünen, Schlick und Sand, Muschelbänke und Seegraswiesen. Ornithologen und Vogelfreunde freuen sich auf die jährlich zehn bis zwölf Millionen Zugvögel, die sie dort beobachten können.

Bedeutsam ist das Watt auch als Heimat von Kegelrobben, Seehunden und Schweinswalen. Sie nutzen vor allem in der kalten Jahreszeit die flachen Strände als Kinderstube für ihren Nachwuchs. Seehunde als die häufigsten Säugetiere tun das besonders in nördlichen Bereichen. Dagegen dominieren weiter südlich Kegelrobben, die größeren Verwandten der Seehunde und die hierzulande größten Raubtiere. Sie waren bereits so gut wie ausgestorben, weshalb für die heutigen Bestände strenge Jagdregeln gelten.

Den ständigen Veränderungen der Wattlandschaft durch Naturgewalten sind die vielen Inseln am stärksten ausgesetzt. Das gilt vor allem in Herbst und Winter, wenn der »Blanke Hans« heftige Stürme übers Meer peitscht. Auf den bewohnten Halligen, den kleinen Marschinseln rund um die nordfriesische Insel Pellworm, treffen die unbändigen Elementargewalten die Menschen besonders stark. Im Sommer dagegen sind Tagestouristen wie etwa auf Hallig Hooge oder Hallig Langeneß begeistert von den üppig blühenden Salzwiesen.

↖ Relikt aus früheren Zeiten: Ebbe an der Nordsee.
↗ Sandbank und Sonne: Wohlfühloase für Seehunde und Kegelrobben.

Nachhaltig verändert haben Wasser und Wind in vergangenen Jahrhunderten die nordfriesische Insel Amrum. Was sich heute hinter den Dünen als zehn Kilometer langer und bis zu zwei Kilometer breiter Sandstrand ausbreitet, war vor nicht allzu langer Zeit noch eine vorgelagerte Sandbank. Doch der »Kniepsand« wanderte immer weiter in Richtung Amrum, bis dann die Wanderdüne zur neuen Westküste wurde. Inzwischen schätzen nicht nur Urlauber den seichten Badestrand als ideales Sommerparadies für Kinder.

INFO

GEZEITEN HAUTNAH

Umfassendes Wissen über das Leben am und im Wattenmeer vermitteln an mehreren Orten entlang der Küste Ausstellungen und Bildungsangebote. Unter den vielen Informationszentren gilt das Multimar Wattforum in Tönning als ausgesprochenes Highlight. In der Dauerausstellung auf 1325 Quadratmetern wird das Watt zwischen Salzwiesen, Wattboden und Nordsee zu einem faszinierenden Erlebnis. Stolz des Hauses sind ein großes Pottwal-Skelett, ein Großaquarium mit Panoramascheibe und 36 weitere Aquarien mit insgesamt mehr als 280 Unterwasserarten. Besondere Attraktion im Nationalparkhaus der Insel Neuwerk ist das große Tide-Aquarium. Dort kann der Wechsel der Gezeiten als Motor des Lebensraums Wattenmeer alle 80 Minuten hautnah und trocken nachempfunden werden – durch das Einströmen und Ablassen von Meerwasser.

WEITERE INFORMATIONEN

UNESCO-Welterbe Wattenmeer
unesco.de/kultur-und-natur/welterbe/welterbe-deutschland/wattenmeer
Nationalpark-Haus Neuwerk und Nationalpark Wattenmeer
nationalpark-wattenmeer.de
Multimar Wattforum
multimar-wattforum.de

VON DER DONAU BIS ZUM RHEIN

Der Limes des Imperium Romanum verlief quer durch Europa

Nach einem unaufhaltsamen Aufstieg zur europäischen Großmacht war es im zweiten nachchristlichen Jahrhundert mit der Expansion des Römischen Reiches vorbei. Auf dem Höhepunkt ihrer Macht trennte die Römer in Europa eine 5000 Kilometer lange Grenze von den östlichen Nachbarn, die sie Barbaren nannten. Der Limes schützte vor Übergriffen, ermöglichte aber immer auch den gegenseitigen Austausch.

Eigentlich war eine neue Reihenhaussiedlung geplant. Doch schon nach kurzer Zeit wurden die Arbeiten im bayerischen Weißenburg gestoppt. Unvermittelt waren alte Mauerreste aufgetaucht, die sich bald als archäologische Sensation erweisen sollten: Nur einen halben Meter unter der Erde hatte eine römische Therme die Jahrhunderte überdauert. Nach der zufälligen Entdeckung 1977 wurde ein imposantes Geflecht von Gängen, Mauern und Gewölben freigelegt.

Inzwischen ist die Weißenburger Therme aus der Zeit um 100 n. Chr. von einer riesigen Zeltkonstruktion überdacht. Die am besten erhaltene Anlage dieser Art in Süddeutschland gehörte zum Kastell Biriciana für rund 500 Reiter an Roms nördlicher Außengrenze, dem Obergermanisch-Raetischen Limes. Seit 1990 sind das nachgebaute Nordtor des Kastells und der angrenzende archäologische Park ein Aushängeschild der einst wohlhabenden Stadt mit mehreren Tausend Einwohnern.

21

Das größte Bodendenkmal Europas

Der Raetische Limes ganz in der Nähe reicht in östlicher Richtung bis zum Kastell Eining bei Regensburg. Dort schließt sich der westliche Donau-Limes an. Im Norden folgt dem raetischen Teil am Rhein bei Bad Hönningen der Niedergermanische Limes. Alle Abschnitte zusammen bilden vom Hadrianswall und dem Antoniuswall in Schottland über Deutschland und Österreich bis zur Donau in der Slowakei das gemeinsame Welterbe »Grenzen des Römischen Reiches«.

Das größte Bodendenkmal Europas vom Schwarzen Meer bis zur Nordsee markiert die nördliche Außengrenze des Imperium Romanum zur Zeit seiner größten Ausdehnung unter Kaiser Trajan (53–117) im 2. Jahrhundert. Auf einer Länge von 5000 Kilometern gab es eine lange Kette von Wachtürmen, Kastellen und Legionslagern. Palisaden und Wälle ergänzten natürliche Barrieren wie Gebirge oder Flüsse. Der Limes war also kein massiver Damm, sondern mitunter auch eine »nasse Grenze« wie der niedergermanische Abschnitt am Rhein.

Doch anders als vor hundert Jahren gehen heutige Forscher nicht mehr davon aus, dass der Limes in erster Linie vor den »Barbaren« schützen sollte. Vielmehr wird angenommen, dass die Grenzbefestigung der Kontrolle des beiderseitigen Handels und Wandels diente – bis hin zu Steuereinnahmen. Als Belege für die neue Sichtweise gelten Fundstücke von der jeweils anderen Seite des Limes an Orten, die von der einstigen Grenzlinie weit entfernt sind.

Touristenroute Limes-Straße

Die Grenzbefestigungen selbst wurden nach dem Niedergang des Römischen Reiches zum Steinbruch und Materiallager für neue Bauten. Was erhalten blieb, ist entlang der Deutschen Limes-Straße aufgereiht wie auf einer Perlenkette. Die 800 Kilometer lange Touristenroute durch Bayern, Baden-Württemberg, Hessen und Rheinland-Pfalz führt zwischen Aalen und Zweiflingen zu den wichtigsten Monumenten und Museen, flankiert von zahlreichen Rad- und Wanderwegen.

Der am besten erhaltene und rekonstruierte Teil des Limes führt durch den Taunus mit der Saalburg. In den Wäldern bei Bad Homburg errichtete um das Jahr 135 die 2. Raetische Kohorte mit 600 Fußsoldaten und Reitern ein Kastell mit militärischen Bauten, Therme, Werkstätten, Lagerdorf und anderen öffentlichen Gebäuden für Soldatenfamilien, Händler und Handwerker. Mit dem Niedergang des Römischen Reiches wurde die Anlage jedoch im 3. Jahrhundert aufgegeben.

Für den späteren Steinbruch interessierten sich Archäologen erst um 1850. Zwischen 1897 und 1907 entstand dann mit der Rekonstruktion der Anlage auf antiken Fundamenten das weltweit einzige wiederaufgebaute Römerkastell. Den Besuchern vermittelt es seit über hundert Jahren einen nahezu originalgetreuen Eindruck vom einstigen römischen Leben im fernen Germanien. Anschauliche Einzelheiten dazu bieten das Saalburgmuseum und ein Forschungsinstitut zur Geschichte des Limes.

← Brot und Spiele: Amphitheater im Archäologischen Park Xanten.

INFO

RÖMERFESTE

Leben und leben lassen wie die alten Römer steht in vielen Limes-Orten hoch im Kurs. Das größte aller Römerfeste vereint unter dem Motto »Schwerter, Brot und Spiele« alle zwei Jahre 500 Teilnehmer aus halb Europa in Xanten. Die Besuchersaison auf der Saalburg beginnt im Frühjahr mit einem Römischen Soldatenlager in farbenprächtigen Uniformen, und ganzjährig gibt es neben historischen und kulinarischen Angeboten auch Kinderführungen mit Puppe Claudius. Kurzweilige Einblicke in ziviles und militärisches Leben im Schatten des Limes vermitteln im zweijährigen Rhythmus die Weißenburger bei einem mehrtägigen Römerfest im Spätsommer. Und auch Trier bietet »Brot und Spiele«. Das Bau- und Bodendenkmal Haus Bürgel am »nassen Limes« indes kombiniert römische Geschichte mit Naturschutz und Naturerlebnis.

WEITERE INFORMATIONEN

UNESCO-Welterbe Grenzen des Römischen Reiches
unesco.de/kultur-und-natur/welterbe/welterbe-deutschland/grenzen-des-roemischen-reiches
unesco.de/kultur-und-natur/welterbe/donaulimes-als-unesco-welterbe-anerkannt-0
whc.unesco.org/en/list/430
Römerkastell Saalburg
saalburgmuseum.de
Deutsche Limes-Straße
limesstrasse.de

22

WELTERBE UNENDLICH – POLDERLANDSCHAFT SCHOKLAND

AUF DEM TROCKENEN

Frühere Insel ist Beispiel für Landgewinnung an der Nordsee

Der ewige Streit der Holländer mit dem Meer ist legendär und erst seit dem vorigen Jahrhundert etwas entschärft, als die Zuidersee mit einem langen Sperrdamm von der Nordsee abgeriegelt wurde. Im neuen Binnengewässer des Ijsselmeers entstand durch das schrittweise Trockenlegen einzelner Bereiche fruchtbares Marschland … wie auf der ehemaligen Insel Schokland, die seither auf dem Trockenen liegt.

Den »Schokker Dans« gibt es in keiner Tanzschule. Der eigenwillige »Tanz« stammt aus der Zeit, als Schokland noch ringsum von Wasser umgeben war, und funktioniert nur dort. Damals gab es am Ufer eine schmale Laufplanke, auf der die Bewohner auf schnellstem Weg und vor allem trockenen Fußes über die fast immer nasse Insel kamen. Wenn sich also zwei begegneten, mussten sie einander um die Taille fassen, um springend den Platz zu tauschen. Kein Wunder, dass besonders die Inseljugend gern öfter als nötig auf der hölzernen Planke unterwegs war.

Bevor die Polderlandschaft Schokland zu einem Symbol für Landgewinnung werden konnte, war Wasser für die Insel ein permanentes Problem. Seit Menschengedenken lag das frühere Moorgebiet an der flachen, aber stürmischen Zuidersee. Aus der Sumpflandschaft an der Mündung der Ijssel wurden mit der Zeit eine bewohnte Insel und ein wichtiger Orientierungspunkt für die Schifffahrt. Über Jahrhunderte lebten die Menschen dort von Landwirtschaft, aber auch von Fischfang und Handel.

In ständigem Kampf mit dem Meer

Die Bauern trieben ihr Vieh auf die saftigen Weiden und bauten Weizen an. Ihre Häuser errichteten sie auf Wohnhügeln. Sie waren bei Hochwasser und Sturmfluten die einzigen sicheren Orte. Dennoch war der Kampf mit dem Meer ein ständiger Begleiter. Bei schweren Stürmen holte sich das Wasser immer wieder Landstücke zurück – und damit die Lebensgrundlage der Bauern. Fischerei bot ihnen für den Verlust einen nur bescheidenen Ausgleich.

Bei der großen Sturmflut 1825 brachen erneut die Deiche, 20 Häuser versanken in den Fluten, 13 Menschen starben, beide Kirchen waren beschädigt und der Leuchtturm zerstört. Nach dieser Katastrophe gaben die Behörden Schokland endgültig verloren. 1859 wurde die Insel evakuiert, die 635 verbliebenen »Schokker« zogen – bis auf den Leuchtturmwärter – aufs Festland. Hundert Jahre danach wurde Schokland mitten im Nordostpolder des abgetrennten Ijsselmeers zu einer Insel auf dem Trockenen.

Ihre mehr als zehntausendjährige Siedlungsgeschichte erzählt das Museum Schokland in einer anschaulichen Zeitreise. Sie beginnt mit den Jägern und Sammlern der Zeit um das Jahr 4900 v. Chr. und ersten Spuren menschlicher Siedlungen, die Archäologen an 160 Fundorten zutage gefördert haben. Töpferwerk und Arbeitsgeräte gehören dazu ebenso wie Gräber und Überreste von Häusern, Wohnhügeln und Deichsystemen. Ein besonderes Highlight: die 4000 Jahre alten Fußabdrücke, die 1984 gefunden wurden.

Ein Tänzchen auf der Laufplanke

Um das Jahr 1500 v. Chr. verlieren sich allerdings die archäologischen Zeugnisse. Sie sind erst wieder für das nachchristliche Mittelalter belegt, als erste Siedler das Moorgebiet mit Deichen sicherten und Gräben anlegten. Weil jedoch jede Moorlandschaft durch Entwässerung an Volumen verliert,

↖ Per Boot unterwegs: die einstige Insel Urk bei Schokland.
↗ Tanzboden für den »Schokker Dans«.

sackte auch dort der Boden immer weiter ab. So wurde Schokland schließlich um das Jahr 1450 zu einer Insel in der Zuidersee.

Ihre früheren Umrisse in der seit 1942 entstandenen Polderlandschaft zeigen dicht bewachsene Alleen. Sie führen zur Kirche aus dem 19. Jahrhundert wie zur historischen Wohnung des Leuchtturmwärters. Im Wald Schokkerbos mit Eschen, Eichen und Nadelbäumen fühlen sich Habicht, Bussard, Sperber und Waldohreule ebenso heimisch wie Singvögel und Rehe. Und auch die Laufplanke gibt es noch immer – zum Rundgang auf dem Trockenen, aber auch für einen »Schokker Dans«.

INFO

AUTHENTISCHES FISCHERDORF

Auch das Fischerdorf Urk ganz in der Nähe von Schokland war ursprünglich eine Insel. Den alten Dorfkern durchzieht ein Labyrinth reizvoller Gassen, die *ginkies*. Frischfisch und Räucheraal gibt es an (fast) jeder Ecke, und originelle Fischkutter laden ein zu Rundfahrten oder zur Überfahrt in die historische Hafenstadt Enkhuizen. Sie war einst eine der wohlhabendsten Städte der Niederlande. Daran erinnern der stattliche Wehrturm »Drommedaris« und Festungswälle aus dem 16. Jahrhundert, die malerische Westerkerk und das Rathaus. Wer es sportlicher mag, kann sich in Urk auf Segelboot oder Surfbrett versuchen, während neben dem Leuchtturm Badestrände locken. Schließlich ist das Fischerdorf ein willkommener Ausgangspunkt für Bikertouren wie die berühmte »Runde um das Ijsselmeer« durch die weite Polderlandschaft.

WEITERE INFORMATIONEN

UNESCO-Welterbe Schokland und Umgebung
whc.unesco.org/en/list/739
holland.com/de/tourist/reiseziele/provinzen/flevoland/schokland-de.htm

LEBENDIGES HOLLAND-IDYLL

Landschaft ist Symbol für jahrhundertelangen Kampf mit dem Wasser

Das Gebiet in der Nähe von Rotterdam mit seinen Deichen und Wasserwegen erzählt von der langen Auseinandersetzung der Menschen in den Niederen Landen mit dem Wasser. Wie in einer Zeitreise erschließt sich Geschichte als permanentes Abenteuer aus Windkraft und Willensstärke. Ihre einstige wirtschaftliche Bedeutung haben die Mühlen inzwischen verloren – geblieben ist ein sympathisches Symbol.

Delfter Fliesen machten sie einst bekannt. Was niederländische Künstler mit Pinsel oder Zeichenstift für ein erwähltes Publikum festhielten, ging später in unzähligen Kopien der unverwechselbaren blauen Keramik in alle Welt: Windmühlen am Meer oder über dem Dorf, auf kleinen Hügeln oder einsamen Inseln, Windmühle und Kirchturm, in einer Bauernlandschaft mit Mensch und Tier oder im Winter am zugefrorenen Teich mit Schlittschuhläufern. Alltagsszenen aus alter Zeit, die sich als romantisches Idyll nach wie vor großer Beliebtheit erfreuen.

23

Reale Vorbilder gibt es in den Niederlanden zuhauf. Der größte Teil der weit über eintausend Windmühlen ist zum Nationalen Mühlentag jeweils am zweiten Samstag im Mai Anziehungspunkt für Tausende Besucher. An festlich geschmückten Mühlen erläutern Müller ausführlich den jeweiligen Mühlentyp – gelegentlich verbunden mit der freundlichen Aufforderung, beim Drehen der Flügel doch bitte behilflich zu sein.

Weltberühmte Mühlenlandschaft

Für die Holländer haben Wind- und Wassermühlen über Jahrhunderte eine wichtige Rolle bei der Landgewinnung, Rohstoffverarbeitung und Herstellung bestimmter Produkte gespielt. Doch mittlerweile ist der symbolische Wert größer als der ökonomische. Für das weltweit bekannte holländische Symbol stehen vor allem die 19 Windmühlen von Kinderdijk. Das ausgedehnte Areal in der Nähe von Rotterdam bietet mit den Wasserläufen, Deichen, Schleusen und Mühlen im Alblasserwaard ein typisch holländisches Bild. Es steht für die Anfänge der niederländischen Wasserwirtschaft im 18. Jahrhundert. Die idyllische Erinnerung an längst vergangene Zeiten gehört bei zahllosen Holland-Besuchern zu den beliebtesten Fotomotiven.

Das dortige Wassermanagement belegt anschaulich den Einfallsreichtum der Menschen, um tiefer liegende Gebiete trocken zu halten und vor Wasser zu schützen. Die acht runden Mühlen aus roten Ziegelsteinen auf dem Nederwaard-Polder wurden 1738 gebaut, die übrigen achteckigen Mühlen aus Holz auf dem Overwaard-Polder folgten zwischen 1740 und 1761. Zur Entwässerung der Polder arbeiteten alle nach dem gleichen Prinzip: Durch die drehenden Flügel wurden die Pumpen angetrieben, die das Wasser über den Kanal des Nieuwen Waterschap in den nahen Fluss Lek beförderten. Und dies mit knirschenden Rädern und quietschenden Spindeln.
Die meisten der Mühlen sind noch immer bewohnter Privatbesitz, weshalb nur drei Museumswindmühlen besichtigt werden können. Sie geben eine Vorstellung vom Leben der Müllerfamilien auf engstem Raum. Die nach einem Brand wieder aufgebaute und restaurierte Blokweer Mühle hat die Wohnsituation der 1950er-Jahre »eingefroren«. Doch die gesamte historische Mühlenlandschaft ist schon von außen eindrucksvoll.

Per Boot und mit dem Fahrrad

Gemächliche Bootsfahrten führen ganz dicht heran. Um die Umgebung der Windmühlen zu erkunden, können die Fahrgäste unterwegs an mehreren Stellen aussteigen. Aufschlussreiche Informationen bietet zudem eine alte Pumpstation von 1868. Vor hundert Jahren erhielt die dampfbetriebene Anlage elektrische Pumpen, doch in der heutigen Wasserwirtschaft spielt sie keine Rolle mehr. Umso hilfreicher ist dort das Museum zur Geschichte und Wirkungsweise der alten Entwässerungssysteme.

Noch mehr typisch holländische Landschaft bietet eine Radtour, die die drei Sehenswürdigkeiten Kinderdijk, Nationalpark De Biesbosch und Dordrecht verbindet. Außerdem führt eine abwechslungsreiche Tour über 50 Kilometer durch die Alblasserwaard zu weiteren Windmühlen und stattlichen Bauernhöfen. Und das Kontrastprogramm in Rotterdam mit moderner Architektur und Museen ist per Wasserbus in einer halben Stunde erreicht.

← Wie aus dem Bilderbuch: Mühlenlandschaft bei Rotterdam.

INFO

DORDRECHT
Die Stadt im wasserreichen Gebiet an den Flüssen Merwede, Noord und Oude Maas erhielt schon 1220 das Stadtrecht. Als wichtiger Handelsplatz für Holz, Korn und Wein kam die älteste Stadt Hollands einst zu Blüte und Reichtum. Die reiche Geschichte zeigt sich entlang der alten Innenstadthäfen sowie in rund eintausend Baudenkmälern und Museen. Dazu gehören die imposante Grote Kerk, deren unvollendeter Turm bestiegen werden kann, und das Augustinerkloster »Het Hof« aus dem 13. Jahrhundert. Die Gemäldesammlung im Dordrecht-Museum zeigt Kunstwerke aus dem 17. bis 19. Jahrhundert. Bemerkenswert sind die Innenausstattung der ehemaligen Bürgermeisterwohnung im »Huis van Gijn« und andere Kaufmannshäuser. Vom Groothoofd-Tor aus bietet sich eine atemberaubende Aussicht auf die Kreuzung der Flüsse.

WEITERE INFORMATIONEN
UNESCO-Welterbe Windmühlen Kinderdijk-Elshout
whc.unesco.org/en/list/818

Strenge Eleganz: Die edle Marmorfassade bewahrt feinsten Jugendstil.

24

WELTERBE ERSTAUNLICH – PALAIS STOCLET

WIENER MODERNE IN BRÜSSEL

Faszinierende Symbiose aus Architektur, Design und Kunst

Für die Bankiersfamilie Stoclet spielte Geld keine Rolle. Der belgischen Hauptstadt bescherte sie damit das wichtigste Gesamtkunstwerk des Wiener Jugendstils. Die faszinierende Symbiose aus Architektur, Design und verschiedenen Künsten ist ohne Beispiel.

Kein anderer hat die Epoche des Fin de Siècle so nachhaltig geprägt wie der Wiener Architekt Josef Hoffmann (1870 bis 1956). Seinen feinen Geschmack und ein sicheres Gespür für das Besondere konnte er vor allem dank vermögender Auftraggeber umsetzen. Der Gipfel von Luxus und Raffinesse steht seit 1911 an prominenter Stelle in Brüssel. Überwältigend ist schon der äußere Eindruck.

Die weiße Marmorfassade ist durch Fensterreihen streng gegliedert, überragt wird sie von einem eckigen Turm. Der zweigeschossige Erker mit seinen großen Fenstern gehört zur großen Halle, dem Höhepunkt der Raumflucht im Inneren. Der Weg dorthin ist ein großartiges künstlerisches Spiegelbild seiner Zeit in feinsten Materialien wie Bronze, Marmor oder Kupfer.

Den Speisesaal ziert ein dreiteiliger Wandfries von Gustav Klimt (1862–1918) mit den Mosaiken »Erwartung«, »Erfüllung«, »Goldener Ritter« und »Lebensbaum«. Auf der Bühne im Musik- und Theatersaal fand auch eine Orgel ihren Platz. Brunnen in Haus und Garten unterstreichen das edle Ambiente des gesamten Anwesens.

INFO

DER GROSSE MARKT
Ein unbedingtes Muss in Brüssel ist das Weltkulturerbe La Grand-Place, »Der große Markt«.

WEITERE INFORMATIONEN
UNESCO-Welterbe Palais Stoclet
whc.unesco.org/en/list/1298
La Grand-Place
whc.unesco.org/en/list/857

Das alte Schiffshebewerk funktioniert noch immer.

25

WELTERBE TECHNISCH – CANAL DU CENTRE

AUSFLUG PER SCHIFFSLIFT

Historische Hebewerke sind technische Meisterleistungen

Zu Beginn des vorigen Jahrhunderts waren die vier belgischen Schiffshebewerke ingenieurtechnische Meisterleistungen. Inzwischen übernahm neue Technik die Aufgabe der historischen Anlagen, die nun zu touristischen Attraktionen geworden sind.

Das Vorbild kam aus England. Dort meisterte seit 1875 bei Anderton das erste hydraulische Schiffshebewerk der Welt einen Höhenunterschied von 15 Metern. Nach dem gleichen technischen Prinzip sollten wenige Jahre später am geplanten Canal du Centre 66 Meter überwunden werden. Das erste der vier Hebewerke in der belgisch-französischen Grenzregion ging 1888 in Betrieb.

Der Weiterbau war jedoch wegen heftiger Diskussionen um Kosten und Wirtschaftlichkeit gefährdet. Nach mehrfachen Unterbrechungen konnten die übrigen drei Anlagen schließlich 1917 eröffnet werden. Jedes der vier Hebewerke überwand einen Niveauunterschied von etwa 16 Metern, sodass die Binnenschifffahrt den Kanal zwischen dem französischen Grenzgebiet und Charleroi nunmehr durchgängig für den Warenverkehr nutzen konnte.

Vom belgischen Endpunkt aus führte eine künstliche Wasserstraße nach Brüssel. Den klassischen Kanal ergänzt heute ein modernes Hebewerk.

INFO

BESUCH BEI VAN GOGH

In Cuesmes bei Mons erinnert ein kleines Museum an den Aufenthalt von Vincent van Gogh (1853–1890).

WEITERE INFORMATIONEN

UNESCO-Welterbe Canal du Centre
whc.unesco.org/en/list/856

Maison du Marais, Cuesmes
belgien-tourismus-wallonie.de/de/content/das-van-gogh-haus-maison-du-marais-cuesmes

26

WELTERBE HISTORISCH – SALZBURG

ZWISCHEN MOZART UND MÖNCHSBERG

Tradition und Moderne liegen an der Salzach nahe beieinander

Im Schatten der Alpen präsentiert sich die Stadt als kostbares Barockjuwel. Die repräsentative Architektur von weltlichen und geistlichen Bauten ist an der Salzach nachhaltig geprägt von italienischen Impulsen der Renaissance. Mit österreichischem Frühbarock wurden sie zu einem harmonischen Ganzen verschmolzen, das mit der Musik Mozarts zu einem kulturellen Zentrum Europas wurde.

Gerade vor den letzten Häusern der Stadt sind die Alpen zu Ende«, schrieb Stefan Zweig (1881–1942) einst über seine Wahlheimat Salzburg: Das Hochgebirge klinge aus »in ein paar milde kleine Hügel«, von denen zwei »schon in der Stadt stehen, umsponnen von Grün, gezähmt und bewohnt«. Einer dieser Alpenausläufer, der Mönchsberg, ist hundert Jahre nach Zweigs Beschreibung um eine neuzeitliche Attraktion reicher. Anstelle des früheren Cafés hoch über der Stadt setzt seit 2004 das »Museum der Moderne Salzburg« einen markanten Akzent.

Das imposante Gebäude steht 60 Meter über der Stadt auf einer steil abfallenden Klippe, durch die ein Aufzug nach oben fährt. Dort bietet sich den Besuchern ein spektakulärer Ausblick auf Salzburg und das Bergpanorama ringsum. Auf der Terrasse vor der hellen Museumsfassade scheint der Festungsberg mit der

Festung Hohensalzburg zum Greifen nah. Die Burg aus dem 11. Jahrhundert ist unter den bestehenden Anlagen aus jener Zeit die größte – und zu keiner Zeit erobert worden.

Folterkammer und »Salzburger Stier«

Der Rundgang bietet eine spannende Zeitreise zum Leben der Fürsten und ihrer Untertanen, inklusive Folterkammer und Wehrturm. Besondere Highlights sind der »Salzburger Stier«, eine noch immer funktionierende Walzenorgel aus dem 15. Jahrhundert, und die geheimnisvollen Fürstenzimmer. Deren multimediale Ausstellung vermittelt zugleich einen Eindruck von der einstigen kirchlichen Macht und Größe in der Stadt. Denn das Schicksal von Salzburg, das schon im Jahr 798 katholisches Erzbistum wurde, lag lange Zeit in den Händen von Fürsterzbischöfen.

Nach Stefan Zweig waren sie »milde, prunkfrohe, geistig geistliche Herren, die Kriege nicht liebten und deren eigentliche Neigung die Kunst war«. Zu Reichtum und Einfluss verhalf ihnen das einträgliche Geschäft mit dem »weißen Gold« aus der Region. Ab dem späten 16. Jahrhundert machten sie aus den Erlösen des Salzhandels die Stadt zu einem modernen kulturellen und machtpolitischen Zentrum. Besonders unter den Fürsterzbischöfen Wolf Dietrich von Raitenau (1559–1617) und Johann Ernst von Thun (1643–1709) kam mit Baumeistern aus Italien der Geist der Renaissance nach Salzburg.

Davon lebt das Stadtbild bis heute, vor allem mit dem Dom St. Rupert und seiner mächtigen achteckigen Kuppel, mit vielen weiteren Kirchen, aber auch mit weltlichen Bauten wie der Residenz am Dom. Dort können ehemalige Repräsentationsräume und Wohngemächer der kirchlichen Oberen besichtigt werden, aber auch europäische Malerei des 16. bis 19. Jahrhunderts. Dagegen ist der Garten am Schloss Mirabell als barockes Wunderwerk mit Heckentheater und Pegasusbrunnen ein beliebter Ort für gemächliches Flanieren in sommerlicher Blütenpracht.

Internationaler Festspielzirkus

Aber nicht nur über solchen Momenten schwebt selbstredend in Salzburg der unsterbliche Geist von Wolfgang Amadeus Mozart (1756–1791). Sein Geburtshaus in der Getreidegasse ist die

↖ Nächtliches Ambiente zwischen Salzach und Festungsberg.
↗ Schilderwald in der Getreidegasse.

Salzburger Pilgerstätte schlechthin. Das gilt insbesondere für die Festspielzeit. Für Künstler und Literaten wie Stefan Zweig war es einst noch ein Ereignis, wenn »die uralte, antiquarische kleine, monatelang in Schlaf schön hinträumende Stadt … im Sommer die lebendigste, kulturellste Metropolis von Europa« wurde. Inzwischen hat sich der internationale Festivalzirkus längst etabliert, mit den stets ausverkauften »Jedermann«-Spielen vor dem Dom ebenso wie im Festspielhaus und an anderen Spielorten mit Solisten und Ensembles der Spitzenklasse.

INFO

HOCHZEIT IM SCHLOSS

Wer es bei Familienfeiern gern festlich mag, ist zur Hochzeit in Schloss Mirabell bestens aufgehoben. Dort führt eine prachtvolle Marmortreppe hinauf in den nicht weniger prachtvollen Marmorsaal, in dem sich seit 1939 schon über 100.000 Paare das Jawort gegeben haben sollen. Das Schloss ließ Erzbischof von Raitenau einst für seine Geliebte Salome Alt errichten. In dem Prunkzimmer sorgte schon der musizierende Mozart für eine gediegene Atmosphäre. Das heiter-festliche Ambiente unterstreicht die Ausstattung mit rosarotem Marmor vom nahen Untersberg sowie anderen Materialien aus der Region und allerlei vergoldetem Zierrat an den Wänden. Und nach der Zeremonie in feierlichem Lichterglanz empfiehlt sich der Mirabellgarten mit Blick auf die Festung als perfekter Hintergrund für einzigartige Fotos vom schönsten Tag im Leben.

WEITERE INFORMATIONEN

UNESCO-Welterbe Salzburg
unesco.at/kultur/welterbe/unesco-welterbe-in-oesterreich/historisches-zentrum-der-stadt-salzburg
Hochzeit im Schloss Mirabell
standesamt-salzburg.at

DAS IMPERIALE ERBE WIENS

Lebendiges Sinnbild der ausklingenden Habsburgermonarchie

Stärker noch als die Hofburg in der Stadt zeigt sich das Schloss, das anfangs ein Lustschloss der Habsburger außerhalb von Wien war, als Zeugnis herrschaftlichen Selbstbewusstseins. Einst wurde in der Residenz Geschichte geschrieben – heute beeindrucken Schloss und Park gleichermaßen als Sinnbild für den beispiellosen Glanz der Donaumonarchie wie für deren Ende zu Beginn des 20. Jahrhunderts.

Die Faszination ist ungebrochen: In jedem Jahr besuchen Schloss Schönbrunn bis zu anderthalb Millionen Menschen aus der ganzen Welt. Manche von ihnen scheinen in den Prunkräumen unterwegs zu sein auf der Suche nach der verlorenen Zeit, in der vermeintlich alles noch gut war. Wenn sie dabei an Romy Schneider und Karlheinz Böhm denken, fühlen sie sich so heimisch, als seien Sisi und Kaiser Franz schon immer alte Bekannte gewesen.

Die wohlige Wehmut wirkt draußen im weitläufigen Park noch lange nach. Die Wirklichkeit indes ist deutlich prosaischer. Schloss Schönbrunn ist das Lebenswerk von Kaiserin

Maria Theresia (1717–1780). Sie ließ das halbfertige Lustschloss ihrer Vorgänger zu einer repräsentativen Residenz der Habsburger ausbauen. Damit entstand westlich von Wien ab 1743 eine der bedeutendsten Palast- und Gartenanlagen der Welt.

Glanzvolle Bühne der Präsentation

Der persönliche Beitrag Maria Theresias am Umbau fand jedoch ein geteiltes Echo. So urteilte etwa der preußische Gesandte Heinrich Graf von Podewils, Schönbrunn sei ein Beleg dafür, dass sie »Freude am Bauen« habe, »ohne etwas davon zu verstehen«. Gleichwohl wurde Schönbrunn bald zur glanzvollen Bühne der höfischen Präsentation.

Der Weg ins Schloss durch das Haupttor mit zwei Adlern führte über den Ehrenhof und die Freitreppe direkt in die Große Galerie mit ihrem reichen Freskenschmuck. Tief im Innersten war nach mehreren Repräsentationsräumen schließlich das kaiserliche Appartement erreicht. Der Garten bot einen spektakulären Hintergrund für die Kultur des Hofes mit Oper, Ballett, Konzert und Serenaden auf hohem künstlerischem Niveau.

Als 1814/15 beim Wiener Kongress nach den napoleonischen Wirren eine Neuordnung Europas auf der Tagesordnung stand, war auch Schönbrunn in das Geschehen einbezogen. Neben den Beratungen in der Großen Galerie sorgte abseits der Diplomatie das Unterhaltungsprogramm für anhaltenden Gesprächsstoff. Dazu gehörte nicht nur das sprichwörtliche Motto vom tanzenden Kongress.

Diplomaten auf Schlittenfahrt

Für Aufsehen sorgte vor allem die berühmte Schlittenfahrt, bei der am 22. Januar 1815 mehr als 30 Prunkschlitten unter dem Bimmeln unzähliger Glöckchen von der Hofburg zum Schloss fuhren. Die Wiener standen neugierig am Straßenrand oder verfolgten das ungewöhnliche Spektakel von den Fenstern und Balkonen ihrer Wohnungen.

Den letzten imperialen Glanz erlebte Schönbrunn im 19. Jahrhundert unter Kaiser Franz Joseph I. (1830–1916). Er wurde in dem Schloss geboren und starb dort auch – nach einer Regierungszeit von fast 70 Jahren. In den 44 Jahren seiner Ehe mit Sisi, der bildhübschen Cousine Elisabeth aus Bayern (1837–1898), wurden beide zum Sinnbild für den langsamen Niedergang der Habsburgermonarchie.

Umso lebendiger ist die Erinnerung daran. Franz Joseph machte den ursprünglichen Sommersitz Schönbrunn zur mehr oder weniger dauerhaften Residenz. Heutige Besucher führt der Rundgang unter anderem in sein Arbeitszimmer, aber auch in das gemeinsame Schlafzimmer mit dem benachbarten Toilettenzimmer und dem Salon der Kaiserin.

Das Marie-Antoinette-Zimmer wird als Speisezimmer präsentiert, während das Gelbe Zimmer die Reihe der Räume mit großartigen Ausblicken auf den Garten eröffnet. Im Kronprinzenappartement führt eine virtuelle Zeitreise in 223 Jahre Habsburger Monarchie. Und junge Besucher erwartet ein eigenes Kindermuseum mit speziellen Führungen durch die Prunkräume, einem Besuch im Irrgarten mit Labyrinth und vielem mehr.

← Spiegelungen im Ehrenhof von Schloss Schönbrunn.

INFO

KLASSIK UND MARIONETTEN

Höhepunkte im Wiener Musikleben sind alljährlich die Sommernachtskonzerte in Schönbrunn. Vor Zigtausenden Zuhörern geben die Wiener Philharmoniker bei freiem Eintritt und unter freiem Himmel Einblicke in ihr Repertoire. Dabei sind im berauschenden Ambiente des Schlossparks das Orchesterpodium und die Zuhörer eingebettet in die einzigartige Szenerie zwischen dem Schloss und der Gloriette, der Aussichtsterrasse auf der Anhöhe des Parks. Zu täglichen Konzerten in der Orangerie, in der einst schon Wolfgang Amadeus Mozart höchstpersönlich musizierte, gibt es exklusive Angebote inklusive Schlossführung und Dinner. Das Marionettentheater bietet mit handgefertigten Figuren fürstliche Unterhaltung wie am Hofe Maria Theresias. Auf die Bühne kommen klassische Opern in kurzweiligen Bearbeitungen ebenso wie ein Sisi-Musical und Stücke für Kinder.

WEITERE INFORMATIONEN

UNESCO-Welterbe Schönbrunn

unesco.at/kultur/welterbe/unesco-welterbe-in-oesterreich/schloss-und-gaerten-von-schoenbrunn
schoenbrunn.at

28

WELTERBE TECHNISCH – SEMMERINGBAHN

HÖCHSTE EISENBAHN

Die erste Strecke über einen Gebirgspass ist ein Meisterstück

Als Österreich noch am Meer lag, war eine Bahnfahrt an die Adria eine unbequeme Angelegenheit. Weil es anfangs wegen fehlender Teilstrecken keine Direktverbindung gab, mussten die Reisenden unterwegs lange Zeit auf die gute alte Kutsche ausweichen. Mit der Semmeringbahn als wichtige Voraussetzung für eine Direktverbindung zwischen Wien und Triest entstand ein technisches Meisterwerk.

Eisenbahnen waren auch in der K.-u.-k.-Monarchie der Motor der Mobilitätswende des 19. Jahrhunderts, mit den üblichen Nebenwirkungen zwischen Begeisterung und Ablehnung. Ängstlich beschrieb der Schriftsteller Peter Rosegger (1843–1918) das »kläglich Stöhnen«, als »auf der eisernen Straße … ein kohlschwarzes Wesen« herankam und mit heftigem Brausen immer schneller wurde, »dass einem der Verstand still stand«. Doch in einem sollte der Dichter aus der Steiermark recht behalten: »Das bringt kein Herrgott mehr zum Stehen!«

Auch in Österreich nicht. 1842 wurde auf der Südbahn der erste Abschnitt zwischen Wien und Gloggnitz auf der Nordseite des Semmering in Betrieb genommen, zwei Jahre später folgte auf der anderen Seite des Gebirgspasses die Strecke von Mürzzuschlag nach Graz. Zwischen beiden Orten stand jedoch der 984 Meter hohe Pass buchstäblich im Weg. Das natürliche Hindernis zwischen Raxalpe und Wechselgebirge konnte mit der Semmeringbahn erst ab 1854 überwunden werden.

Bergauf mit der »Semmering-Lokomotive«

Sie war in der Rekordzeit von sechs Jahren als ein Meisterwerk der frühen Eisenbahngeschichte entstanden. Um das Gebirgsplateau überqueren zu können, wurde die anspruchsvolle Bahnstrecke mit 42 Kilometern doppelt so lang wie die Luftlinie zwischen Gloggnitz und Mürzzuschlag. Bis zum höchsten Punkt auf 896 Metern überwinden die Züge der ersten vollspurigen Bergbahn Europas einen Höhenunterschied von 457 Metern – eine damals geradezu unvorstellbare Steigung. Dafür wurden eigens »Semmering-Lokomotiven« gebaut.

Damals wie heute führt die Strecke über hundert gemauerte Bogenbrücken und 16 zum Teil zweistöckige Viadukte sowie durch 15 Tunnel. Weil der venezianische Ingenieur und Bauleiter Carl Ritter von Ghega (1802–1860) die Verwendung von Eisen und Stahl vehement ablehnte, verbauten die rund 20.000 Bauarbeiter an der gesamten Strecke etwa 65 Millionen Ziegel und Steinquader. Auf diesem Fundament schrauben sich seit nunmehr fast 170 Jahren die Züge in immer neuen Windungen und Bögen durch die alpine Gebirgslandschaft hinauf bis zum Scheitelpunkt.

Seit ihrem Bestehen wird die Bahnstrecke gerühmt als »harmonische Kombination von Technologie und Natur«. Das machte sie bald interessant für zahlungskräftige Gäste aus Wien und Budapest, die den Semmering als attraktives Urlaubsziel entdeckten. Namhafte Architekten sorgten mit Grandhotels, Landhäusern und Villen im »Semmeringstil« für luxuriöse Unterkünfte für die Prominenz. Sie reichte von Johannes Brahms über Gustav Mahler und Franz Werfel bis hin zu Oskar Kokoschka oder Josephine Baker.

Konkurrenz neuer Basistunnel

Auch heutigen Reisenden erschließt sich bei einer gemächlichen Bahnreise am Semmering die unvergleichliche Harmonie von Technik und Landschaft bei jedem Blick aus dem Fenster. Mal schlängelt sich der Zug an steilen Felshängen entlang oder durch enge Schluchten, während sich auf Brücken oder Viadukten unvermittelt ein spektakuläres Landschaftspanorama auftut, bevor es im plötzlichen Dunkel eines Tunnels verschwindet. Ein Schauspiel, das sich ständig wiederholt und doch immer wieder neu ist.

Der neue Semmering-Basistunnel indes wird künftigen Bahnreisenden ein solches Naturerlebnis nicht bieten können. Die gut 27 Kilometer lange Trasse durch den Berg soll die Stationen Gloggnitz und Mürzzuschlag direkt miteinander verbinden. Fachleute befürchten erhebliche negative Folgen für die Naturlandschaft, gebaut wird trotzdem. Die mehrfach verschobene Eröffnung ist nunmehr für das Jahr 2028 vorgesehen.

↖ 46 Meter hoch: der Viadukt »Kalte Rinne«.
↗ Imposanter Dreier: Viadukt, Steilhang und Tunnel.

INFO

BAHNWANDERN

Ein Muss für Eisenbahnfreaks ist der Bahnwanderweg, auf dem die Strecke sozusagen »von unten« erkundet werden kann. Zum Beispiel an der Station Wolfsbergkkogel mit einem faszinierenden Ausblick auf den zweistöckigen, 184 Meter langen und 46 Meter hohen Viadukt »Kalte Rinne«. Neben dem höchsten Viadukt an der Strecke sind vom »20-Schilling-Blick« aus auch die Pollereswand, die Rax und der Schneeberg zu sehen. Viele weitere Brücken und Viadukte lassen sich auf dem gut dreistündigen Wanderweg zum Bahnhof Breitenstein aus der Nähe bestaunen. Bei Breitenstein erzählen im Museum für Carl Ritter von Ghegha über 150 Exponate vom Leben und Wirken des genialen Baumeisters. Mehr Details zur Strecke bietet das Welterbe-Zentrum am Bahnhof Semmering, darunter Modelle der ersten Züge und Lokomotiven.

WEITERE INFORMATIONEN

UNESCO-Welterbe Semmeringbahn
unesco.at/kultur/welterbe/unesco-welterbe-in-oesterreich/semmeringeisenbahn
semmeringbahn.at

ZU FÜSSEN DES STEPHANSDOMS

Das Herz der modernen Donaumetropole schlägt im Ersten Bezirk

Im Gegensatz zu anderen Großstädten ist in der Donaumetropole die verschwenderische Architektur der Gründerzeit erhalten geblieben. In ihrer Mitte bewahrt sie die Sachzeugen einer langen Geschichte als Zentrum der Habsburger Vielvölkermonarchie. Damit verbunden ist eine beispiellose Vielfalt von Baudenkmälern, Kunst und Kultur – mit dem legendären Kaffeehaus als unvergleichbare Krönung.

Im Dezember 1857 hat Franz Joseph I. (1830–1916) den Wienern »das schönste Christgeschenk« gebracht. Mit diesen Worten jedenfalls dankte der Bürgermeister dem Kaiser für die Entscheidung, in der Metropole die »Umwallung und Fortifikation der inneren Stadt« durch einen repräsentativen Boulevard zu ersetzen. Ringstraße sollte der neue Gürtel um die Innenstadt heißen, bis zu 57 Meter breit und zu beiden Seiten gesäumt von Prachtbauten hinter doppelten Baumreihen.

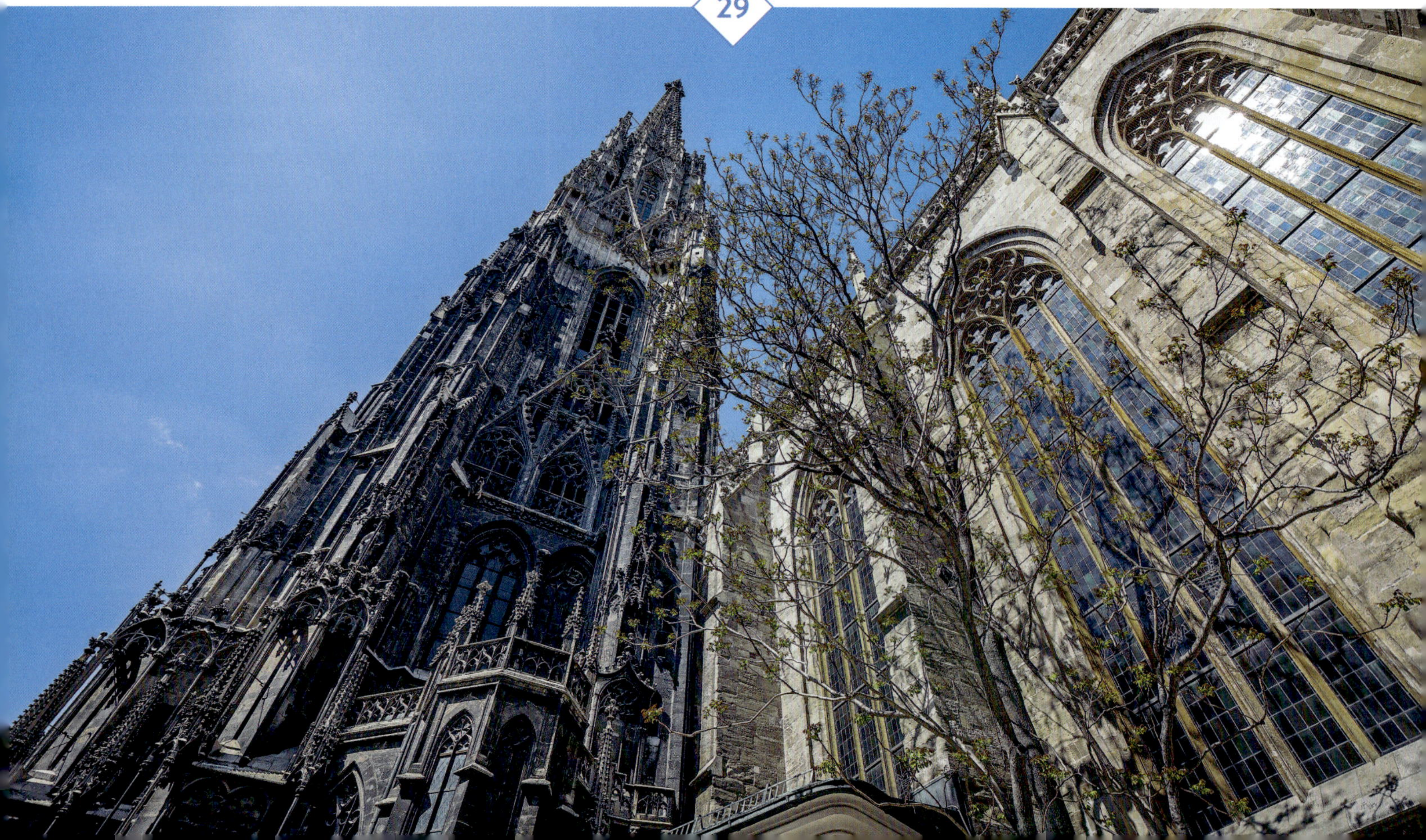

Gebaut wurde ein halbes Jahrhundert. Doch bis heute ist die Ringstraße weltweit einzigartig. Der über fünf Kilometer lange Boulevard präsentiert öffentliche Gebäude wie auf einer Perlenschnur – vom Parlament über Rathaus, Staatsoper und Burgtheater bis zu den großen Museen und der Universität. Unterbrochen ist die Reihe immer wieder durch private Palais, in deren feinen Salons sich einst das Wiener Bürgertum traf.

Neo-Pathos und klassische Moderne

Der Historismus der prächtigen Fassaden wurde oft geschmäht. Aus heutiger Sicht aber erweist sich der damalige Neostil mit seinen Anleihen aus Gotik, Renaissance und Barock als eine durchaus sympathische Mischung. Jeweils nur wenige Schritte entfernt stehen, sozusagen als Antwort auf das Ringstraßen-Pathos, markante Beispiele der klassischen Moderne.

Heutige Wien-Besucher wundern sich, weshalb Rudolf Loos (1870–1933) einst mit seiner nüchternen Architektur am Michaelerplatz im Schatten der Hofburg für Furore sorgte. Dagegen erscheint das expressionistische »Haus der Secession« von Joseph Maria Olbrich (1867–1908) auch nach über hundert Jahren noch kühn. Dem Architekten Otto Wagner (1841–1918) verdankt das moderne Wien Kunst in Form von über 30 intakten Stadtbahn-Haltestellen.

Über alledem wacht in stoischer Gelassenheit der Stephansdom. Nicht nur wegen der großen bunten Ziegelwappen Wiens, Österreichs und der K.-u.-k.-Monarchie auf dem Dach ist er das beliebteste Wahrzeichen Österreichs. Er steht zugleich für die wechselvolle Geschichte der Stadt, die als Residenzstadt der Habsburger über Jahrhunderte der politische, geistige und kulturelle Mittelpunkt eines Vielvölkerstaates war.

Die Baugeschichte des Doms beginnt im 12. Jahrhundert, der Grundstein für den gotischen Neubau der Kathedrale wurde 1359 gelegt. In dem mehr als 130 Meter hohen Turm ist nach 343 Treppenstufen die Türmerstube erreicht. Von dort oben ist der Blick auf das dichte Gewirr von Straßen und Gassen gigantisch.

Die wichtigsten Sehenswürdigkeiten liegen im Ersten Bezirk dicht beieinander – verschiedene katholische Kirchen und die Kaisergruft, das Kunsthistorische und das Naturhistorische Museum, die Albertina, die Spanische Hofreitschule. Eine neue Attraktion für Kunst und Kreativität entstand in jüngster Zeit mit dem modernen Museumsquartier jenseits der Ringstraße.

Einspänner und Sachertorte

Im legendären Hotel Sacher gleich um die Ecke der Staatsoper treffen sich nicht nur illustre Gäste von Welt, sondern auch Einheimische und Touristen zum entspannten Plausch etwa bei einem Einspänner zur Sachertorte. Überhaupt Kaffeehaus: Für die Wiener sind sie seit jeher so etwas wie erweiterte Wohnzimmer. Wahre Institutionen waren oder sind das Griensteidl und das Sperl, das Central, das Demel und das Prückel.

Zum wahren Mythos indes wurde über die Jahrzehnte das Hawelka in der Dorotheergasse. Rote Plüschbänke und Marmortische atmen den Charme der Vergänglichkeit, über den sich jeden Abend der verführerische Duft von frischen Buchteln legt.

← Ganz weit oben: die Spitze des Stephansdoms.

INFO

ZENTRALFRIEDHOF
Am magischsten Ort von Wien erlebt der Besucher eine Parallelwelt der besonderen Art. Ein Gang durch die Reihen mit vielen Ehrengräbern berühmter Persönlichkeiten jeder Couleur ist ein einzigartiger Parcours durch Geschichte und Kultur. Die Friedhofskirche ist eine der schönsten Jugendstilkirchen in der Stadt, und die Vielfalt der Grabgestaltung scheint zwischen Monumenten und Mausoleen geradezu unerschöpflich. Angelegt wurde der Zentralfriedhof schon 1874. Mit seinem vielen Grün ist er längst ein beliebtes Naherholungsgebiet nicht nur für die Wiener und ihre Gäste aus aller Welt. Längst haben auch Rehe, Feldhamster, Eichhörnchen und andere Tiere das weitläufige Areal für sich entdeckt. Und im Museum zur Bestattungs- und Friedhofskultur ist zu erfahren, dass eine »schöne Leich« sehr viel mehr ist als nur ein pompöses Begräbnis.

WEITERE INFORMATIONEN
UNESCO-Welterbe Wien
unesco.at/kultur/welterbe/unesco-welterbe-in-oesterreich/historisches-zentrum-von-wien
wien.info

30

WELTERBE ABENTEUERLICH – SCHWEIZER ALPEN JUNGFRAU-ALETSCH

EIN MAJESTÄTISCHES PANORAMA

Alpine Gletscherlandschaft als Seismograf des Klimawandels

Bergwelten aus hohen Gipfeln und ewigem Eis sind seit alters her von einer ganz besonderen Faszination. Als Ergebnis gewaltiger Naturereignisse vor Jahrmillionen sind sie ein Gegenstand der Bewunderung wie der Ehrfurcht. Aufgrund der fortschreitenden Veränderungen ihrer Umwelt durch die Menschen ist das natürliche Gleichgewicht in den sensiblen Regionen der Hochgebirge jedoch zunehmend gefährdet.

Das Panorama ist überwältigend. Majestätisch erheben sich die ewig weißen Gipfel von Eiger, Mönch und Jungfrau über dem tiefblauen Thunersee. In der Urlauberregion am größten See des Berner Oberlands ist die steil aufragende Bergkette ständiger Begleiter. Zum eindrucksvollen Hintergrund wird sie bei einer Schiffstour ebenso wie bei Bergwanderungen. Bergsteiger indes haben spätestens seit der Tragödie von 1936 an der Eiger-Nordwand auf die Berner Alpen einen weniger romantischen Blick.

Die markante Dreiergruppe ist das Herzstück des ersten Alpengebiets mit Welterbestatus. Mit eingeschlossen ist der Aletschgletscher, der größte Gletscher in den europäischen Alpen. Das ewige Eis ist dort 23 Kilometer lang. Noch. Denn wie überall auf der Welt schmilzt auch dieser Gletscher immer schneller. Wie im heißen Sommer 2022, als im Aletsch plötzlich Wrackteile eines Flugzeugs hoch aufragten. Bis dahin lag das Wrack des 1968 abgestürzten Kleinflugzeugs komplett im Eis.

Protokolle der Klimaveränderung

Minutiös protokolliert werden die Veränderungen in 3500 Meter Höhe von Wissenschaftlern auf dem Jungfraujoch. Die Aussichtshalle unter der gläsernen Kuppel des Observatoriums bietet bei gutem Wetter fantastische Fernsichten über den Gletscher und die Gipfel in den Nachbarländern Deutschland, Frankreich und Italien. Besucher gelangen dorthin mit der Jungfraubahn. Sie fährt seit 1912 regelmäßig hinauf zur Bergstation »Top of Europe«.

Aus nächster Nähe kommen die gigantischen Eismassen auch andernorts in den Blick, etwa an den »View Points« der Aletscharena am Moosfluh in 2333 Metern Höhe, am Hohfluh (2227 Meter), auf dem Bettmerhorn (2857 Meter) mit dem Gletscherweg zum Märjelensee und dem Eggishorn (2926 Meter). Erreichbar sind die vier Aussichtspunkte jeweils mit Seilbahnen. Darüber hinaus führen mehrere Wanderwege durch den lichten Aletschwald mit spektakulären Ausblicken zwischen uralten Zirbelkiefern.

Der Jungfrau-Gipfel, mit 4158 Metern der dritthöchste in den Berner Alpen, wurde zum ersten Mal bereits 1811 bestiegen. Dafür brauchten die Bergsteiger vier Tage. Seit der Erschließung des Jungfraujochs durch die Zahnradbahn wagen jedoch immer wieder unerfahrene Kletterer den vermeintlich einfachen Aufstieg. Die Folge sind hohe Unfallzahlen. Auch am Mönch (4110 Meter) haben es die letzten 633 Höhenmeter von der Jungfraubahn bis zum Gipfel durchaus in sich. Der Lohn für alle Mühen ist – wie immer: der Gipfelblick.

Eine gefährliche Naturbühne

Der 3967 Meter hohe Eiger ist als Berg der Extreme von Bergsteigern gleichermaßen gefürchtet wie begehrt. Seine gefährliche Nordwand sei von Grindelwald aus wie eine »Arena, eine Naturbühne, auf der man jede Bewegung der Akteure verfolgen kann«, sagte einst der Österreicher Heinrich Harrer (1912–2006). Er war 1938 einer von vier Erstbesteigern auf der Nordroute. Zwei Jahre zuvor waren dort zwei Seilschaften in heftige Unwetter geraten; die vier Bergsteiger bezahlten ihren Versuch mit dem Leben.

Weniger gefährlich präsentiert sich der 3934 Meter hohe »König des Wallis«, das Bietschhorn. An seiner Südseite geht die hochalpine Gletscherwelt allmählich über in eine Felsensteppe, die sich fingerartig nach unten erstreckt und schließlich ins mediterrane Tal der Rhone mündet. Der Steppenrasen an den sehr sonnigen und trockenen Talhängen wird nicht bewirtschaftet, weshalb dort zahlreiche seltene Steppenpflanzen gedeihen. Und auch Smaragdeidechsen fühlen sich wohl.

↖ Noch sind die Gipfel gekrönt von ewigem Eis.
↗ Flugzeugwrack im Eis – freigelegt durch die Gletscherschmelze.

INFO

FERIEN AM THUNERSEE
Auf dem Rundweg um den Thunersee ist das faszinierende Bergpanorama allgegenwärtig. Zudem führt die 64 Kilometer lange Mehrtagestour zu charmanten Dörfern und eindrucksvollen Höhlen. Von besonderem Reiz im buchstäblichen Sinn sind unterwegs die beiden federnden Hängebrücken. Die Panoramabrücke über den Spissibach in Leissingen bietet eine unglaubliche Aussicht auf das 1963 Meter hohe Niederhorn direkt gegenüber. Auf der Brücke über der Gummischlucht in Sigriswil erscheinen Eiger, Mönch und Jungfrau zum Greifen nah. In den St. Beatus-Höhlen gibt es einzigartige Tropfsteinformationen, sprudelnde Wasserfälle und imposante Schluchten zu entdecken. Darüber hinaus prägen rund um den See die Schlösser Thun, Schadau, Hünegg, Oberhofen und Spiez das Landschaftsbild.

WEITERE INFORMATIONEN
UNESCO-Welterbe Schweizer Alpen Jungfrau-Aletsch
whc.unesco.org/en/list/1037
jungfraualetsch.ch
Region Thunersee, Stadt Thun
thunersee.ch

WELTERBE TECHNISCH – ALBULA- UND BERNINA-BAHN

EIN HAUCH VON NOSTALGIE

Umweltfreundlich über die Alpen zu den Palmen des Südens

Der Schienenweg über das Hochgebirge von Nord nach Süd war vor hundert Jahren eine ingenieurtechnische Pionierleistung. Aus heutiger Sicht überzeugen Trassenführung und Brückenbauwerke nach höchsten Maßstäben der damaligen Zeit als markante Höhepunkte der klassischen Bahnbauperiode. Die Frühzeit der Eisenbahn lebt inzwischen im modernen Reisen weiter – mit einem feinen Hauch von Nostalgie.

Im Führerstand der Lokomotive werden Kinderträume wahr: Die Lok 407 steht bereit für eine Fahrt durch eine traumhafte Bergwelt. Während die Bahn langsam durch Tunnel und über Viadukte hinaufklettert in Richtung St. Moritz, öffnet sich vor der Frontscheibe der sogenannten Krokodil-Lokomotive die weitgehend intakte Landschaft der Albula-Alpen … zumindest virtuell: Der Fahrsimulator der Alpenstrecke ist im Bahnmuseum Albula in Bergün das Highlight.

31

Die Schmalspurbahn in der Wirklichkeit führt auf 62 Kilometern zwischen Thusis und St. Moritz über 144 Brücken und durch 42 Tunnel. Dabei überwindet sie, harmonisch in die Landschaft eingebettet, über eintausend Höhenmeter. Eröffnet wurde die kühne Trasse 1903 – nach einer Bauzeit von lediglich fünf Jahren. Ingenieurtechnische Meisterleistungen sind neben den Spiral- und Kehrentunneln zwischen Bergün und Preda auch die hohen Brückenbauwerke aus Bruchstein.

Sechs Kilometer durch den Berg

Der Viadukt über dem Dörfchen Solis ist immerhin 85 Meter hoch. Der elegant geschwungene Landwasserviadukt mit einer Höhe von »nur« 65 Metern gehört zum spektakulärsten Streckenabschnitt zwischen dem knapp sechs Kilometer langen Albulatunnel und der Bahnstation Filisur. Parallel zeigt der Bahnerlebnisweg Albula das harmonische Zusammenspiel von Landschaft und Technik aus der Perspektive von Fußgängern.

1910 wurde die Albulabahn verlängert um die Berninabahn von St. Moritz ins italienische Tirano. Seither überquert eine rund 120 Kilometer lange Schmalspurbahn die Alpen. Über die mit 2253 Metern höchste Alpenquerung überhaupt erschließt sie umweltfreundlich das Hochgebirge und ist zugleich selbst ein touristisches Ereignis.

Besonders auf dem Bernina-Abschnitt legten die Streckenplaner großen Wert auf die Linienführung durch attraktive Landschaften. Vorbei an Bergen, Seen und Gletschern geht es zu den südlichen Gefilden mit Palmen im Veltlin. Auf dem Weg zum »Dach« der Bahn auf über 2200 Metern meistert der Zug bis zu 70 Promille Steigung.

Entdeckungen rechts und links der Bahn

Nach einem Blick auf den Morteratschgletscher und der weltberühmten Montebellokurve ist mit der Alp Grüm bald das einzige Restaurant erreicht, in das die Gäste nur per Bahn gelangen können. In dem pittoresken Dorf Poschiavo lockt das Spaniolenviertel mit prächtigen Palazzi, während der Zug später mit dem Kreisviadukt eine weitere Pionierleistung des Eisenbahnbaus passiert.

Doch nicht nur die Bahnfahrt ist nach wie vor ein eindrucksvolles Erlebnis. Zu beiden Seiten warten zahlreiche Orte und Landschaften auf ihre Entdeckung durch Bahntouristen. Alte Kirchen und Kapellen gehören ebenso dazu wie markante Profanbauten, archäologische Zeugnisse aus einer langen Siedlungsgeschichte und nicht zuletzt die vielfältige Flora und Fauna.

In den Wintermonaten kommt das »Schlittenabenteuer« an der Albulabahn als besondere Attraktion hinzu. Zunächst geht es mit der Bahn hinauf nach Preda auf 1800 Metern und dann per Schlitten zünftig bergab nach Bergün durch die vielen Kurven der gesperrten Passstraße.

Bei aller Eisenbahnromantik gerät die Zukunft aber nicht aus dem Blick: In der »Infoarena Albulatunnel« in Preda erläutert das Unternehmen Rhätische Bahn sein Mammutprojekt der nächsten Jahre. Baubeginn war im Sommer 2015. Der Neubau soll vor allem mehr Betriebssicherheit bringen, der historische Tunnel hat eine Perspektive als Sicherheitstunnel. Wenn auf der Riesenbaustelle alles planmäßig läuft, sollen die ersten Züge 2024 durch den neuen Tunnel rollen. Für Interessierte werden in Preda regelmäßig Baustellenführungen angeboten (Anmeldung erforderlich).

← Spektakulär: der 65 Meter hohe Langwasserviadukt.

INFO

GENUSSREISEN
Auf Genusstouren erzählen während einer Fahrt mit dem »Welterbe Genussexpress« von Chur nach St. Moritz die Zugbegleiter von prägenden Ereignissen und Erlebnissen der Bahnpioniere und über das Leben gestern und heute an der Albulalinie. Kulinarisch ergänzt werden die Touren stilgetreu von Bündner Gaumenschmaus. Die Faszination Gletscherwelt und Bahnromantik verbindet die Kombination einer Fahrt durch das Engadin bis auf 2000 Meter Höhe mit einer Seilbahnfahrt. Sie führt im Skigebiet Diavolezza bei Pontresina mitten hinein in die Gletscher am Piz Bernina, dem höchsten Berg der Ostalpen. Dort warten auf der großen Sonnenterrasse Liegestühle zum Entspannen. Dagegen verspricht der Klettersteig am Piz Trovat eine gehörige Portion Adrenalin pur.

WEITERE INFORMATIONEN
UNESCO-Welterbe Albula- und Bernina-Bahn
whc.unesco.org/en/list/1276
rhb.ch/de/erlebniswelt-bahn/unesco-welterbe-rhb

Auf Pfählen gebaut: bronzezeitliches Haus am Neuenburgersee in der Schweiz.

32

WELTERBE ALTERTÜMLICH – PFAHLBAUTEN DER ALPENREGION

VERSUNKENE WELTEN

Funde geben Aufschluss über Lebensweise vor Tausenden Jahren

Die prähistorischen Pfahlbauten in sechs europäischen Ländern vermitteln einzigartige Einblicke in den Alltag der Menschen rund um die Alpen vor 7000 Jahren. Entstanden sind die Siedlungen einst vor allem an Flüssen, Seen und Mooren.

Ein heißer Sommer hat es an den Tag gebracht: Beim Niedrigwasser von 1854 kamen an zahlreichen Alpenseen vielerorts Sachzeugen aus längst vergangenen Zeiten ans Licht. Im Zürichsee beispielsweise wurden Holzpfähle, große Mengen Keramik und Steinwerkzeuge entdeckt.

Die Zeugnisse aus der Jungsteinzeit und der Bronzezeit waren im Wasser luftdicht verschlossen und überdauerten so die Zeiten. Zudem konservierten die feuchten Böden organische Funde wie Holz, Pflanzen- und Speisereste sowie Textilien. Damit bieten die Pfahlbausiedlungen heute nicht nur einmalige Quellen für Forschungen zum Alltag vor 7000 Jahren. Zugleich sind die Auswirkungen damaliger Klimaveränderungen ablesbar. Von den 111 ausgewiesenen »Palafittes« liegt fast die Hälfte in der Schweiz. Die bekanntesten in Deutschland sind in Unteruhldingen am Bodensee und die Roseninsel im Starnberger See.

INFO

REZEPTE AUS DER STEINZEIT
Zum Kochen wie die Pfahlbauer lädt im Internet der sehr lesenswerte Blog palafitfood.com ein.

WEITERE INFORMATIONEN
UNESCO-Welterbe Prähistorische Pfahlbauten um die Alpen
unesco.de/kultur-und-natur/welterbe/welterbe-deutschland/praehistorische-pfahlbauten-um-die-alpen

Markante Sakralarchitektur: die 1955 eingeweihte Kirche im ostfranzösischen Ronchamp.

33

WELTERBE ERSTAUNLICH – ARCHITEKTUR VON LE CORBUSIER

INNOVATIV UND UMSTRITTEN

Formensprache der Moderne prägt Bauen auf drei Kontinenten

Die Suche des Architekten nach neuen Ausdrucksformen im 20. Jahrhundert hat das moderne Bauen nachhaltig beeinflusst. Charakteristisch für die 17 Gebäude auf drei Kontinenten ist die angestrebte Synthese aus Architektur, Malerei und Bildhauerei.

Seine Auffassung von Architektur in der modernen Gesellschaft fasste Le Corbusier (1887–1965) in fünf Punkten zusammen: Danach sollten Betonstützen anstelle von tragenden Wänden eine neue Ästhetik begründen. Weitere Aspekte waren begrünte Dachgärten, ein freier Grundriss, lange, quer liegende Fenster für optimales Licht und vom Baukörper getrennte Vorhangfassaden.

Beispielhaft verwirklichte der schweizerisch-französische Architekt seine Prinzipien 1927 mit den beiden Häusern für die Stuttgarter Weißenhofsiedlung. Sie gelten heute als Ikonen der Baugeschichte. Auch an der 1931 vollendeten Villa Savoye in Poissy bei Paris sind die einzelnen Gestaltungsprinzipien deutlich erkennbar. Umstritten indes ist die Idee seiner »Wohnmaschine« (Unité d'Habiation) von 1945, die in Marseille zu besichtigen ist.

INFO

MUSEUM WEISSENHOFSIEDLUNG

Im Corbusierhaus als dem einzigen zugänglichen Haus der Siedlung wird deren Geschichte lebendig.

WEITERE INFORMATIONEN

UNESCO-Welterbe architektonisches Werk von Le Corbusier
unesco.de/kultur-und-natur/welterbe/welterbe-deutschland/das-architektonische-werk-von-le-corbusier-ein

Auf dem Canal du Midi
in Südfrankreich.

Der Weg ist das Ziel auf dem Canal du Midi.

34

WELTERBE TECHNISCH – CANAL DU MIDI

HIGHLIGHT FÜR HAUSBOOTE

Entschleunigung pur auf der romantischen Route zum Mittelmeer

Pläne für eine Wasserstraße vom Atlantik zum Mittelmeer gab es schon in der Antike. Doch verwirklicht wurden sie erst in der Neuzeit. Was dem Süden Frankreichs einst wirtschaftlichen Aufschwung brachte, ist heute ein beliebtes Eldorado für Freizeitkapitäne.

Das Bedienen eines Hausbootes ist schnell erlernt. Ein paar Knöpfe hier, ein Hebel dort und natürlich das große Steuerrad. Schon nach einer kurzen Einweisung kann es losgehen, ganz ohne Führerschein – das Gefühl für sicheres Manövrieren kommt mit dem Fahren.

Maximal acht Stundenkilometer sind die ideale Geschwindigkeit für ein stressfreies Gleiten durch die südfranzösische Weinregion des Languedoc. Das verführt bei Zwischenstopps zu der einen oder anderen Weinprobe, aber auch zu Streifzügen durch eine alte Kulturlandschaft.

Der Canal du Midi, eine ingenieurtechnische Meisterleistung des 17. Jahrhunderts, verbindet mit mehr als 300 Schleusen seit 1681 die Garonne bei Toulouse mit dem Mittelmeer bei Sète.

INFO

CARCASSONNE
Burgenromantik wie aus dem Bilderbuch bietet ein Zwischenstopp auf dem Canal du Midi im mittelalterlichen Carcassonne.

WEITERE INFORMATIONEN
UNESCO-Welterbe Canal du Midi
whc.unesco.org/en/list/770
UNESCO-Welterbe Carcassonne
whc.unesco.org/en/list/345

Moderne Hülle für eine einzigartige Welt von vorgestern.

35

WELTERBE MAGISCH – CHAUVET-GROTTE

WUNDERWELT AUS GRAUER VORZEIT

Versiegelte Höhle bewahrte einzigartige Tierdarstellungen

Die Höhlenzeichnungen im Tal der Ardèche gehören zu den ältesten in der Geschichte der Menschheit. Doch aus konservatorischen Gründen sind die kostbaren Originale der Öffentlichkeit verschlossen. Stattdessen ist in der Nähe ein naturgetreuer Nachbau der Höhlenlandschaft entstanden.

Der Zufallsfund war eine echte Sensation. Unerwartet stießen drei französische Amateurforscher in Südfrankreich auf eine Fülle von Höhlenzeichnungen, die in ihrer Vielfalt und künstlerischen Qualität einzigartig sind. Fachleute nennen denn auch die Männer und Frauen, die vor 36.000 Jahren in der Grotte bei Pont d'Arc ihre Lebensumwelt festhielten, die ersten Künstler der Menschheitsgeschichte.

Entdeckt wurden ihre Arbeiten im Dezember 1994 von ortsansässigen dem Hobbyforscher Jean Marie Chauvet. Die inzwischen weltberühmte Höhle trägt heute seinen Namen. Von den Malereien und Gravuren, die auf Felswänden die Jahrtausende im Verborgenen überstanden haben, sind bisher eintausend inventarisiert. Dazu gehören allein 425 Darstellungen von 15 Tierarten.

INFO

WILDE ARDÈCHE

Das Tal der Ardèche ist ein beliebtes Ziel für unerschrockene Outdoor-Aktivisten, die sich zum Rafting durch den reißenden Fluss treffen, der in der Schlucht Gorges de l'Ardèche mit 25 Stromschnellen auf 32 Flusskilometern aufwarten kann.

WEITERE INFORMATIONEN

UNESCO-Welterbe Chauvet-Grotte
whc.unesco.org/en/list/1426

IM GARTEN FRANKREICHS

Herrschaftliche Bauten in einer romantischen Landschaft

Das Streben nach fürstlicher Repräsentation hat in einer der schönsten Naturregionen Frankreichs eine Vielzahl imposanter Bauten hervorgebracht. Heutigen Besuchern bieten sie vielfältige Einblicke in unterschiedliche Erlebniswelten. Vielerorts wird die feudale Vergangenheit mit ihrem ausgeprägten Sinn für gediegene Anwesen lebendig in der romantischen Atmosphäre einer naturbelassenen Landschaft.

Wenn der Abend herabsinkt und es still wird an der Loire, verwandelt sich Chambord in ein Märchenschloss. Warmes gelbes Licht verleiht der Fassade mit ihren Türmen und Türmchen eine geheimnisvolle Atmosphäre. Hinter den Mauern aus dem 16. Jahrhundert verbergen sich 426 Räume und 300 Kamine. Der junge französische König Franz I. (1494–1547) präsentierte das Jagd- und Prunkschloss seinen Gästen gern als das in Stein gehauene Symbol seiner Macht.

Unter dem Sonnenkönig Ludwig XIV. (1638–1715), der sich bei der Uraufführung von Molières »Bürger als Edelmann« in

Chambord sichtlich gelangweilt haben soll, kam dann der herrschaftliche Schlosspark dazu. Heute ist Chambord der unangefochtene Star unter den Loire-Schlössern. Allein in das größte der Schlösser, für die das Tal des längsten französischen Flusses bekannt ist, kommen täglich bis zu 5000 Besucher.

Manche der Schlösser zwischen Sully-sur-Loire im Osten und Chalonnes im Westen entstanden schon vor dem Hintergrund des Hundertjährigen Krieges im 14. Jahrhundert. Und einen ersten Aufschwung erlebte die Region noch früher: Im Mittelalter sorgte das Grab des populären Martin von Tours (um 316–397), der zuletzt Bischof in der Loire-Stadt war, nicht nur für unzählige Pilger, sondern auch für Handel und Wandel.

Bevorzugter Ort für Residenzen

Nach der Königskrönung von Karl dem Kahlen (823–877) in Orléans war die Region bis ins 11. Jahrhundert für Residenzen ein bevorzugter Ort. Daran erinnern romanische Bauwerke wie die Abteikirche Saint-Benoît-sur-Loire oder die Abtei Fontevraud, einer der größten Klosterkomplexe Europas. Die Kirche von Germigny-des-Prés ist eine der ältesten in Frankreich.

Der neue Bauboom an der Loire kam im 16. Jahrhundert. In der Neuzeit beschert er dem Tal einen anhaltenden Zulauf von internationalen Besuchern. Einige Schlösser wurden neu errichtet, andere im Zeitgeschmack umgebaut. Als Urbild der dortigen Renaissanceschlösser gilt das Wasserschloss Azay-le-Rideau von 1527. Die Wasserreflexe des Schlosses auf einer Insel und der Landschaftsgarten in englischem Stil machen das Anwesen erlebbar als einen überaus romantischen Ort.

Mit dem Bau des Brückenschlosses Chenonceaux, das sich mit seiner weißen Fassade anmutig im Flüsschen Cher spiegelt, wurde einst auf Säulen einer alten Mühle begonnen. Dagegen überragt das großartige Schloss von Blois zusammen mit der Kathedrale die Stadt am Nordufer der Loire mit ihrem malerischen Zentrum. Von 1498 bis 1589 war das Château Royal die Hauptresidenz der französischen Könige.

In der Nähe von Chinon präsentiert sich Schloss Le Rivau mit trockengelegtem Wassergraben, Zugbrücke, Pechnasen und Schießscharten wie eine mittelalterliche Festung. Umgeben ist sie von 14 Themengärten mit Motiven aus der Märchenwelt. Besucher können einen Zauberwald erleben, sich auf den Pfad des Däumlings begeben oder aber Alice im Wunderland suchen.

Eine artenreiche Flusslandschaft

Zwischen den früheren Hauptstädten Angers und Tours schließlich belegt der Naturpark Loire-Anjou anschaulich, dass das Loire-Tal den Beinamen »Garten Frankreichs« zu Recht trägt. Ganz ohne Staudämme und Schleusen fließt die Loire durch die Auen einer naturbelassenen Landschaft mit zahlreichen Inseln und Sandbänken. Damit ist sie der letzte große Wildwasserfluss in Mitteleuropa.

Zum Artenreichtum auf beiden Seiten des Flusses gehören auch ausgedehnte Weinflächen, auf denen Reben mit der Herkunftsbezeichnung Anjou oder Saumur gedeihen. Und Tuffstein aus der Region war einst das bevorzugte Baumaterial für die Schlösser an der Loire.

← Schloss Chambord ist der unangefochtene Loire-Star.

INFO

CADRE NOIR

Neben einem Schloss im typischen Loire-Stil ist Saumur bekannt für seine lange Tradition der Reitkunst. Im »Cadre noir de Saumur«, der berühmtesten französischen Reitschule, können die Besucher eintauchen in die faszinierende Welt des Reitsports. Die Bildungsstätte verfügt über 300 Hektar Land, 50 Kilometer Reitwege, 16 Reitplätze, sieben Reithallen und 400 Pferde. In der großen Reithalle gibt es Einblicke in die Ausbildung von Reitpferden am langen Zügel, beim öffentlichen Springreiten werden atemberaubende Sprünge wie Croupade, Courbette oder Kapriole vorgeführt. Hautnahe Begegnungen mit Pferden ermöglicht ein Besuch in den Ställen, die Ehrensattlerei zeigt Zaumzeug und so manches Galazubehör. Schließlich können Kinder bei einer »Ermittlung im Cadre noir« Stallgeheimnisse lüften oder den Tagesablauf eines Galapferdes erkunden.

WEITERE INFORMATIONEN

UNESCO-Welterbe Loire-Schlösser
whc.unesco.org/en/list/933
Reitschule Cadre noir de Saumur
loiretal-frankreich.de/schloesser-der-loire/staatliche-reitschule-cadre-noir-de-saumur

37

WELTERBE BESINNLICH – MONT SAINT MICHEL

PYRAMIDE DER MEERE

Renaturierung bewahrt die maritime Aura des Klosterberges

Vor wenigen Jahren noch hatte der heilige Berg ernsthafte Probleme. Durch Ebbe und Flut drohte die Bucht an der Küste der Normandie zusehends zu verlanden, was die einzigartige Insellage im Ärmelkanal zerstört hätte. Ein gigantisches Millionenprojekt hat diesen Prozess gestoppt, sodass Millionen von Besucher jährlich den Klosterberg wieder im ursprünglichen maritimen Charakter erleben können.

Die Schafe auf den saftigen Wiesen zeigen sich von den anhaltenden Besucherströmen unbeeindruckt. In ruhiger Gelassenheit grasen sie auf den Poldern, die regelmäßig von Salzwasser umspült werden und deshalb besonders kräftige und mineralstoffreiche Gräser bieten. Für die bekannten Salzwiesenlämmer des Mont Saint Michel sind sie das optimale Futter. Es verhilft dem zarten Fleisch zu einer feinen Geschmacksnote aus Salz und Kräutern.

Die Delikatesse ist nicht nur bei Saisonbeginn zu Ostern auf dem Klosterberg beliebt. Besonders im Sommer ist Mont Saint Michel eine ganz spezielle Mischung aus Gebetsort,

Pilgerstätte und Freizeitpark. Entsprechend bunt ist das Publikum zwischen den alten Häusern in den engen und steilen Gassen hinauf zur Abtei.

Einsiedler schon im 6. Jahrhundert

Auf den 78 Meter hohen Granitfels kamen fromme Einsiedler schon im 6. Jahrhundert. Zwei Jahrhunderte später wurde eine erste Kapelle errichtet – angeblich in direktem Auftrag von Erzengel Michael, der Bischof Aubert von Avranches (695–725) in einem Traum dazu aufgefordert haben soll. Die Legende gab der Abtei ihren Namen. Sie entstand zwischen dem 11. und 13. Jahrhundert, umgeben von Befestigungsanlagen und einer Miniaturstadt entlang der steinigen und steilen Wege hinauf zur Kirche.

Pilger strömten in Scharen herbei und nahmen für ihren Bußgang zum Berg auch so manche Beschwernis in Kauf. Überliefert ist eine Katastrophe aus dem Jahr 1318: Unter 17.000 Gläubigen, die gleichzeitig auf den Berg wollten, brach Panik aus, 13 Pilger wurden totgetreten, 22 ertranken, weitere zwölf versackten im tückischen Treibsand unter ihren Füßen.

Zweihundert Jahre später ließ die religiöse Anziehungskraft langsam nach, und mit der Französischen Revolution war es mit den Benediktinern auf dem Mont Saint Michel ganz vorbei. Erst 1865 gab es wieder eine Wallfahrt, und der berühmte Schriftsteller Victor Hugo (1802–1885) rückte den Klosterberg in die Nähe der antiken Weltwunder: »Der Mont Saint Michel ist für Frankreich das, was die Pyramide für Ägypten ist.«

Heutige Besucher und Pilger erleben an der Atlantikküste ein spektakuläres Naturschauspiel. Je nach Tageszeit und Wetterlage erscheint die Silhouette über dem Meer manchmal unwirklich wie eine Fata Morgana oder aber mystisch-romantisch – besonders im goldenen Glanz der untergehenden Sonne.

Neue Wege auf den Berg

Die religiöse und touristische Wiederentdeckung seit der Mitte des 19. Jahrhunderts ging einher mit buchstäblich neuen Wegen. Insel und Festland wurden mit einem Damm verbunden, auf dem zeitweise sogar Eisenbahnzüge fuhren. Doch die Neuerung brachte die Strömungsverhältnisse an der Insel gründlich durcheinander. Immerhin herrschen dort die stärksten Gezeitenwechsel in ganz Europa.

Der Höhenunterschied zwischen Ebbe und Flut beträgt bis zu 14 Meter. Allerdings verhinderte der Damm bei Ebbe das Zurückfluten der angeschwemmten Sedimente. Die Folge war eine zunehmende Verlandung. Um die maritime Aura zu retten, wurde mit einem millionenschweren Mammutprogramm der Damm durch einen riesigen durchlässigen Steg auf Stahlstützen ersetzt.

Gleichzeitig entstand ein Gezeitendamm, der bei Flut das Meerwasser aufnimmt und bei Ebbe zusammen mit Sand und Sedimenten wieder zurückströmen lässt. Und im Gezeitenkalender können Besucher jene Tage im Jahr ablesen, an denen besonders hohe Fluten den Mont Saint Michel in einem unvergesslichen Schauspiel, wieder vollständig zur Insel werden lassen.

↖ Saftige Wiesen säumen die Bucht am Mont Saint Michel.

INFO

DURCH DAS WATT

Weil sich das Meer bei Ebbe bis zu 15 Kilometer zurückzieht, bieten Wanderungen durch das Watt zum Mont Saint Michel eine Alternative zu den üblichen Besucherströmen. Angesichts der stärksten Gezeiten Europas sind allerdings nur geführte Wattwanderungen erlaubt. Ihre Dauer ergibt sich aus der Wahl des Ausgangspunkts in einem der Orte entlang der Bucht. Auf der Checkliste für eine solche Tour sollten eine Kopfbedeckung als Sonnenschutz sowie Sonnenbrille und Sonnencreme ebenso wenig fehlen wie eine Windjacke und kurze Hosen. Gummistiefel werden nicht benötigt, da die Wanderungen zumeist barfuß unternommen werden. Gekrönt werden die einmaligen Eindrücke vom Fußmarsch über den Meeresboden von der Einkehr in einem der Cafés oder Restaurants auf dem Klosterberg. Oder wieder auf dem Festland mit einem Blick zurück übers Meer.

WEITERE INFORMATIONEN

UNESCO-Welterbe Mont Saint Michel
whc.unesco.org/en/list/80
de.normandie-tourisme.fr/absolut-sehenswert/mont-saint-michel/

EINLADUNG ZUM FLANIEREN

Urbane Lebensweise trifft auf historisches Ambiente

Die Vielfalt der historischen Bauten und kulturellen Schätze ist in der einzigen wirklichen Weltmetropole Europas nahezu unüberschaubar. Zu beiden Seiten der Seine sorgen ein geschichtsträchtiges Ambiente und hochkarätige Museen zusammen mit moderner urbaner Lebensweise für eine unverwechselbare Atmosphäre. Zum guten Stil in dieser Umgebung gehört seit jeher das geruhsame Flanieren.

Die Nachricht traf die Grande Nation mitten ins Herz: Notre Dame brennt! Während der Abendmesse am 15. April 2019 brach auf dem Dachboden ein Feuer aus, der hölzerne Dachstuhl war in rasender Geschwindigkeit komplett zerstört. Einheimische und Touristen erlebten fassungslos, wie der Vierungsturm über dem Mittelschiff wie eine Fackel brennend in die Kirche stürzte und dabei Teile des Gewölbes zerstörte.

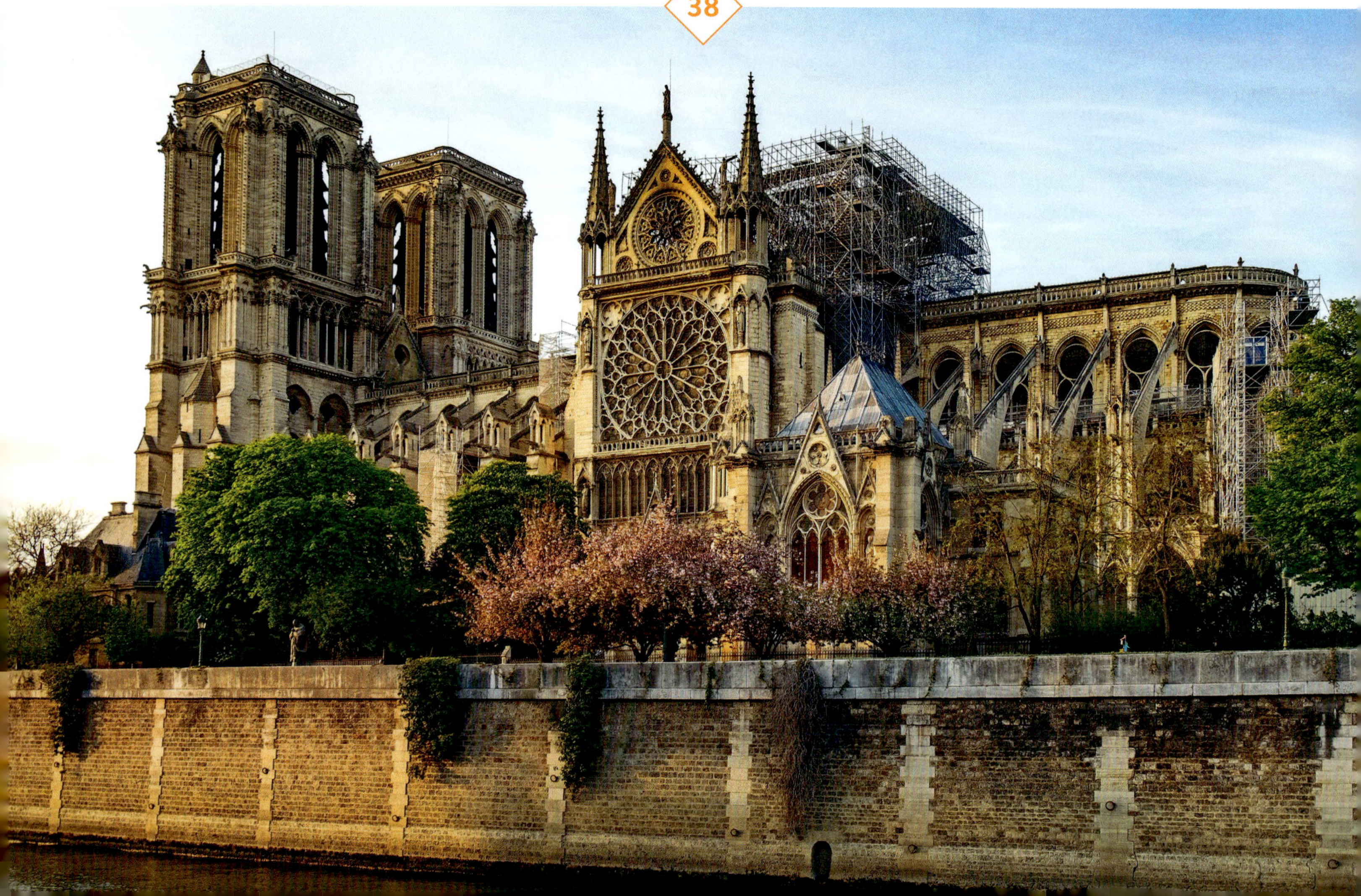

Der völlige Einsturz konnte zwar verhindert werden. Doch die Schäden an der Kathedrale aus dem 12. Jahrhundert und ihrer Ausstattung durch Hitze und Löschwasser waren enorm. Bis 2025 sollen die schmerzlichen Wunden am französischen Nationaldenkmal wieder geschlossen sein. Bis dahin ist die gigantische Baustelle auf der Île de la Cité ein Denkmal der besonderen Art auf der Pariser Welterbe-Route.

Quartier Latin und Königsresidenz

Die Tour zu beiden Seiten der Seine beginnt weiter östlich mit der Île Sainte-Louis, wo eine Brückenstatue an die Pariser Schutzheilige Genoveva erinnert. Sie soll einst den Ansturm von Hunnen verhindert haben. Südlich der Insel Saint Louis liegt das legendäre Studentenviertel Quartier Latin, während auf der anderen Seite das Paris der Könige in den Blick kommt.

Der Louvre, die frühere französische Königsresidenz, ist das Stichwort für das größte Kunstmuseum der Welt. Die öffentliche Sammlung gibt es bereits seit 1793, inzwischen ist sie auf über 380.000 Objekte angewachsen. Sie reichen von antiken Skulpturen bis zu berühmten Gemälden wie da Vincis »Mona Lisa« und der Revolutionsikone »Die Freiheit führt das Volk« von Eugène Delacroix.

Zu den rund 35.000 ausgestellten Exponaten gelangen die jährlich fast zehn Millionen Besucher durch die moderne Glaspyramide im Innenhof. Nach einem Museumsrundgang empfiehlt sich der Tuileriengarten zwischen Louvre und Place de la Concorde als willkommener Ort der Erholung. In dem ehemaligen barocken Schlosspark Jardin des Tuileries wandelten seit dem 17. Jahrhundert gekrönte Häupter aus (fast) der ganzen Welt ebenso wie Reiche und Schöne, aber auch die Pariser und ihre Gäste.

Am Place de la Concorde, dem größten Platz der Hauptstadt mit dem Luxor-Obelisken aus dem 13. vorchristlichen Jahrhundert, beginnt dann schließlich der mondäne Boulevard Champs-Élysées mit dem monumentalen Arc de Triomphe als weltweit bekanntem Endpunkt. Seine Galerie bietet einen faszinierenden Rundblick über Paris. Übertroffen wird diese Perspektive nur noch von den Aussichtsplattformen des Eiffelturms.

Unverkennbares Symbol der Stadt

Mit 330 Metern ist er das bekannteste Wahrzeichen der Seine-Metropole, das es eigentlich gar nicht mehr geben sollte. Denn nach der Pariser Weltausstellung von 1889, für den der französische Konstrukteur Gustave Eiffel (1832–1923) die Eisenkonstruktion entworfen hatte, sollte das bis dahin einzigartige Bauwerk wieder verschwinden. Es kam bekanntlich anders.

Seither ist Paris am Marsfeld um eine Attraktion reicher. Sie überragt unverkennbar das Stadtbild und ist deshalb von den jährlich rund sieben Millionen Besuchern kaum zu verfehlen. In dem filigranen Eisenfachwerk ist über Treppen auf 57 Metern die erste Aussichtsebene erreicht, etwa doppelt so hoch ist die zweite Plattform. Zur Spitze in einer Höhe von 276 Metern geht es nur noch per Fahrstuhl, wobei mit zunehmender Höhe parallel zum Adrenalin auch die Faszination steigt. Der ultimative Höhepunkt ist ganz oben erreicht: Der Panoramablick ist einfach großartig und unvergesslich.

← **Spuren der Katastrophe: die Gerüste sollen bis 2025 verschwinden.**

INFO

MONTMARTRE

Etwas anders gehen die Uhren auf dem höchsten »Berg« von Paris. Seinen legendären Ruf als Künstlerviertel verdankt Montmartre den zahlreichen Malern und Literaten, die das beliebte Ausflugsziel der Pariser im 19. Jahrhundert bevölkerten. Im Norden der Großstadt konnten sie ein ungezwungenes und vor allem weniger teures Leben führen. Zudem gab es diverse Vergnügungslokale und Varietés wie »Le Chat Noir« und »Moulin Rouge«, für das der Stammgast Henri de Toulouse-Lautrec (1864–1901) seine berühmten Plakate malte. Der kleine Place du Tertre entstand schon im 18. Jahrhundert. Heute porträtieren dort Zeichner und Maler mit Vorliebe die zahllosen Touristen. Über allem erhebt sich die strahlend weiße Kirche Sacré-Cœur, deren Bau nach langem Für und Wider 1914 schließlich abgeschlossen war. Auf der breiten Freitreppe hinauf zum Haupteingang herrscht beinahe rund um die Uhr eine heitere Betriebsamkeit.

WEITERE INFORMATIONEN

UNESCO-Welterbe Paris, Ufer der Seine
whc.unesco.org/en/list/600

Eiffelturm
toureiffel.paris

39

WELTERBE ALTERTÜMLICH – PONT DU GARD

MEISTERWERK RÖMISCHER BAUKUNST

Erhabenes Monument trifft auf südfranzösische Landschaft

Wasserleitungen waren neben dem Straßenbau die wichtigsten Neuerungen, die die Römer in ihre eroberten Gebiete brachten. Fließendes Wasser bedeutete für die Menschen mehr Lebensqualität mit sauberen Brunnen, öffentlichen Thermen und sprudelnden Fontänen. Für das notwendige Gefälle von den Quellen in die Städte überwanden sie auf großen Entfernungen mitunter weite Umwege mit eindrucksvollen Brückenbauwerken.

Aquädukte wie der Pont du Gard waren für die einstigen Erbauer nicht viel mehr als ein nüchternes Bauwerk mit praktischem Nutzen. Jahrhunderte später aber empfanden Literaten und Künstler das Monument als erhabenes Zeugnis aus längst vergangenen Zeiten. Wie etwa der Naturschwärmer Jean-Jacques Rousseau (1712–1778), der unter den mächtigen Bögen fühlte, »dass irgendetwas meine Seele erhob«. Und der Romancier Stendhal (1783–1842) bekannte angesichts des Pont du Gard »ein Gefühl tiefen und andauernden Erstaunens«.

Die Begeisterung für die Antike galt eben nicht nur der Kunst, sondern auch dem technischen Können der Römer. Sie bauten wasserführende Brücken fast überall in Europa. Der Pont du Gard in Südfrankreich, zwischen den Jahren 40 und 60 n. Chr. errichtet, ist einer der am besten erhaltenen Aquädukte überhaupt.

Fünf Jahrhunderte lang leitete er pro Tag bis zu 30.000 Kubikmeter Wasser über das Tal des Gardon nach Nîmes, um den Wassermangel in der Großstadt Nemausus zu beseitigen. Zur Versorgung der 50.000 Menschen, aber auch für die gehobenen Ansprüche der Römer in puncto Wasser reichten die alten Brunnen längst nicht mehr aus. Die neue Wasserleitung brachte Abhilfe – für Haushalte wie für Handwerker.

Wasser für die feinen Römer

Zudem machte sie die ohnehin imperiale Stadt mit Springbrunnen, öffentlichen Bädern und fließendem Wasser bei den Reichen noch attraktiver. Mit dem Castellum von Nîmes wurde erst 1844 das große Rundbecken entdeckt, von dem aus einst das kostbare Nass in Bleirohren auf die Stadtviertel verteilt wurde.

Das Wasser kam aus der 20 Kilometer entfernten Eure-Quelle bei der römischen Siedlung Ucetia, der heutigen Kleinstadt Uzès. Dort erinnern Teile eines Kanals mit Gewölberesten und ein Wasserbecken daran, dass die Trasse überwiegend unter der Erde verlief. Einer direkten Verbindung nach Nemausus stand die wellige Hügellandschaft der Garrigue buchstäblich im Weg.

Die Erbauer nahmen deshalb einen weiten Umweg – und machten die Leitung dadurch doppelt so lang. Etwa auf halber Strecke entstand mit der Überquerung des sehr breiten Gardon-Tales der Aquädukt, den Besucher nach Jahrhunderten immer wieder als technisches Meisterwerk der Antike wie auch als Kunstwerk in einer außergewöhnlichen Naturkulisse bewundern.

Höchste römische Brücke der Welt

Der Pont du Gard ist knapp 50 Meter hoch und war ursprünglich fast 500 Meter lang. Für die höchste römische Brücke der Welt mit drei Etagen wurden 21.000 Kubikmeter Stein verbaut. Die gelben Sandsteinquader wurden per Schiff aus dem nahen Estel-Steinbruch am Gardon herangeschafft.

Den erhabenen Eindruck von einem Besuch des Monuments ergänzt ein Museumsrundgang. Eine Landkarte markiert die wichtigsten Aquädukte im Römischen Reich, umgeben von lebensgroßen Nachbauten der Steinbrüche und der Baustelle. Und am Beispiel von Nîmes wird der hohe Stellenwert des Wassers bei den Römern illustriert. Daneben gibt es auf mehreren Wanderwegen und Rundkursen in der Umgebung zahlreiche Überreste des Aquädukts zu entdecken.

Schließlich kommen auf dem Freiluftparcours »Mémoires de Garrigue« zwischen Olivenbäumen, Trüffeleichen und Weinreben der Reichtum und die Poesie der mediterranen Umgebung in den Blick. Und wer es unter südlicher Sonne ganz entspannt mag, nutzt im Schatten des Aquädukts das Ufer des Gardon zum Picknick oder einfach als Liegewiese. Alljährlich im Sommer sind die Felsen und Sandbänke am rechten Flussufer bunt bevölkerte Strände.

INFO

FRANZÖSISCHES ROM

Die Stadt Nîmes überrascht mit einer Vielzahl von antiken Bauwerken aus der Römerzeit. Das Amphitheater mit deutlichen Anklängen an das römische Kolosseum gilt mit 24.000 Sitzplätzen auf 34 Tribünen als das am besten erhaltene weltweit. Heute ist es regelmäßig Schauplatz der Großen Römischen Spiele. Gegenüber präsentiert das moderne Musée de la Romanité eine digitale Zeitreise in die Geschichte der Stadt. Multimedia und monumentale audiovisuelle Technologien führen in prächtige Villen und in den römischen Alltag mit Handel, Kochen und Spielzeug. Das Maison Carrée ist der einzige vollständig erhaltene Tempel des alten Rom, während rund um die Überreste des Diana-Tempels im 18. Jahrhundert die Jardins de la Fontaine entstanden. Ein steiler Aufstieg führt zum 32 Meter hohen Turm Tour Magne der alten römischen Stadtmauer.

WEITERE INFORMATIONEN

UNESCO-Welterbe Pont du Gard
www.pontdugard.fr/de
Nîmes, Pont du Gard, Uzès
visit-occitanie.com/de/entdecken/top-sehenswuerdigkeiten/nimes-pont-du-gard-uzes/

↖ »Andauerndes Erstaunen«: Wasserleitung in 50 Metern Höhe.

STADT DER REFORMATION

Die Elsass-Metropole lebt von deutschem und französischem Erbe

Die heutige Europastadt ist geprägt vom wiederholten Wechsel deutscher und französischer Einflüsse. Im historischen Viertel hat vor allem Frankreich seine Spuren hinterlassen, während die wilhelminische Neustadt für die deutsche Gründerzeit nach 1871 steht. Über allem erhebt sich seit Jahrhunderten – ungerührt von allen Wechselfällen – das Münster als Zeugnis europäischer Kulturgeschichte.

Die einzigartige Silhouette kommt schon von Weitem in den Blick. Die anderthalb Türme des Straßburger Münsters sind in der flachen Ebene des Elsass unverkennbar. Ursprünglich sollte der zwischen 1176 und 1439 errichtete Kirchenbau aus rosa Sandstein von zwei prächtigen Türmen gekrönt werden. Doch als der Dombaumeister 1318 starb, war erst einer der Türme fertig. Für den zweiten fehlten den Straßburgern später offenbar die Mittel oder der Mut … oder beides. Jedenfalls war der Nordturm bis ins 19. Jahrhundert der höchste Kirchturm Europas. Vom Südturm blieb nur ein Stumpf. Damit bekam Straßburg sein bekanntestes touristisches Highlight. Zur Aussichtsplattform in 66 Meter Höhe führt ein mehr oder weniger offener Wendelstein durch filigranes Mauerwerk, das immer neue Ausblicke eröffnet. Was allerdings für höhenängstliche Besucher mit jeder neuen der 329 Stufen zu einer immer größeren Bewährungsprobe wird.

↑ Abendstimmung mit dem berühmten Straßburger Münster.
↙ La Petite France – die pittoreske Fachwerk-Altstadt.

Eine pittoreske Dachlandschaft

Sind dann aber diese Hürden überstanden, bieten sich nicht nur großartige Fernblicke über den Rhein bis hin zum Schwarzwald. Zu Füßen der Kathedrale tut sich die pittoreske Dachlandschaft des historischen Münsterviertels und des romantischen Fachwerkviertels Petite France an der Ill auf. Die kleinteiligen Straßen, Gassen und Plätze sind in der pulsierenden Europastadt der historische Mittelpunkt und ein Spiegelbild wechselnder deutscher und französischer Einflüsse.

Sie haben die Stadt maßgeblich geprägt. Das mittelalterliche Straßburg gehörte seit dem 9. Jahrhundert zum Heiligen Römischen Reich, wurde jedoch nach dem Dreißigjährigen Krieg französisch. Mit dem Ergebnis, dass die Franzosen der Freien Reichsstadt auch im Stadtbild ihren Stempel aufdrückten. Neben den alten Gässchen der Handwerker und Händler legten französische Architekten geometrisch gezirkelte Plätze an und besetzten sie mit prächtigen Stadtpalästen.

Eine der ursprünglichen alten Straßen ist die Rue Brulée mit ihrer Erinnerung an ein dunkles Kapitel der Stadtgeschichte: Beim grausamen Pestpogrom am Valentinstag des Jahres 1349 wurden über 2000 Straßburger Juden auf dem Scheiterhaufen verbrannt. Und die Diskriminierung blieb. Noch bis zur Französischen Revolution hatten die jüdischen Bewohner ihre Stadt zu verlassen, wenn am Abend um 22 Uhr vom Münster die »Judenglocke« läutete.

Protestantisches Intermezzo

Die Kirche ist einer der weltweit größten Sandsteinbauten. Berühmt ist sie vor allem dank der prachtvollen Rosette an der Fassade zur Rue Mercière, aber auch wegen der farbigen Glasfenster und der 18 Meter hohen Astronomischen Uhr. Zur Geschichte der Kathedrale gehört zudem ein kurzes protestantisches Intermezzo, das eng verbunden ist mit dem Elsässer Theologen und Reformator Martin Bucer (1491–1551).

Zunächst war Straßburg als eine der ersten Städte im Reich schon 1524 protestantisch – und damit auch das Münster. Nach dem Bildersturm und der Zerstörung von Gemälden, Statuen und Kruzifixen beruhigte sich das kirchliche Leben bald. Doch 1681 wurde Straßburg französisch und das Münster wieder katholisch. Dabei ist es seither geblieben.

Die Stadt kam nach der französischen Niederlage im Krieg von 1870/71 wieder zu Deutschland – zumindest bis zum Ende des Ersten Weltkrieges. Die anschließende französische Periode endete 1940 mit der deutschen Besetzung durch die Nationalsozialisten, bevor Straßburg 1945 wieder zu Frankreich kam. Spätestens seit dem Jahr 1949 ist die Stadt als Sitz des Europarates allerdings ein Symbol für die Versöhnung zwischen Franzosen und Deutschen.

INFO

BAECKEOFFE UND EDELZWICKER

Ein Muss in der Straßburger Gastronomie ist der Baeckeoffe. Für das traditionelle Eintopfgericht werden verschiedene Fleischsorten über Nacht in trockenem Weißwein mariniert und anschließend mit Zwiebeln, Kartoffeln, Möhren und Porree mehrere Stunden geschmort. Die eigenartige Bezeichnung »Bäckerofen« geht zurück auf den früheren Brauch, für das Garen des deftigen Gerichts die Restwärme von Backöfen auszunutzen. Dazu wurden die vorbereiteten Zutaten in einer Terrine in die Bäckerei des Vertrauens gebracht. Zuvor wurde der Tontopf mit einem Ring aus Brotteig versiegelt, um zu verhindern, dass irgendjemand vor dem Abholen den Deckel lüftet. Als Speisebegleiter bietet sich ein Edelzwicker an. Die Elsässer Spezialität ist eine (mitunter sehr) trockene und leichte Weißwein-Cuvée zumeist aus Gutedel und Silvaner.

WEITERE INFORMATIONEN

UNESCO-Welterbe Straßburg
whc.unesco.org/en/list/495
reformation-cities.eu/cities/strassburg/

41

WELTERBE MAJESTÄTISCH – VERSAILLES

DAS SCHLOSS DER SCHLÖSSER

Mikrokosmos der Macht ist stolzes Sinnbild des Absolutismus

Unter den Schlossbauten Europas ist die Palastanlage westlich von Paris eine der größten. Ihre Geschichte steht für üppige höfische Prachtentfaltung ebenso wie für nüchterne absolutistische Machtpolitik. Oft haben Regenten das Vorbild für fürstliches Bauen zu kopieren versucht – von Ludwigslust bis nach Ludwigsburg, von Spanien bis Ungarn. Das Original blieb jedoch unerreicht.

Rauschende Feste mit Musik und Tanz, ausgedehnte Jagdvergnügen und stundenlange Historienspiele, der Hofstaat mit Puder und Perücken aufwendig geputzt – und mittendrin ein milder Herrscher, der mit herablassender Geste und gefrorenem Lächeln eine gezierte Leutseligkeit zu verbreiten sucht: So etwa lassen sich die landläufigen Vorstellungen zusammenfassen, mit denen Märchenbücher und Kinofilme gern das frühere Leben in königlichen Palästen kolportieren. Und kaum ein anderes Schloss als Versailles lässt gelegentlich die Vermutung aufkommen, heutige Klischees könnten jedoch der Realität von gestern durchaus nahekommen.

Für eine solche Szenerie wäre die opulente Anlage noch immer bestens geeignet. Ludwig XIV. (1638–1715), der schon als Vierjähriger auf den Thron kam, machte ab 1661 aus einem Jagdschloss das gewaltige Zentrum seiner Macht. 1677 verkündete er die Verlegung der Residenz von Paris nach Versailles, fünf Jahre später begann der Hofstaat mit dem Umzug.

↑ Stein gewordener Absolutismus in Versailles.
← Schauplatz der Geschichte: der berühmte Spiegelsaal.

Parklandschaft bis zum Horizont

Aus dem kleinen Jagdpavillon wurde ein Palast mit 2300 Räumen und einer Gartenfront von fast 600 Metern. Die 357 Spiegel des prunkvollen Spiegelsaals verlängerten durch die raumhohen Arkadenfenster gegenüber die Gartenlandschaft optisch bis in die 75 Meter lange Galerie … zumindest einen Teil davon. Denn der weitläufige Schlosspark mit fast 400 Skulpturen und nicht weniger als 1400 Brunnen dehnt sich bis zum Horizont aus.

Den ersten Wegweiser durch den Park schrieb Ludwig XIV. selbst. Seine Empfehlung für einen »kleinen Halt« am Apollo-Brunnen, »um die Figuren und Vasen der Königlichen Allee, des Latona-Brunnens und des Schlosses zu bewundern«, ist nach wie vor eine gute Idee. Vom Apollo-Brunnen als Allegorie auf den »Sonnenkönig« geht es durch Gärten und Wälder weiter zu verschiedenen Lustschlössern.

Während das Grand Trianon dem König und seiner Familie vorbehalten war, ließ Ludwig XV. (1710–1774) für seine Mätresse Madame de Pompadour in deutlicher Entfernung das Petit Trianon errichten. Sein Nachfolger wiederum schenkte das Schloss Königin Marie Antoinette (1755–1793).

Die Residenzgeschichte des Ortes endete mit der Flucht der königlichen Familie vor der Französischen Revolution am 6. Oktober 1789. Die Zeiten überdauert hat die Pracht des Königsschlosses, die für heutige Besucher eine durchaus anspruchsvolle Herausforderung ist.

Rundgang durch höfischen Prunk

Der Rundgang führt durch prunkvolle Räume bis zum Ratssaal mit dem blauen Samtsessel für den König. Im »Raum des Beifalls« stand einst der Billardtisch für Ludwigs tägliche Runden nach dem Abendessen. Als Ort der Andacht indes zeigt sich noch immer die 25 Meter hohe Schlosskapelle, in der am 16. Mai 1770 das letzte Königspaar getraut wurde. Rechtzeitig vor diesem Ereignis wurde im Schloss das üppige Opernhaus mit 1700 Plätzen eröffnet. Das lichte Schlafzimmer von Marie-Antoinette mit blumengeschmückten Wandbehängen aus Seide zeigt das Interieur zum Zeitpunkt ihrer Flucht, als sie durch eine Geheimtür verschwand. Und die vielen Orangenbäume in der Orangerie erinnern an die Vorliebe des »Sonnenkönigs« für den Duft von Orangenblüten.

Die beiden letzten Großereignisse im Schloss betrafen Deutschland: 1871 wurde dort die Reichseinigung besiegelt und 1919 der Friedensvertrag nach dem Ersten Weltkrieg.

INFO

EIN DORF FÜR DIE KÖNIGIN

Ein Kontrastprogramm zum Versailler Prunk und Pomp ist am Rande des Parks von Petit Trianon »Le Hameau de la Reine«. Die Dorfidylle war der persönliche Wunsch von Marie Antoinette, die sich begeistern konnte für den damaligen Zeitgeist vom einfachen Leben in natürlicher Umgebung. Um einen künstlichen See herum entstand ein »Weiler der Königin« mit Bauernhof, Molkerei, Fischerei, Mühle und weiteren schlichten Häusern, die von einem Aussichtsturm überschaut werden konnten. Gelegentlich war sogar eine Bauernfamilie engagiert. Sie sollte das stimmungsvolle Bild abrunden mit tatsächlicher bäuerlicher Wirtschaft. Im Haus der Königin allerdings war es vorbei mit der Bescheidenheit. Ihr Refugium war bestens ausgestattet. Neben einem Billardzimmer gehörte dazu auch ein Ballsaal, den Marie-Antoinette über eine hölzerne Galerie erreichen konnte. Heute ist das Dörfchen ein Teil des Schlossmuseums.

WEITERE INFORMATIONEN

UNESCO-Welterbe Versailles
whc.unesco.org/en/list/83
france.fr/de/paris/artikel/schloss-versailles

TORSO EINES KÜHNEN TRAUMS

Die Hauptstadt des Jugendstils in Spanien

In keiner anderen spanischen Stadt gibt es so viel Jugendstil-Architektur wie in der katalanischen Metropole. Und kaum anderswo in Europa ist zu Beginn des 20. Jahrhunderts in einer solchen einfallsreichen und experimentierfreudigen Vielfalt gebaut worden. Die Faszination ist auch nach hundert Jahren ungebrochen – trotz des noch immer unvollendeten Großprojekts.

Weithin sichtbar erheben sich die schlanken Türme über der Stadt. In der Silhouette von Barcelona sind sie unverkennbare Hinweise auf ein außergewöhnliches Bauwerk – die Kathedrale Sagrada Familia von Antoni Gaudí (1852–1926). Die von ihm geplante »Predigt aus Stein« sollte schöner sein als St. Markus in Venedig und gewaltiger als der Kölner Dom. Seine Idee galt einem monumentalen Gesamtkunstwerk, in dem unterschiedliche Stilmittel Vergangenheit und Zukunft gleichermaßen zum Ausdruck bringen.

Nach den neugotischen Anfängen der 1882 begonnenen Kirche baute Gaudí bald immer kühner und origineller: Über den Portalen entfaltete er in üppiger Fülle Pflanzen- und Tiermotive in reinem Jugendstil, während die Abschlüsse der spindelförmigen

Türme mit kantigen Helmen und Fialen an Kubismus und Expressionismus gleichermaßen erinnern. Bei alledem sollte schon der Baukörper erkennbar sein als ein »Riesenkatechismus«.

Eine ewige Baustelle

Zwölf der insgesamt 18 Türme auf einem Kreuz als Grundriss galten als Symbole für die biblischen Apostel und die riesige Kuppel als Sinnbild für Christus. In diesem Rahmen sollte sich als Gegenpol zum hektischen Industriezeitalter die Idee von Gemeinschaft und Brüderlichkeit verwirklichen. Dass diese Vision allein zu schwach war, um zu täglich gelebter Realität zu werden, bestätigt die ewige Baustelle mitten in Barcelona auf eigene Weise – als Torso eines kühnen Traums.

Denn als der katalanische Architekt im Juni 1926 von einer Straßenbahn überfahren wurde, war an der Sagrada Familia außer Krypta und Apsis lediglich die Weihnachtsfassade mit vier Türmen fertig. Die Vollendung der Kathedrale erwies sich immer wieder als schwieriges Unterfangen, zumal Gaudí bis zuletzt immer wieder Neues entwarf und vorherige Planungen verwarf. Noch 1925 legte er für das Hauptschiff einen völlig neuen Plan vor.

Mittlerweile sind nach mehreren Unterbrechungen etwa drei Viertel und acht Türme fertig. Der Innenraum der Sagrada Familia konnte 2010 vom Papst geweiht werden. Die zum 100. Todestag Gaudís geplante Vollendung gilt jedoch inzwischen als unrealistisch. Gleichwohl sind schon jetzt jährlich fünf Millionen Besucher überwältigt von der beispiellosen Architektur und dem reich verzierten Innenraum, in dem farbige Glasfenster für faszinierende Licht- und Farbenspiele sorgen.

Fenster aus Mund und Augen

Gaudís Jugendstil lebt auch andernorts in Barcelona von organischen Formen, schrägen Winkeln und üppigem maurischem Dekor. Am Wohnhaus Casa Mila sind Architektur und Skulptur kaum zu unterscheiden. An der Caso Batlló erinnern Einfassungen von Fenstern an Arm- und Schenkelknochen, die Dachrinnen folgen Lippenprofilen, Fensternischen erscheinen wie ein Mund oder Augen. Anleihen an Formen aus der Natur kennzeichnen den Stadtpalast Güell. Im gleichnamigen Park mit zwei verspielten Pförtnerhäuschen bewahrt das frühere Wohnhaus des Architekten neben Zeichnungen von Gaudí auch von ihm entworfene Möbel auf.

Bis heute verehren die Katalanen den einzigartigen Baumeister als Volkshelden. Bei seinem Begräbnis drei Tage nach dem Straßenbahnunfall folgte ihm ein tausend Meter langer Trauerzug auf dem letzten Weg vom Hospital zur Sagrada Familia. Dort fand er, nach besonderer Anordnung der Regierung und mit päpstlicher Zustimmung, seine letzte Ruhestätte in der Krypta.

↗ Modernes Türrelief an der Sagrada Familia.
← Architektur und Skulptur in einem: Dachterrasse der Casa Mila.

INFO

JUGENDSTIL-KONZERT

Einen etwas anderen Jugendstil in Barcelona baute Lluis Domènech i Montaner (1850–1923) mit dem in 1908 eingeweihten Palast der katalanischen Musik. Der Konzertsaal war ursprünglich als Sitz des Volkschores Orfeó Català gedacht, weshalb sich die an Chormusik ausgerichtete Akustik auch für Pop- und Rockkonzerte eignet. Die Stahlkonstruktion ist reich verkleidet mit bunter Keramik und Glas und überrascht mit einer eigenwilligen Fassade. Die Bühne mit allegorischen Motiven zu musikalischen Themen verschmilzt mit dem Saal zu einer architektonischen Einheit. Der Pfeifenprospekt im oberen Bühnenbereich gehört zur Orgel von 1908 aus der Ludwigsburger Walcker-Werkstatt. Wegen eines Wasserschadens war das kostbare Instrument jedoch für drei Jahrzehnte verstummt. Nach der aufwendigen Sanierung konnte die Orgel erstmals 2003 wieder erklingen.

WEITERE INFORMATIONEN

UNESCO-Welterbe Arbeiten von Antoni Gaudí
whc.unesco.org/en/list/320
UNESCO-Welterbe Palau de la Música Catalana
whc.unesco.org/en/list/804

43

WELTERBE ABENTEUERLICH – NATIONALPARK TEIDE

TANZ AUF DEM VULKAN

Ungastliches Gestein mit überraschend blühender Farbenpracht

Der höchste Berg Spaniens ist von der Hauptstadt Madrid rund 1800 Kilometer entfernt. Auf Teneriffa vor der Küste Afrikas präsentiert sich sein schneebedeckter Gipfel gleichermaßen abwehrend wie anziehend. Doch jedes Jahr im Frühling offenbart sich seine karge Vulkanlandschaft in einer überaus lebendigen Farbigkeit. Damit begeistert der Nationalpark immer wieder Millionen von Besuchern.

Dem jungen Forschungsreisenden fiel der Abschied schwer: »Fast mit Tränen reise ich ab; ich möchte mich hier ansiedeln«, notierte 1799 Alexander von Humboldt (1769–1859) nach einer Woche Teneriffa. Doch wie geplant zog er weiter nach Südamerika. Was er in den Anden untersuchen wollte, hatte er aber zum Teil schon am höchsten Berg Spaniens gefunden, vor allem das »harmonische Gemälde« einer sich beständig verändernden Natur: »Könntest du diese Fluren sehen, diese tausendjährigen Wälder von Lorbeerbäumen, diese Trauben, diese Rosen!«

Die Vulkanlandschaft im Nationalpark um den 3718 Meter hohen Pico del Teide hat von ihrer Faszination seit Humboldts Zeiten nichts verloren. Zwar lässt die trostlose Mondlandschaft unter dem zumeist schneebedeckten Gipfel auf den ersten Blick kaum eine üppige Vegetation erwarten. Doch im Frühling zeigt sich ein völlig anderes Bild. Wenn von April bis Juni unzählige Büsche und Sträucher in einem unerwarteten Farbenrausch erblühen, ist Hochzeit für die Bienen. Auf zweitausend Meter Höhe kümmern sich Imker um 2500 Bienenstöcke.

Mondlandschaft voller Farbenpracht

Von den fast 200 blühenden Pflanzenarten gibt es 31 nur auf den Kanaren und 32 sogar nur auf Teneriffa. Am prominentesten ist das Teide-Veilchen in einer Höhe bis zu 3300 Metern. Die auffälligste und zugleich schönste Pflanze ist Wildprets Roter Natternkopf. Die weithin sichtbaren Spindeln sind mit unzähligen leuchtenden Blüten besetzt und können bis zu zwei Meter hoch werden.

Bereichert wird das Farbenspiel von verschiedenen Ginstern in Weiß, Rosa oder Gelb sowie vom Teidelack, dem Blauen Natternkopf und der Cañadas-Kanarenmargerite. Schwer haben es in dieser ungastlichen Welt Wirbeltiere. Immerhin hat sich die Kanareneidechse zum Wahrzeichen des Nationalparks qualifiziert. Unter den 20 Vogelarten – von Blaumeise bis Turmfalke – sind der Zilpzalp, der Nördliche Raubwürger und auch das imposant gemusterte Steinhuhn recht scheue Artgenossen.

Die überraschend vielfältige Flora und Fauna zieht jedes Jahr bis zu fünf Millionen Besucher an. Sie finden im Teide-Nationalpark über 40 unterschiedlich anspruchsvolle und lange Wanderwege. Manche davon sind über die Bergstation der Seilbahn in 3555 Meter Höhe zu erreichen. Direkt hinauf zum Gipfel führt ein Wanderweg. Den Aufstieg erlaubt die Parkverwaltung jedoch pro Tag nur 200 Besuchern. Ohne eine offizielle Genehmigung gilt ein striktes »No way!«.

Auf dem Maultierpfad zum Gipfel

Alexander von Humboldt hatte als junger Gipfelstürmer kein Problem. Damals war der einzige Weg nach oben ein alter Maultierpfad. Nach dem Start auf dem »Camino de Chasna« im Nordosten der Insel brauchte er drei Tage. An den damaligen Aufbruch erinnert der heutige Aussichtspunkt »Mirador de Humboldt« mit einer Statue des reisenden Forschers. Ihn faszinierte schon vor über 200 Jahren der weite Blick über das Orotavatal mit seinen Plantagen und Feldern.

↑ Spröde Vulkanlandschaft an Spaniens höchstem Gipfel.
← In sicherer Entfernung: der weiße Vulkangipfel des Teide.

Humboldts Spuren sind manchen heutigen Enthusiasten eine ganz besondere Herausforderung. Sie treffen sich in Puerto de la Cruz im heutigen Hotel Marquesa, wo der junge Wissenschaftler einst bei einflussreichen Geschäftsleuten logierte, und steigen dann bei einer mehrtägigen Tour hinauf zum Refugio Altavista. Wer in der ganzjährig geöffneten Berghütte übernachtet, hat es am nächsten Morgen zum Gipfel nicht mehr weit. Und kann ganz ohne spezielle Genehmigung aufsteigen.

INFO

PAPAGEIENPARK

Der Loro Parque in Puerto Rico de la Cruz begann 1972 mit 150 Tieren als Paradies für Papageien. Inzwischen ist der Park ein riesiger Zoo: Auf 135.000 Quadratmetern leben rund 4500 Tiere in 570 Arten. Besondere Attraktionen sind neben der Kollektion von 350 Papageienarten die »Tier-Botschaft« zur Versorgung vernachlässigter Kleintiere, eine Großvoliere für Vogelarten aus Asien und Australien sowie der »Planet Penguin« auf einer künstlichen Antarktis-Insel. Im »Acuario« mit Korallenriffen und exotischen Fischen sind in einem Unterwassertunnel auch Haie und Rochen zu sehen. Das Thailändische Dorf schließlich über einem See mit Hunderten Kois ist eine Reverenz an das dortige Königshaus und die wiederholten Besuche seiner Vertreter auf Teneriffa.

WEITERE INFORMATIONEN

UNESCO-Welterbe Nationalpark Teide
whc.unesco.org/en/list/1258
teide-nationalpark.de
Loro Parque
loroparque.com/de/

LANGE WEGE ZU SICH SELBST

Auch ohne religiösen Impuls ist Pilgern nach wie vor populär

Als Pilgern noch geholfen hat, waren die Menschen andauernd unterwegs. Immer gab es einen Grund, das bedrohte Seelenheil zu retten, weil immer irgendeine Verfehlung gebüßt oder um Erlass der Sünden gebetet werden musste. Auf dem Weg der Reue war kein Heiligtum zu weit. Heutiges Pilgern hingegen braucht oft keinen religiösen Impuls. Für viele ist es zu einem Synonym geworden für den Weg zu sich selbst.

Santiago de Compostela war im Mittelalter für gläubige Christenmenschen – also für nahezu alle – ein ganz besonderer Ort. Denn die Wallfahrtskirche im spanischen Galicien bewahrt das Grab von Apostel Jakobus, zumindest der Legende nach. Als einer der zwölf biblischen Jünger Jesu soll er schon nach der Himmelfahrt des Meisters auf der Iberischen Halbinsel als Prediger unterwegs gewesen sein, allerdings mit nur mäßigem Erfolg. Nach seiner Enthauptung später in Palästina gelangte sein Leichnam angeblich in einem herrenlosen Boot übers Meer bis an die Küste Galiciens.

Als dann um das Jahr 820 im Landesinneren die vermeintlichen Gebeine Jakobs gefunden wurden, ließen Pilger nicht lange auf sich warten. Dabei war es ihnen gleich, ob sie einem biblischen

Jünger folgten – oder aber nur einer Legende. Die Frage ist bis heute nicht abschließend geklärt. Schon Martin Luther (1483 bis 1546), der für die Verehrung von Reliquien bekanntlich nur wenig übrig hatte, soll einst in der ihm eigenen Art von Pilgerfahrten abgeraten haben: »Lauf nicht dahin, man weiß nicht, ob Sankt Jakob oder ein toter Hund daliegt.«

»Buen camino!«

Doch die drastischen Worte des Reformators haben kaum etwas ausgerichtet. Im Gegenteil. Spätestens seit 2001 ist Hape Kerkelings »Ich bin dann mal weg« ein geflügeltes Wort. Pilgern ist populärer denn je, auch oder gerade in der heutigen Welt ohne Gott und Glauben. Den alten Pilgergruß *»Ultreia!«* oder aber einfach *»Buen camino!«* rufen einander Gläubige ebenso zu wie Aussteiger und Sinnsucher jeglicher Couleur, wenn sie mit Pilgerstab und Jakobsmuschel unterwegs sind auf dem Camino de Santiago.

Der Jakobsweg führt als weitverzweigtes Wegenetz kreuz und quer durch Europa – von Osten, Norden, Süden oder Westen bis in den Norden Spaniens. In Frankreich münden die Wege in vier Hauptrouten, die schließlich in den Pyrenäen übergehen in den klassischen Camino Francés. Allein diese 800 Kilometer lange Route säumen 1800 weltliche und geistliche Bauwerke, darunter die Sechsbogenbrücke Puente la Reina über dem Arga und die Kathedrale in der alten Königsstadt León. Höchster Punkt ist der 1592 Meter hohe Gipfel des Peña Canchera in der Sierra de Gata.

↗ **Pilgern als Kunstwerk: Eisenskulptur am Wegesrand bei Pamplona.**
← **Das Ziel ist noch weit: In Puente la Reina vereinen sich zwei Jakobswege.**

In einzigartiger Landschaft

Nicht nur bei der Durchquerung dieses Gebirgszuges bieten sich dem Pilger einmalige Landschaftsbilder. Ihren Abschluss findet die Pilgertour dann in der Kathedrale von Santiago de Compostela, mit dem Heiligen Land und Rom einer der drei wichtigsten Pilgerorte der Christenheit. Die romanischen Anfänge des 899 erstmals geweihten Kirchenbaus haben spätere Baumeister geradezu überwuchert mit einem architektonischen Stilmix aus mehreren Epochen. Die letzte größere Veränderung war im 18. Jahrhundert die verschwenderische Fassade mit der Pforte in den großen Kirchenraum.

Über dem vermeintlichen Grab des spanischen Nationalheiligen pulsiert wie von alters her nahezu ununterbrochen alltägliches Treiben. An einem langen Pendel verbreitet ein riesiger Weihrauchkessel den kräftigen Duft von glimmender Myrte, dem uralten Wundermittel mit desinfizierender Wirkung gegen menschliche Ausdünstungen aller Art. Wichtiger indes als solche Details dürfte den Pilgern am Ende die Bilanz ihrer Tour sein. Vielleicht ist das beste Resümee ein spanisches Sprichwort: »Nach Jerusalem wandert man, um Jesus zu finden, nach Rom geht man zum Papst, doch auf dem Pfad nach Santiago de Compostela sucht man sich selbst.«

INFO

AM ENDE DER WELT

Für viele ist ihre Pilgerfahrt erst richtig zu Ende am Kap Finisterre. Die Landspitze an der Küste Galiciens westlich von Santiago ist nach weiteren vier bis fünf Tagen erreicht. Dabei führen die knapp hundert Kilometer auf dem Camino a Fisterra mit ihrem ständigen Auf und Ab durch einen der eindrucksvollsten Küstenabschnitte Spaniens. Nach der Tour werden traditionell am Kap die Pilgerschuhe endgültig abgelegt und mitunter auch von Pilgern verbrannt – als einprägsames Symbol für den endgültigen Abschluss eines Lebensabschnitts. Der 250 Meter hohe Granitfelsen galt bis zur Entdeckung Amerikas als das Ende der Welt. Seinen Besuchern bietet das Kap einen einzigartigen Ausblick in weite Fernen. Für die internationale Schifffahrt ist der Leuchtturm auf der Landspitze ein wichtiger Orientierungspunkt.

WEITERE INFORMATIONEN

UNESCO-Welterbe Santiago de Compostela (Altstadt)
whc.unesco.org/en/list/347
Camino Francés und nordspanische Routen nach Santiago de Compostela
whc.unesco.org/en/list/669
Französische Routen nach Santiago de Compostela
whc.unesco.org/en/list/868
Camino a Fisterra
wanderzentrale.de/camino-a-fisterra-kap-finisterre/

45

WELTERBE ABENTEUERLICH – LORBEERWALD »LAURISILVA«

WANDERN IM WELTERBE
Mystische Atmosphäre in einer urwaldähnlichen Vegetation

Die dichten Wälder auf der portugiesischen Atlantikinsel sind in der Welt einzigartig. Das nebelfeuchte Klima in milden Wintern und gemäßigten Sommern bietet der Vegetation optimale Bedingungen. Durch die Waldgebiete an den steilen Nordküsten und im Südwesten führen entlang der vielen künstlichen Wasserläufe schmale Pfade, auf denen die urwaldähnliche Wunderwelt erkundet werden kann.

Der Wanderführer drängt zum frühzeitigen Aufbruch. In der morgendlichen Stille sei das Erlebnis des einzigartigen Wechselspiels von Wind und Wolken, von Sonne und Nebel am intensivsten, weiß er nach seinen vielen Touren durch die Lorbeerwälder auf Madeira. In dem üppigen Grün werde der Wald mit jedem Schritt märchenhafter, nach jeder Biegung öffne sich ein neuer spektakulärer Ausblick. Nicht zufällig gelten vielen die alten Wälder auf der portugiesischen Insel als ausgesprochenes Wanderparadies.

Lorbeerwälder waren in der Frühzeit, bevor die Eiszeit die meisten Flächen zerstörte, weitverbreitet. Inzwischen gibt es sie neben Madeira nur noch auf den Azoren, den Kanaren und den Kapverden. Der »Laurisilva« ist das weltweit größte noch bestehende Gebiet seiner Art und ein Überrest der ausgedehnten Wälder, die die Insel im Atlantik bis vor 600 Jahren bedeckten. Dann brauchten die portugiesischen Siedler Brennholz für die Öfen ihrer Zuckersiedereien oder für die Planken und Masten der Schiffe ihrer Zuckerflotte.

Im »Feenwald« wabern die Nebel

Seit 1982 steht ein Drittel der Inselfläche unter Naturschutz, die geschützten Waldgebiete des Welterbes umfassen rund 15.000 Hektar und damit etwa 20 Prozent der Insel. Sie profitieren von gemäßigten Sommern und milden Wintern, zu denen eine stets angenehme Luftfeuchtigkeit gehört. Den wabernden Nebel, der die Wälder bisweilen in einen mystischen »Feenwald« verwandelt, mögen nicht nur die für Madeira charakteristischen 20 Baumarten. Sie sind hervorragende Wasserspeicher und schützen so vor Erosion.

Zwischen Lorbeerbäumen, Madeira-Holunder, Kanaren-Stechpalmen oder Madeira-Mahagoni gedeiht auf dem Waldboden zudem eine Vielzahl von Flechten und Moosen. Ferner gehören dazu der Riesenlöwenzahn und großblütige Margeriten, Schöllkraut, verschiedene Veilchenarten und eine nur dort vorkommende Art des Storchschnabels. Mitunter sind dazwischen seltene Orchideen versteckt. Und in den Lüften sind Mäusebussard, Buchfink und Amsel zu Hause.

Das alles lässt sich entdecken bei ausgedehnten, mehr oder weniger anspruchsvollen Touren. Diese Levada-Wanderungen führen entlang der künstlichen Wasserwege, die seit Jahrhunderten den trockenen Süden mit Wasser aus dem feuchteren Norden versorgen. Ihre Anfänge sind untrennbar verbunden mit der Geschichte des Zuckerrohranbaus auf Madeira. Für die ersten Kanäle im 15. Jahrhundert nutzten afrikanische und arabische Sklaven Erfahrungen der Bewässerungstechnik in ihren Herkunftsländern.

Zwischen Wasserfall und Steilklippe

Auf den schmalen Pfaden geht es gelegentlich durch Tunnel, die Wege sind bisweilen rutschig oder eng – auf jeden Fall aber ein unvergessliches Abenteuer, bei dem stets Trittsicherheit gefragt ist. Eine der spektakulärsten Levada-Wanderungen ist im Südwesten die Tour zu den 25 Quellen. Am Ende der Wanderung durch einen märchenhaften Wald mit grandiosen Aussichten vereinen sie sich mit dem Risco-Wasserfall und stürzen tosend über eine glatte Felswand in die Tiefe.

↑ Der richtige Weg: 2,5 Kilometer bis zu den spektakulären 25 Quellen.
← Künstliche Wasserwege durchziehen Madeira von Nord nach Süd.

Die »Levada do Norte« an steilen Abhängen bietet endlose Ausblicke auf Täler, Wälder und Berge. Einzelne verlassene Häuser erinnern an alte Siedlungen. Abschließender Höhepunkt ist die Aussichtskanzel über dem Meer auf dem Cabo Girão, der zweithöchsten Steilklippe Europas. Auf der »Levada do Rei« dagegen kommen vor allem Vogelliebhaber auf ihre Kosten. Die urwaldähnliche Landschaft mit Azorenlorbeer und majestätischen alten Stinklorbeerbäumen ist das Revier von Goldhähnchen und Buchfinken.

INFO

TEATIME IN FUNCHAL

Nach Abenteuern im Lorbeerwald bietet eine *teatime* im Reid's Palace für Liebhaber von besonderen Hotelmomenten ein elegantes Kontrastprogramm. Allein Lage und Ausstattung des Hotels hoch über der Inselhauptstadt Funchal sind Luxus pur. Er setzt sich auf der Terrasse oder in der Lounge fort, wenn die Mitarbeiter die aus 24 Teesorten gewählte Bestellung aufnehmen und danach die mehrstöckige Etagere servieren. Die Auswahl reicht von köstlichen Sandwiches über englische Scones mit Konfitüre und *clotted cream* bis zu feinen kleinen Küchlein. Die *teatime* mit fantastischem Panorama über Stadt und Meer gibt es jeweils mittwochs bis sonntags – und natürlich nur für Gäste, die zuvor ihr strapaziertes Outdoor-Outfit eingetauscht haben gegen legere Straßengarderobe.

WEITERE INFORMATIONEN

UNESCO-Welterbe Lorbeerwald »Laurisilva« auf Madeira
whc.unesco.org/en/list/934/
Hotel Reid's Palace
belmond.com/de/hotels/europe/portugal/madeira/belmond-reids-palace/

SOMMERSITZ DER GÖTTER

Höhenwanderung erschließt kontrastreiche Landschaft am Meer

Die kleinen Orte in der Umgebung von Bergen und Meer sind schon seit langer Zeit bevorzugte Ferienziele im italienischen Süden. Gäste aus aller Welt erleben in den engen Gassen zwischen pittoresken kleinen Häusern eine einzigartige Mischung aus Gestern und Heute. Buntes Treiben trifft auf die Ursprünglichkeit einer alten Kulturlandschaft, die ihre Wurzeln in der Vergangenheit nicht verleugnet.

Die atemberaubende Steilküste liebten schon die alten Römer. Wohlhabende ließen am Golf von Salerno ihre Villen errichten und schmückten sie mit Mosaiken und anderen kostbaren Kunstwerken. Positano beispielsweise, wo sich kleine Häuschen und prächtige Palazzi an die steilen Felsen schmiegen, war schon damals ein beliebter Urlaubsort. In Minori lässt das Museum an der freigelegten Villa Romana Marittima unschwer erahnen, in welchem Luxus die Reichen und Schönen jener Zeit die schönste Zeit des Jahres verbrachten.

Im Mittelalter schwärmte Giovanni Boccaccio (1313–1375) in begeisterten Worten von der Schönheit und Eleganz dieser Gegend. Sie sei »der ergötzlichste Teil Italiens, eine Küste voller kleiner Städte, Gärten und Brunnen«, schrieb er in seinem berühmten »Decamerone«. Besonders angetan war er von dem kleinen Ort Ravello mit seiner exponierten Lage zwischen Meer und Himmel.

Romantische Kleinstadt zwischen Felsen

Amalfi hatte zu dieser Zeit seinen Höhepunkt als Hauptstadt der gleichnamigen mächtigen Seerepublik bereits überschritten. Mehr noch: Im November 1343 versanken bei einem Erdbeben Teile der Stadt buchstäblich im Meer. Erhalten blieb der Dom aus dem 9. Jahrhundert. Die eindrucksvolle Freitreppe und die farbige Mosaikfassade aus dem 18. Jahrhundert prägen bis heute das romantische Bild einer Kleinstadt, die sich mit kleinen Häusern und verwinkelten Gassen zwischen steilen Felsklippen verliert.

Bis ins 19. Jahrhundert teilte jedoch Amalfi das Schicksal aller Küstenorte im Golf von Salerno: Sie alle waren nur vom Meer erreichbar. Untereinander verbanden sie lediglich schmale Gebirgspfade für Fußgänger und Maultiere. Das änderte sich erst um 1850 mit dem Bau der Amalfitana, der schönsten Küstenstraße der Welt. Seither führt sie über 50 Kilometer von Meta di Sorrento bis nach Vietri sul Mare.

Die halsbrecherischen Haarnadelkurven sind jedoch unter heutigen Bedingungen für alle eine permanente Herausforderung. Deshalb ist gut beraten, wer das unvergleichliche Panorama von pittoresken Dörfern und endlosem Meer aus der »erhabenen« Perspektive eines Höhenwanderwegs genießt. Zwar sind die 70 Kilometer zwischen Salerno und Sorrent eine durchaus sportliche Herausforderung auch für Geübte. Doch fast überall gibt es Wege zu attraktiven Teilstücken …

Den Göttern ganz nah

… zum Beispiel zum »Pfad der Götter«. Der Name ist kein Zufall. Denn einst standen an den Fußpfaden und Maultierwegen zwischen Agerola Bomerano und Positano zahlreiche römische Tempel. Aber auch die faszinierenden Ausblicke auf die kontrastreiche Landschaft aus immer neuen Perspektiven, die auf dieser Tour ständige Begleiter sind, dürfen ohne Übertreibung wahrhaft göttlich genannt werden.

Mitunter kommt bei guter Sicht im glitzernden Meer sogar Capri in den Blick. Halb verfallene Ruinen gehören auf dem »Sentiero degli dei« ebenso zum Begleitprogramm wie Steilhänge und kleine Schluchten. Besonders spektakuläre Meerblicke bietet unterwegs der Teilabschnitt »Sentiere basso«. Beliebte Zwischenstation ist das kleine Nocelle. Noch bis zum Beginn dieses Jahrhunderts war das Dorf lediglich über eine Treppe zu erreichen.

Über Montepertuso führt dann der Abstieg zur Küste mit dem Strand von Arienzo und dem Badeort Positano. Allerdings nach mehr als den drei Stunden, die für die Tour oft angegeben werden: Mit den unvermeidbaren Momenten des Verweilens, mit Fotostopps und unbedingt notwendigen Trinkpausen vergeht die Zeit wie im Flug. Allerdings sind besonders im Juli und August beim ständigen Auf und Ab die sommerlichen Temperaturen nicht zu unterschätzen.

← **Traumlandschaft ohnegleichen: die Amalfiküste.**

INFO

SPEKTAKULÄRES FESTIVAL
Die Villa Rufolo in Ravello ist seit 1953 der Mittelpunkt für ein Musikfestival vor spektakulärer Kulisse. Die Reihe wurde in Erinnerung an Richard Wagner (1813 bis 1883) begründet, der einst zu den illustren Gästen der Villa gehörte und in dem großzügigen Ambiente am Hang den »Zaubergarten« für seinen Klingsor sah. Alljährliches Highlight im Garten und auf der Terrasse ist jeweils im August das Konzert bei Sonnenaufgang. In früher Stunde erleben die Besucher Gänsehaut pur: Wenn die Sonne langsam über den gegenüberliegenden Felsen erscheint, erklingt festliche Orchestermusik. Die Bühne für die Musiker ragt dabei auf einem Felsvorsprung in 15 Metern Höhe weit über die ursprünglichen Mauern hinaus. Andere Konzertorte des Festivals sind Kirchen, Gärten und der Platz vor dem Dom San Pantaleone.

WEITERE INFORMATIONEN
UNESCO-Welterbe Küste von Amalfi
whc.unesco.org/en/list/830

47

WELTERBE BESINNLICH – ASSISI

SPUREN EINES HEILIGEN

Monumentales Denkmal ehrt einen Prediger der Bescheidenheit

Die Basilika San Francesco thront über der kleinen Stadt in Umbrien wie eine Festung. Sie entstand kurz nach dem Tod eines der wohl populärsten Heiligen in der Geschichte. Nach seiner Abkehr vom bürgerlichen Leben eines Kaufmanns wechselte er in ein Leben der Bescheidenheit und Armut. Seine persönliche Entscheidung ließ ihn für viele Menschen zum Vorbild für die eigene Lebensführung werden.

Augenfälliger könnte der Gegensatz kaum sein. Während Franz von Assisi (1181/82–1226) seinen Mitmenschen unentwegt ein bescheidenes Leben im Einklang mit der Natur predigte, setzte ihm die Nachwelt ein monumentales Denkmal – entgegen seinem letzten Willen. Denn Franziskus wünschte sich das Grab in dem kleinen Portiuncula-Kirchlein bei Assisi, wo er sein Armutsideal lebte. Stattdessen aber wurde der populäre Heilige vier Jahre nach seinem Tod in der neuen Grabeskirche im Westen der Stadt beigesetzt. Der Papst erklärte sie zur Mutterkirche des Franziskanerordens. Damit begann in Assisi eine rege Bautätigkeit, in deren Ergebnis der gewaltige Gebäudekomplex der heutigen Basilika San Francesco entstand.

Größte »Bilderkirche« Italiens

Durch die massiven Strebepfeiler an der Unterkirche, das später ausgebaute Kloster und die Pfeilergänge wirkt das gesamte Areal von fern wie eine Festung. Auf der Grabeskirche wurde bis 1253 die Oberkirche errichtet, fünf Jahrzehnte später kamen mehrere Kapellen hinzu. Die untere und die obere Piazza sind seit 1731 verbunden durch eine elegante Treppe, die Pilgern und Besuchern bis heute einen nachhaltigen ersten Eindruck von dem erhabenen Ort vermittelt.

Verstärkt wird dieses Empfinden am Grab des heiligen Franziskus in der Krypta, vor allem aber in der Oberkirche mit ihren prächtigen Wandmalereien. Kein Quadratzentimeter der Gewölbe und Seitenwände blieb unbemalt, und trotz schmerzlicher Verluste mehrerer Fresken beim Erdbeben von 1997 ist die Basilika weiterhin die größte »Bilderkirche« Italiens.

Die prachtvollen Ornamentbänder sind reich an geometrischen Motiven, Tierdarstellungen und Details aus der Pflanzenwelt. Hinzu kommen Freskenzyklen an den Wänden mit figürlichen Szenen. Dem Zyklus zur biblischen Leidensgeschichte Christi stehen fünf Szenen aus dem Leben des heiligen Franziskus gegenüber.

Abkehr vom weltlichen Leben

Die erste Darstellung dieser Bilderfolge zeigt, wie sich der junge Kaufmann von seinem Vater lossagt und sich vom weltlichen Leben verabschiedet. Eine weitere Freske zeigt Franziskus bei seiner berühmten Vogelpredigt: Mit ausgestreckter Hand nähert er sich den kleinen Wesen, die in einer geordneten Reihe zu ihm aufblicken und seinen Worten lauschen, umgeben von einer detailverliebten Darstellung der freien Natur.

Die Namen der Künstler, die in Assisi an der Ausmalung der Basilika des heiligen Franziskus beteiligt waren, liest sich wie ein Who's who der italienischen Kunstgeschichte zwischen 1260 und 1330. Hinzu kamen deutsche und französische Handwerker, die in San Francesco die frühesten Farbglasfenster dieser Art in Italien einbauten.

Über die Basilika hinaus ist die Erinnerung an den berühmtesten Sohn von Assisi auch an anderen Orten der umbrischen Kleinstadt lebendig. Die Kathedrale San Rufino ist die Taufkirche des heiligen Franziskus und der Klara von Assisi (1193/94 bis 1253). Sie gründete nach franziskanischem Vorbild den Klarissenorden und wurde beigesetzt in der Basilika Santa Chiara.

Deren Vorgängerbau wiederum war bis zur Beisetzung von Franziskus in der neuen Unterkirche dessen erste Grabstätte. Im nahe gelegenen Rivotorto erinnert die »Heilige Hütte« an die Anfänge der franziskanischen Bruderschaft. Sie entstand ab 1208 aus dem Zusammenleben von Franziskus mit mehreren Gleichgesinnten.

← Wie eine Festung: die Basilika San Francesco.

INFO

PORTIUNCULA

Die kleine Kapelle, in der Franziskus starb, ist noch erhalten, seit dem 17. Jahrhundert jedoch versteckt in der Basilika Santa Maria degli Angeli. Die deutlich größere Kirche wurde auf päpstliche Anordnung errichtet und umgibt die eher unscheinbare Kapelle, die als Ursprungsort der franziskanischen Orden gilt. Franziskus selbst soll das verfallene Kirchlein in einem Eichenwald wieder hergerichtet haben. Weil er persönliches Eigentum ablehnte, nutzte er die Kapelle für sich und die neue Gemeinschaft lediglich als Mieter. Als Jahreszins wurde der Überlieferung zufolge ein Korb Fische vereinbart. Im März 1212 übergab Franziskus in der Portiuncula einen Habit an Klara von Assisi, die fortan als Nonne lebte und später mit ihren Gefährtinnen den Orden der Klarissen gründete. Den Eingang zur Basilika schmückt ein Franziskus-Fresko des deutschen Malers Friedrich Overbeck (1789–1869).

WEITERE INFORMATIONEN

UNESCO-Welterbe Basilika San Francesco
whc.unesco.org/en/list/990

DIE KRONE APULIENS

Ein einzigartiges Bauwerk aus dem Mittelalter gibt Rätsel auf

Weithin sichtbar erhebt sich der monumentale Bau über der apulischen Hochebene im Stiefelabsatz von Süditalien. Der Weg hinauf durch ausgedehnte Olivenhaine und einen Wald aus Pinien und Zypressen führt zu einem der geheimnisvollsten Bauwerke aus dem Mittelalter. Während seine Bedeutung Fachleute seit Jahrhunderten rätseln lässt, ist der einstige herrschaftliche Auftraggeber kein Unbekannter.

48

Er war der letzte mittelalterliche Kaiser von Format: Friedrich II. (1194–1250) stammte zwar aus der mächtigen Dynastie der Staufer, war aber eher Sizilianer als Deutscher. Das Königreich Sizilien, das seinerzeit vom Kirchenstaat im Norden bis zur gleichnamigen Insel im Süden reichte, erbte er bereits als Vierjähriger. Der Ort seiner Kindheit und Jugend war Palermo, das er als bunten Schmelztiegel mediterraner Nationen, Kulturen und Religionen erlebte.

Frühzeitig schon lernte er das Miteinander von Griechen, Juden, Arabern und Deutschen kennen, beschäftigte sich mit ihren geistigen Traditionen und sprach bald selbst neun Sprachen. Zum Kaiser des Heiligen Römischen Reiches wählten ihn die deutschen Fürsten im Alter von 16 Jahren. Doch nach der Krönung durch den Papst zog sich der Enkel des legendären Kaisers Barbarossa 1220 in das südliche Reich zurück, das ihm bestens vertraut war und das er fortan getrennt vom Norden regierte.

Ein moderner Beamtenstaat

Den Herrschaftssitz verlegte Friedrich von Palermo auf das Festland nach Foggio in Apulien, um nördliche Reichsgebiete schneller erreichen zu können. Sein ländliches Königreich machte er zum Beamtenstaat mit einer modernen Verwaltung und somit zu einem Vorbild für das übrige Europa. Und seinen Untertanen drohte er in den Constitutiones von Melfi mit hohen Strafen für Ehebruch, Kuppelei, Entführung, Fehden und Selbstjustiz – eine Rechtsordnung, die in Sizilien immerhin 600 Jahre lang Bestand haben sollte.

Bei alledem fand er Zeit und Muße für private Neigungen. Sein lateinisches Lehrbuch »Über die Kunst, mit Vögeln zu jagen« zeigt Friedrichs ausgeprägte Vorliebe für die Falkenjagd und die damit verbundenen Lebensbedingungen in der Vogelwelt.

Riesiges Achteck mit hohen Türmen

Die naturwissenschaftlichen Interessen des Kaisers waren möglicherweise auch die Ursache dafür, dass die Nachwelt das Geheimnis von Castel del Monte mitunter als Zahlenmystik in Stein zu deuten versuchte. Immerhin: Der achteckige Grundriss mit acht ebenfalls achteckigen Türmen als Symbol der Kaiserkrone verweist nicht nur auf das Oktogon der Pfalzkapelle von Karl dem Großen in Aachen. Im Christentum steht die Zahl Acht seit Urzeiten für Auferstehung und Neuanfang.

Auch wenn es für derartige Überlegungen keine Belege gibt: Von anekdotischem Wert sind sie allemal für die jährlich über 200.000 Besucher. Auf dem 540 Meter hohen Hügel bei Andria werden sie überwältigt von einer strengen geometrischen Architektur, die einzigartig ist. Das riesige Achteck um den achteckigen Innenhof hat eine Diagonale von rund 56 Metern. Die jeweils acht Räume pro Geschoss waren einst prächtig ausgestattet, doch nach Plünderungen und Raub erinnert heute nichts mehr an Marmor, Mosaiken und Wandteppiche.

Rund um den dicken Mauermantel aus Kalkstein erheben sich 26 Meter hoch die acht Ecktürme, die einen kilometerweiten Panoramablick über die apulische Ebene bieten. Allerdings ist nach wie vor ungewiss, ob das Kastell, das Friedrich II. im Jahr 1237 in Auftrag gab und überhaupt jemals eine kaiserliche Festung war.

← Monumentales Rätsel: das wuchtige Castel in der Hochebene Apuliens.

INFO

BESUCH BEIM NIKOLAUS

Ähnlich wie Venedig oder Genua kann auch Bari die Geschichte eines Reliquienraubs erzählen. Im Mai 1087 brachten Seefahrer aus der apulischen Seestadt die Gebeine des heiligen Niklaus in ihre Heimat, um dort zahlungskräftige Pilger anzulocken. In Myra, dem damaligen Wirkungsort des Bischofs und heutigem Demre bei Antalya, begründeten sie den Diebstahl aus der St.-Nikolaus-Kirche jedoch mit dem Schutz vor einer drohenden Eroberung durch die Seldschuken. Das neue Reliquiengrab für eine der populärsten religiösen Figuren fand in Bari seinen Platz in der Basilika San Nicola. Sie ist bis heute ein wichtiges Ziel von Pilgern aus aller Welt. Zudem feiert die Regionalhauptstadt Apuliens jedes Jahr im Mai ein dreitägiges Nikolausfest. Damit wird regelmäßig an die Überführung der kostbaren Reliquien von 1087 erinnert.

WEITERE INFORMATIONEN

UNESCO-Welterbe Castel del Monte
whc.unesco.org/en/list/398
Basilica San Nicola
italien.de/poi/basilica-san-nicola

49

WELTERBE TOP TEN – DOLOMITEN

DAS SCHÖNSTE GEBIRGE DER WELT

Faszinierende Impressionen auf dem Boden eines Korallenmeeres

Die Region wurde als eine der letzten Gebirgsgruppen in den Alpen erschlossen. Noch im 19. Jahrhundert galten die monumentalen Formationen in den Ostalpen mit ihren bizarren Gipfeln weithin als unbezwingbar. Umso größer war die Faszination bei den ersten Unentwegten, die in die unbekannte Bergwelt vordrangen. Zwischen zerklüfteten Felsen und saftigen Almen entdeckten sie eine Landschaft voller Gegensätze.

Als Erste kamen die Engländer – und waren begeistert. »Eine Bezauberung begann und ließ uns nicht mehr los«, schrieben 1864 der Maler Josiah Gilbert (1814–1892) und der Naturforscher George C. Churchill (1822–1906) in ihrem Reisetagebuch »The Dolomite Mountains«. Mit dem Bericht von ihrer Tour, die sie gemeinsam mit ihren Damen unternommen hatten, gaben die Gentlemen erstmals einen Einblick in die Welt der weithin unbekannten »bleichen Berge«. Wenige Jahre zuvor war der Hobbyalpinist John Ball (1818–1889) als Erster auf den Monte Pelmo geklettert. Er war ebenfalls Engländer.

Seinen Namen verdankt die Bergwelt zwischen der Brenta-Gruppe bei Trient und dem Piave-Tal im Osten dem Franzosen Déodat Gratet de Dolomieu (1750–1801). Der 36-jährige Geo-

↑ Gewagter Vorsprung: Aussichtskanzel des Messner Mountain Museums auf dem Kronplatz.
← Imposantes Bergpanorama: der Pragser Wildsee im Herbst.

loge entdeckte bei Streifzügen durchs Eisacktal in Südtirol im Kalkgestein deutliche Unterschiede zu den übrigen Alpen. Als Namen für das unbekannte Mineral schlug er zu Ehren des renommierten Geologen Horace Bénédict de Saussure (1740 bis 1799) die Bezeichnung Saussurit vor. Der Genfer Wissenschaftler bestand jedoch auf »Dolomit«. Der neue Name für die alten Berge wurde schnell zum Synonym der gesamten Region.

Wanderungen auf dem Meeresgrund

Entstanden ist die einzigartige Hochgebirgslandschaft durch immer neue Umgestaltungen der Erdkruste vor etwa 270 bis 200 Millionen Jahren. Die heutigen Täler, Schluchten und Gipfel waren einst Korallenstöcke im Urmeer Tethys. Nach dem Rückgang des tropischen Meeres blieben die durch gewaltige tektonische Kräfte geformten und emporgehobenen Korallenriffe.

Wanderungen durch eine der schönsten Berglandschaften der Welt sind also nicht nur faszinierende Ausflüge in die Erdgeschichte, sondern in gewisser Weise immer auch Expeditionen auf dem Meeresgrund. Dabei gleicht kaum eine der neun Dolomiten-Regionen des UNESCO-Welterbes der anderen. Manche der 18 Gipfel sind über 3000 Meter hoch, und die Landschaft dazwischen zeigt sich in wechselnden Bildern. Satte grüne Almwiesen gehören ebenso dazu wie tote graue Flächen von Erosionsschutt. Andernorts haben unübersehbar Gletscher ihre Spuren hinterlassen.

Imposante Perspektiven bieten mehr oder weniger anspruchsvolle Wandersteige rund um den monumentalen Pelmo, der mit knapp 3200 Metern einem Götterthron gleicht, oder hinauf auf den 3343 hohen Gipfel der Marmolata mit dem größten Dolomitengletscher. Populäre Ziele in den nördlichen Dolomiten sind neben den Drei Zinnen der zerklüftete Monte Cristallo (3221 Meter) am Misurina-See bei Cortina d'Ampezzo und das Bergpanorama am Pragser Wildsee.

Massentourismus kontra Natur

Zwischen dem Südtiroler Hausberg Schlern, dem Naturpark Puez-Geissler und der Langkofel-Gruppe erstreckt sich auf 56 Quadratkilometern Europas größte Hochalm mit ausgedehnten Wäldern und Weiden. Dagegen erweist sich der »Grand Canyon Südtirols« in der acht Kilometer langen Bletterbachschlucht als geologisches Lehrbuch. Das Erlebnis einer nahezu unberührten Natur schließlich bieten noch immer die Belluneser und die Friauler Dolomiten.

Gleichwohl ist – wie in anderen Alpenregionen auch – in den Dolomiten die Schönheit und Vielfalt gefährdet durch den ganzjährigen Massentourismus. Der Südtiroler Ausnahme-Alpinist Reinhold Messner wird deshalb nicht müde, nachdrücklich an Verstand und Vernunft der internationalen Gäste zu appellieren: »Nur wenn wir die Naturlandschaft in den Gebirgen als archaischen Raum bewahren und die Kulturlandschaften weiter pflegen, haben die Bergwelten Zukunft.«

INFO

MESSNERS BERGWELTEN

Mit dem »Messner Mountain Museum« hat sich der Bergsteiger einen Lebenstraum erfüllt: An sechs Standorten in Südtirol und den Belluneser Dolomiten beleuchten Ausstellungen und Installationen die Begegnung von Mensch und Berg aus unterschiedlichen Blickwinkeln. Sie reichen von der Entstehung der Gebirge über heilige Berge und Bergklettern bis zum traditionellen Alpinismus, zur Lebensweise von Bergvölkern und zum Thema Eis. Umgesetzt ist das Gesamtkonzept auf dem früheren Schloss Sigmundskron bei Bozen und am Ortler in Sulden sowie bei Bruneck, am Kronplatz und am Monte Rite. Einbezogen ist ferner Schloss Juval bei Naturns im Vinschgau, wo Reinhold Messner seit Jahren mit seiner Familie lebt. Das private Museumsprojekt versteht er als Stätte der Begegnung »letztlich auch mit uns selbst«.

WEITERE INFORMATIONEN

UNESCO-Welterbe Dolomiten
dolomitiunesco.info/?lang=de
dolomitiunesco.it/de/
Messner Mountain Museum
messner-mountain-museum.it

UNTERM ASCHEREGEN

Naturkatastrophe traf Tausende Menschen völlig unvermittelt

Die größte Tragödie der Antike ist die erste von einem Augenzeugen beschriebene Naturkatastrophe. Die Aufzeichnungen zum verheerenden Vulkanausbruch im Golf von Neapel verdeutlichen das Geschehen unmittelbar danach. Wissenschaftlern ermöglichen sie detaillierte Rückschlüsse auf die einzelnen Phasen der Katastrophe, die Tausende Menschen unter heißen Lawinen aus Asche, Gasen und Gestein begrub.

Der spätere römische Senator Plinius der Jüngere (um 61 bis 113) erlebte den Vulkanausbruch des Jahres 79 aus nächster Nähe. Als junger Mensch konnte er von der Ortschaft Misenum aus genau beobachten, wie sich über dem Golf von Neapel die Eruptionssäule erhob: »Sie wuchs wie auf einem sehr hohen Stamm empor und breitete gewissermaßen Äste aus.« Bisweilen sei sie weiß gewesen, »bisweilen schmutzig und fleckig, je nachdem sie Erde oder Asche mit sich geführt hatte«.

Die Stadt mit etwa 20.000 Menschen war eine der wohlhabenden römischen Siedlungen mit Landhäusern und Villen. Sie entstanden in der Bucht von Neapel schon in vorchristlicher Zeit. Die Hänge des Vesuvs waren berühmt für guten Wein und klare Luft. Die zerstörerische Kraft des Feuerberges, dessen letzte Eruptionen fast 2000 Jahre zurücklagen, schien im Jahr 79 weitgehend vergessen.

Umso größer war die Wucht der Zerstörung in Pompeji, Herculaneum und anderen Orten am Vesuv. Vier Stunden nach Beginn der Eruptionen stürzten in Pompeji die ersten Häuser ein. Allein für Pompeji schätzen Wissenschaftler bis zu 16.000 Todesopfer. Sie starben in den pyroklastischen Strömen, die sich mit dem Nachlassen der Eruptionen in mehreren Phasen als Gemisch aus heißer Asche, Gestein und Gasen herabwälzten.

Grausamer Tod in Hitze und Asche

In den Siedlungen und auf den Feldern verbrannten die tödlichen Lawinen bei Temperaturen bis zu 800 Grad alles, was ihnen in den Weg kam – Menschen und Tiere, Vegetation und Gebäude. Zahlreiche Bewohner flüchteten vor der Zerstörung in Häuser oder öffentliche Gebäude. Doch vor den heißen Gasen boten sie keinen Schutz. Am Ende war Pompeji begraben unter einer zwölf Meter dicken Ascheschicht, in Herculaneum war diese sogar 20 Meter stark.

Lange Zeit gerieten die versunkenen Städte ebenso in Vergessenheit wie Plinius' ausführliche Schilderungen. Erst gegen Ende des 16. Jahrhunderts weckten Zufallsfunde von Münzen und Marmorstücken neues Interesse. Nach zahleichen Raubgrabungen und Plünderungen begannen schließlich drei Jahrhunderte später systematische Grabungen.

Mit überraschenden Ergebnissen: Asche und Vulkangestein hatten die verschütteten Städte über die Jahrhunderte geradezu luftdicht konserviert. Diese »Schockstarre«, die die Menschen mitten im Alltag traf, ermöglicht Fachleuten nunmehr Rückschlüsse auf das Leben der Menschen vor der Katastrophe.

»Authentische« Skulpturen von Sterbenden

Vom historischen Pompeji sind mittlerweile zwei Drittel freigelegt. Gut erkennbar ist das für die Antike typische Gitternetz der Straßen. Sie führen heutige Besucher zum einstigen Forum, vorbei an Tempeln, Weinschenken, Bäckereien bis hin zum Amphitheater.

Gut konservierte Wohnsitze vermögender Römer sind das »Haus des Fauns« mit einer Darstellung der Alexanderschlacht und das »Haus der Vettier«. Kostbare Fresken sind in Pompeji in der Villa dei Misteri erhalten, farbige Mosaiken wurden mit Badeanlagen und Wohngebäuden in Herculaneum freigelegt.

Berühmt sind zudem in manchen der Häuser betont drastische Graffitis und freizügige erotische Darstellungen. Darüber hinaus finden immer wieder Plastiken von Sterbenden die besondere Aufmerksamkeit. Sie entstanden im 19. Jahrhundert anhand der bei Ausgrabungen gefundenen Skelette. Die Körper der Toten hatten sich unter dem vulkanischen Material zersetzt, geblieben waren nur noch Hohlräume in der Form menschlicher Gestalten. Durch deren Ausfüllen mit Gips und das anschließende Entfernen des Vulkangesteins entstanden dann diese »authentischen« Skulpturen.

← Freigelegt: Reste einer antiken Sportstätte in Pompeji.

INFO

HISTORISCHES NEAPEL

Für die Großstadt sei der Vesuv ein »Leuchtturm, der im Nervensystem der Neapolitaner tief verwurzelt ist«, findet der Schriftsteller Erri De Luca. Doch im Schatten des Feuerbergs gibt es viel zu entdecken. Das historische Zentrum der Stadt, eine griechische Gründung aus der Zeit um das Jahr 500 v. Chr., ist reich an Zeugnissen verschiedener Kulturen aus dem Mittelmeerraum. Kirchen belegen die Verbreitung des Christentums schon für das 4. Jahrhundert; Stadtpaläste sind vor allem mit der Herrschaft des Hauses Anjou ab dem 13. Jahrhundert verbunden. Das imposante Castel Nuovo war die Residenz der neapolitanischen Könige. Sie liegen begraben im Kloster Santa Chiara. Das Spanische Viertel wiederum entstand als Garnison der spanischen Vizekönige, die von 1503 bis 1707 in Neapel herrschten.

WEITERE INFORMATIONEN

UNESCO-Welterbe Pompeji, Herculaneum und Torre Annunziata
whc.unesco.org/en/list/829
vulkane.net/vulkane/pompeji/pompeji.html

Neapel, historisches Zentrum
whc.unesco.org/en/list/726

51

WELTERBE ALTERTÜMLICH – RAVENNA

HAUPTSTADT DER MOSAIKE

Kirchen bewahren leuchtende Beispiele frühchristlicher Kunst

Das Welterbe der norditalienischen Stadt führt zurück in die fernen Zeiten des Umbruchs von der Antike zum Mittelalter. Besonders im 5. und 6. Jahrhundert war die Hafenstadt an der Adria den oft wechselnden Herrschern als bevorzugter Regierungssitz wichtiger als Rom. Seine Blütezeit ist eng verbunden mit dem Ostgotenkönig Theoderich und dem byzantinischen Kaiser Justinian.

Provinz kann mitunter durchaus ein Glücksfall sein. Wie zum Beispiel in Ravenna. Die Stadt spielte im 8. Jahrhundert nach der vorangegangenen Blüte politisch kaum noch eine Rolle, sodass sie auch vom Streit der Theologen um die bildliche Darstellung von biblischem Personal kaum betroffen war. Während die Gegner von Christus- oder Mariendarstellungen frühe christliche Kunst an anderen Orten massenweise zerstörten, blieben die kostbaren Mosaiken in der einstigen Hauptstadt vom Bildersturm weitgehend verschont.

Die ältesten dieser Darstellungen aus unzähligen farbigen und vergoldeten Glaswürfelchen bewahrt das Mausoleum der römischen Kaiserin Galla Placidia (388–450). In deutlichem Widerspruch zum äußerlich eher plumpen Bau steht der kunstvoll ausgestaltete Innenraum. Die Wandmosaiken behandeln das Thema Erlösung. Sie zeigen die biblische Geschichte vom Guten Hirten und das Martyrium des heiligen Laurentius, der in Ravenna besonders verehrt wurde. Der blaue Himmel der Gewölbe und der Kuppel ist übersät mit unterschiedlichen filigranen Ornamenten.

Verluste im Ersten Weltkrieg

Die Basilika Sant'Apollinare Nuovo war einst völlig mit Mosaiken geschmückt. Einem Luftangriff im Ersten Weltkrieg fielen jedoch mit der Hauptfassade auch Teile der Wandmosaiken zum Opfer. Die erhaltenen Darstellungen im Mittelschiff aus der Zeit von König Theoderich (454–526) zeigen auf der einen Seite Heiligenfiguren und gegenüber 22 Märtyrerinnen. Weitere Motive sind biblische Apostel und Propheten sowie einige Wunder und die Passionsgeschichte Christi.

Die achteckige Taufkapelle der Kathedrale ist ein einfacher Ziegelbau, dessen Kuppel in üppigem Gold ein großes Christus-Medaillon mit Taufszene sowie Aposteln und christlicher Symbolik krönt. Möglicherweise war die Kapelle Vorbild für das Baptisterium der Arianer, in dem nur das Kuppelmosaik erhalten ist. Reichen Mosaikschmuck zierte auch die Kapelle im Bischofspalast aus dem 5. Jahrhundert. Sie gehört heute zum Erzbischöflichen Museum von Ravenna. Viele der Mosaiken wurden jedoch im 16. Jahrhundert durch Malereien ersetzt.

Vorbild für die Pfalzkapelle Aachen

Die Kirche San Vitale aus der Zeit des byzantinischen Kaisers Justinian (482–565) gilt als einer der bedeutendsten Kirchenbauten jener Zeit. Karl der Große (um 747–814) nahm sie zum Vorbild für seine Pfalzkapelle in Aachen. In San Vitale hinterlässt die Farbenpracht der Wand- und Deckenmosaiken bei Besuchern einen überwältigenden Eindruck. Im Gegensatz zu anderen Mosaiken, deren Farben mit der Zeit gelegentlich verblassen, wurden hier farbechte Edelsteine und echtes Blattgold verwendet.

Das Ergebnis sind leuchtende Beispiele für das Anliegen der Mosaikkünstler, im Goldglanz ihrer Bilder immer auch einen Abglanz des Göttlichen aufscheinen zu lassen. Neben den zahlreichen biblischen Themen und Figuren ist die Kirche vor allem berühmt wegen der Mosaiken von Kaiser Justinian und seiner Frau Theodora mit Hofstaat.

↑ Basilika Sant'Apollinare Nuovo.
← Üppiger Mosaikschmuck im Mausoleum der Kaiserin Galla Placidia.

Sant'Apollinare in Classe schließlich erhielt ihren eher ungewöhnlichen Namen von der antiken römischen Stadt Civitas Classis am Kriegshafen von Ravenna. Dessen Versandung bescherte der Kirche allerdings eine vereinsamte Lage auf dem Schwemmland. Auch dort empfängt den Besucher eine beeindruckende Vielfalt von Szenen und Figuren aus der Bibel. Das gewaltige Mosaik im Altarraum mit Lämmern und Palmen auf einer grünen Blumenwiese gilt als die erste Darstellung, auf der die Verklärung Christi verbunden ist mit einem Kreuz.

INFO

BERÜHMTE GRÄBER

Der Ostgotenkönig Theoderich hat sich mit dem Mausoleum in Ravenna ein markantes Denkmal gesetzt. Das zehneckige Bauwerk gilt als die herausragendste Leistung der Ostgoten in Italien. Die runde Dachkuppel mit einem Durchmesser von elf Metern wurde aus nur einem einzigen Natursteinblock hergestellt. Den Grundriss des Mausoleums nahm der Architekt Wilhelm Kreis (1873–1955) um 1900 als Vorlage für Bismarcktürme unter anderem in Jena und in Radebeul. Wesentlich bescheidener ist das Grabmal von Dante Alighieri (1265–1321). Der kleine Tempel mit dem Sarkophag steht an der Außenmauer des Klosters San Francesco, in dessen Kirche einst die Trauerfeier für Dante stattfand. Der Dichter der »Göttlichen Komödie« hatte seine Heimatstadt Florenz 1302 im Streit verlassen und verbrachte die letzten Lebensjahre des Exils in Ravenna.

WEITERE INFORMATIONEN

UNESCO-Welterbe Ravenna

whc.unesco.org/en/list/788

ZWISCHEN ANTIKE UND VATIKAN

Einzigartiges Freiluftmuseum als Spiegelbild der Geschichte

Die Entwicklung der Stadt Rom ist eng verknüpft mit den Wechselfällen europäischer Geschichte seit dem Altertum. Die unterschiedlichen Zeitschichten – von den vorchristlichen Jahrhunderten bis in die Neuzeit – sind in zahlreichen Sachzeugen und Monumenten präsent. In diesem Spannungsfeld, das die einstige Größe erahnen lässt, präsentiert sich die italienische Hauptstadt als moderne und pulsierende Metropole.

Europa steht Kopf. Auf der Landkarte, mit der sich Pilger einst auf den Weg nach Rom machten, ist die Nordsee am unteren Rand und die Heilige Stadt am oberen. Zwischen Flüssen, Bergen und Wäldern hindurch zieht sich ein dichtes Netz von Straßen und Wegen. Markierungen zeigen die Länge der Wegstrecken ebenso an wie die Zahl der täglich abnehmenden Sonnenstunden. Je näher das Ziel im Süden rückt, umso kürzer werden die Tage. Bei alledem bestätigt die Karte um das Jahr 1500 eine unumstößliche Gewissheit: Alle Wege führen nach Rom!

Etwa 50 Jahre später kommen nicht mehr nur Pilger. Die Reisenden sind Bildungshungrige wie seit eh und je, Kreuzfahrtfreigänger oder Backpacker jeglicher Couleur. Für ihre Routen haben sie kaum noch Landkarten. Stattdessen genügt ihnen ein Blick aufs

↑ Blick vom Petersdom über den Petersplatz.
↙ Zentrum der antiken Welt: das Forum Romanum.

Display. Eine erste Orientierung gelingt am besten an der stets belebten Piazza Navona. Der große Platz mit dem barocken Vierströmebrunnen ist bis spät in die Nacht die pulsierende Mitte von Rom.

Imposante Zeugen vergangener Größe

Ähnlich buntes Treiben bestimmt nur wenige Schritte entfernt der Platz vor dem Pantheon. Die Rotunde aus dem zweiten nachchristlichen Jahrhundert gilt als eines der am besten erhaltenen Bauwerke der Antike. Der Bau mit seiner gewaltigen Kuppel über der Tempelfassade war ursprünglich ein Heiligtum für die römischen Götter. Als christliche Kirche seit dem 7. Jahrhundert ist das Pantheon die Grabstätte großer Berühmtheiten, darunter des Malers Raffael (1483–1520) und des Komponisten Arcangelo Corelli (1653–1713).

Antike pur bieten das Forum Romanum und die Kaiserforen. An manche Tempel erinnern nur noch Säulen, Triumphbögen stehen für römische Siege. Das erhaltene Seitenschiff der Maxentius-Basilika gibt eine Vorstellung von der einstigen monumentalen Größe des Baus aus dem 4. Jahrhundert. Von dort aus ist es nur ein Steinwurf zum Kolosseum, in dem einst bis zu 50.000 Zuschauer Gladiatorenkämpfe und Tierhetzen mitverfolgen konnten.

Eine völlig andere Welt erschließt sich im Vatikan mit dem Petersdom und den Kunstsammlungen. Die mächtige Basilika als eine der größten Kirchen weltweit wurde ab 1506 über dem mutmaßlichen Grab des Apostels Petrus errichtet. Nach dem Willen von Baumeister Donato Bramante (1444–1514) sollte sie die Größe des Pantheon und der Maxentius-Basilika vereinen.

Die 119 Meter hohe Kuppel mit einem Durchmesser von 42 Metern entwarf kein Geringerer als Michelangelo (1475–1564). Aus seiner Hand stammt auch die Ausmalung der Sixtinischen Kapelle mit dem berühmten Deckengewölbe, dem Jüngsten Gericht und anderen biblischen Motiven.

Dolce Vita im Trevi-Brunnen

Die beiden Pole Antike und Heilige Stadt verbindet das barocke Rom mit zahlreichen Kirchen und Palästen. Bekannteste Touristenmagnete aus dieser Epoche sind die Spanische Treppe hinauf zur Kirche Santa Trinità dei Monti und der Trevi-Brunnen am Palazzo Poli. 1960 hat dort der renommierte Regisseur Federico Fellini (1920–1993) mit seiner ironischen Satire »La Dolce Vita« Filmgeschichte geschrieben. Das nächtliche Bad der schwedischen Schauspielerin Anita Ekberg (1931–2015) in der Fontäne galt damals noch als Skandal.

Auch mit dieser Episode bewahrheiten sich die Worte, die der große Essayist und Philosoph Michel Montaigne (1533–1592) einst zu Rom fand: Die Stadt sei die große Bühne eines allgemeinen Menschentheaters und »die weltbürgerlichste Stadt«.

INFO

VILLA D'ESTE UND HADRIANSVILLA

Östlich von Rom repräsentieren zwei weitere Orte römische Geschichte. Das Areal der Villa d'Este in Tivoli ist mit über 500 Brunnen, Wasserspielen und Fontänen ein herausragendes Denkmal der Gartenbaukunst in der Renaissance. Der opulente »Garten der Wunder« gehörte zur Villa von Kardinal Ippolito d'Este (1509–1572), der das ehemalige Benediktinerkloster zur Residenz nahm und von Künstlern üppig ausgestalten ließ. Bis ins 19. Jahrhundert war die Villa ein gesellschaftlicher Treffpunkt. Die Hadriansvilla, wenige Kilometer südwestlich, steht für die Opulenz und Eleganz der antiken römischen Baukultur. Die kaiserliche Gartenstadt wurde zwischen 118 und 134 angelegt. Für die Gebäude in der großzügigen Anlage mit Theater, Thermen und Stadion orientierte sich Kaiser Hadrian (76–138) zumeist an griechischen Vorbildern.

WEITERE INFORMATIONEN

UNESCO-Welterbe Rom
whc.unesco.org/en/list/91
roma-antiqua.de
UNESCO-Welterbe Hadriansvilla
whc.unesco.org/en/list/907
UNESCO-Welterbe Villa d'Este
whc.unesco.org/en/list/1025
Vatikan
thevaticantickets.com/de/

53

WELTERBE MAGISCH – HÖHLENBAUTEN VON MATERA

DIE MUTTER ALLER STÄDTE

Wohnungen und Kirchen aus allen Epochen der Geschichte

Bis in die zweite Hälfte des 20. Jahrhunderts war die einzigartige Höhlenlandschaft in Italien eines der größten Elendsviertel im Land. Die Bewohner lebten ohne Strom und fließendes Wasser. Nach ihrer Umsiedlung waren die verlassenen Höhlen und Häuser lange Zeit dem Vergessen preisgegeben. Die späteren Anstrengungen zur Rettung wurden belohnt – mit der Auszeichnung als Kulturstadt Europas.

Den Beinamen »Mutter aller Städte« trägt der Ort mit gutem Recht: In den süditalienischen Höhlenwohnungen leben seit 9000 Jahren Menschen. Über Generationen haben sie am Hang trichterförmiger Felsschluchten immer wieder neue Höhlen und Häuser in den vulkanischen Tuffstein geschlagen. Die Bewohner der einfachen Behausungen in den Sassi di Matera, den »Steinen von Matera«, haben alles nur Denkbare erlebt – von Blütezeiten unter wechselnden Herrschern bis zu Kriegen und unvorstellbarer Armut.

Im Gegensatz zu anderen vorzeitlichen Städten sind die Siedlungen seit Jahrtausenden ununterbrochen bewohnt. Damit repräsentieren sie nahezu alle Epochen der menschlichen Entwicklungsgeschichte. Um die frühen primitiven Höhlen

↑ In Matera geht es eng zu.
← Magischer Ort: der alte Stadtteil Sassi in der Abenddämmerung.

wuchsen immer neue Häuser – und mit ihnen ein unüberschaubares Labyrinth von Treppen und Gassen. In Höhlenkirchen hinterließen geflohene christliche Mönche, die im 8. Jahrhundert aus dem muslimischen Kleinasien kamen, farbenfrohe Fresken.

Ein Bild des Elends

In der »normalen« süditalienischen Stadt rund um die Sassi entstanden massive Bauten an neuen Straßen und Plätzen, darunter der weithin sichtbare romanische Dom aus dem 13. Jahrhundert. Bei alledem aber lebten die Menschen bescheiden bis katastrophal. Eine eindrucksvolle Metapher dafür, dass die Zivilisation die Gegend um Matera nicht erreichte, ist der Roman »Christus kam nur bis Eboli« von Carlo Levi (1902–1975). »Ich habe noch nie ein solches Bild des Elends erblickt«, beschrieb der Schriftsteller den Ort in den 1940er-Jahren.

In den »schwarzen Löchern mit Wänden aus Erde« sah er »Betten, elenden Hausrat und hingeworfene Lumpen«, daneben Hunde, Schafe, Ziegen und Schweine. Später nannten es Politiker eine »nationale Schande«, dass noch im 20. Jahrhundert Menschen unter derart unwürdigen und entsetzlichen hygienischen Bedingungen zusammenlebten. So erhielten in den 1950er-Jahren die etwa 17.000 Sassi-Bewohner neue Wohnungen, während die Geisterstadt zur gefragten Kulisse für Bibel-, Fantasy- und Erotik-Filme wurde.

Was folgte, waren Jahrzehnte des Verfalls. Das Umdenken begann erst um 1980. Mit einem großen Rettungsprogramm wurden Höhlenwohnungen schrittweise saniert und modernisiert und machten Matera zunehmend interessant für den Tourismus. Damit verlor die Stadt allerdings viel von ihrer früheren Magie. Wenigstens blieb ihr ein antikes Disneyland erspart. Stattdessen entstanden in restaurierten Gebäuden neben modernen Wohnungen auch stylische Höhlenhotels.

Inzwischen reicht das bunte touristische Angebot von Restaurants und Bars über Souvenirshops und Weinläden bis zu privaten Museen. Sie vermitteln von den vergangenen Zeiten zumindest eine vage Vorstellung.

Eine magische Atmosphäre

All diese Anstrengungen haben sich gelohnt: Festlich illuminierte Sassi eröffneten Anfang 2019 den ganzjährigen Reigen von Veranstaltungen in der Kulturhauptstadt Europas. Nicht zuletzt für Künstler und Wissenschaftler brachte das Kulturstadtjahr nachhaltige Impulse, denn der Ort ist nach wie vor gut für Entdeckungen – etwa für künstlerische Anregungen in einer einzigartigen Region. Aber auch für ganz praktische Überlegungen: Fachleuten etwa zeigt das Beispiel der Sassi, wie beim sparsamen und platzsparenden Umgang mit Material Höhlen zu Häusern oder Kirchen werden können.

Noch ist in Matera nicht alles saniert. Doch gerade dort, an den unberührten Orten, ist die Magie von einst am deutlichsten zu spüren.

INFO

ABSTECHER NACH EBOLI

Mit dem Verweis auf Eboli im Titel seines Romans nutzte Primo Levi eine gängige Redewendung aus der Region, mit der Einheimische die desolaten sozialen Verhältnisse und die Rückständigkeit in abgelegenen Bergdörfern beschreiben. Das historische Eboli ist von den Sassi rund zwei Autostunden entfernt. Die Stadt ist reich an Kirchen aus dem 11. bis 14. Jahrhundert und repräsentativen Stadtpalästen. Zahlreiche Gebäude wurden jedoch beim großen Erdbeben von 1980 in der Irpinia zum Teil erheblich beschädigt. Im antiken Ortsteil von Eboli erinnert ein Aquädukt an die historische römische Wasserleitung. Für Feinschmecker dürfte Eboli vor allem wegen seines Olivenöls und des berühmten Mozzarella di Bufala Campana ein Begriff sein.

WEITERE INFORMATIONEN

UNESCO-Welterbe Höhlenbauten und Felsenkirchen von Matera
whc.unesco.org/en/list/670/
Eboli
amavido.it/italienisches-dorf/eboli

HOCHKULTUR IN GRÄBERN

Nekropolen erinnern an das vergessene Volk der Etrusker

Vor der Römerzeit war Italien ein bunter Flickenteppich unterschiedlicher Kulturen und Völker, zu denen auch die Etrusker gehörten. Sie waren wirtschaftlich erfolgreich und beherrschten zunächst sogar Rom. Später wurden sie erobert von den expandierenden Römern, die im Etruskerland immer mehr Siedlungen gründeten. Heute erinnern nur noch geheimnisvolle Totenstädte an die etruskische Blütezeit.

Ihre Spuren sind gründlich verschüttet. Dabei stellten die Etrusker im antiken Rom vor 2500 Jahren mehrfach die Könige, und mit der Trockenlegung des sumpfigen Geländes zwischen Palatin und Kapitol bereiteten sie buchstäblich den Boden für das spätere Forum Romanum. Ab dem 4. Jahrhundert v. Chr. aber wurden sie nach und nach von Rom vereinnahmt, sodass aus Etruskern schließlich Römer wurden.

Von dem verschwundenen Volk künden heute nur noch mehrere Totenstädte. Als die bedeutendsten gelten die Nekropolen von Cerveteri und Tarquinia. Sie sind nicht nur archäologisch interessant, sondern ermöglichen auch Rückschlüsse zum Alltag. Ihre Blütezeit erlebten die Etrusker zwischen den Jahren 800 und 250 v. Chr., Etrurien reichte damals von Rom im Süden bis nach Bologna im Norden.

↑ Totengedenken mit Löwen in Tarquinia.
← Rätselhafter Totenkult: in der etruskischen Nekropole Tarquinia.

Fruchtbare Böden erlaubten ihnen eine ertragreiche Landwirtschaft, zudem verarbeiteten sie Kupfer, Eisen und Blei aus den Erzgruben Mittelitaliens. Auf Handelswegen waren Etrusker über den gesamten Stiefel unterwegs, bis ins griechische Sybaris an der Stiefelspitze.

Wohnungen für die Toten

Der Totenkult der Etrusker gibt Fachleuten bis heute Rätsel auf. Denn die Nekropolen sind mehr als nur antike Friedhöfe: Bisweilen sind sie wahre unterirdische Städte für die Toten. In den oberirdischen Anlagen verbinden Wege die Familiengräber, deren Innenräume großflächige Wandmalereien bewahren. Steinmetze schlugen Säulen, Tische, Bänke und Betten aus dem Tuffstein und machten die Gräber so zu wahren Wohnungen für die Toten. Grabbeigaben belegen kunsthandwerkliche Fertigkeiten in Metall und Keramik auf dem Niveau einer frühen Hochkultur.

In der Totenstadt von Tarquinia, einst die wichtigste Stadt der Etrusker, überraschen in den unterirdischen Grabkammern geradezu fröhliche Fresken in leuchtend frischen Farben. Die Alltagsszenen zeigen Tänzer, Ringkämpfer, Fischer und Jäger ebenso wie Feste, Spiele und üppige Bankette; nicht zu vergessen – ähnlich wie in den Ruinen von Pompeji – mehrere erotische Szenen. Sie sind deutliche Hinweise darauf, dass die Menschen der schönsten Nebensache der Welt offenbar frei und unverkrampft begegneten.

Von der einst 400 Hektar großen Nekropole in Cerveteri sind bisher rund zwölf Hektar freigelegt. In dem archäologischen Park sind entlang der schmalen Hohlwege verschiedene Grabformen deutlich zu erkennen – die Tumuli genannten Hügelgräber ebenso wie Kammergräber, unterirdische Gräber und Felsgräber. Auch diese Gräber sind Wohnungen nachempfunden. Neben Sitzmöbeln, Fenstern und Ornamenten gab es steinerne Betten für die Toten. Besonders aufwendig und farbenprächtig verziert zeigt sich das prunkvolle »Tomba dei Rilievi«.

Glanzstücke etruskischer Kunst

Für ihre Reise ins Jenseits erhielten die Verstorbenen von ihren Angehörigen allerlei Schmuck, Geschirr, Waffen und Alltagsgegenstände mit auf den Weg. Vieles davon ist seit Grabplünderungen für immer verloren. Doch trotz großer Verluste konnten die Archäologen noch so manches Schmuckstück bewahren. Zu sehen sind sie in den Etrusker-Museen, die in beiden Welterbestätten die Eindrücke vom archäologischen Freigelände anschaulich ergänzen.

In Tarquinia werden die Besucher des Palazzo Vitelleschi von kunstvoll verzierten Sarkophagen empfangen, auf denen die steinernen Abbilder der Verstorbenen ruhen. Der Rundgang präsentiert dann Urnen, Amphoren und Vasen mit Malerei nach antiken griechischen Vorbildern. Von einem Tempel des historischen Tarquinia stammt die geradezu vollendete Skulptur geflügelter Pferde.

INFO

VILLA GIULIA IN ROM

Noch mehr über Geschichte und Kunst des geheimnisvollen Volkes bietet das Etruskische Nationalmuseum in Rom. Das 1889 eröffnete Museum in der Villa Giulia aus dem 16. Jahrhundert gilt als eine der wichtigsten etruskischen Sammlungen überhaupt. Die ausgestellten Funde stammen vor allem aus dem südlichen Teil des antiken Entrurien, das in der Antike ein wichtiger Kreuzungspunkt unterschiedlicher Völker und Kulturen war. Zu den berühmtesten Ausstellungsstücken aus der Nekropole Cerveteri gehört in Rom der Sarkophag der Eheleute. Daneben kommen auch Fundstücke aus anderen Regionen in den Blick. In den Gärten der Villa steht seit dem Ende des 19. Jahrhunderts eine Kopie des etruskischen Alatri-Tempels, dessen Original zwischen dem 3. und 2. vorchristlichen Jahrhundert errichtet wurde.

WEITERE INFORMATIONEN

UNESCO-Welterbe – die Nekropolen Cerveteri und Tarquinia
whc.unesco.org/en/list/1158
Etruskisches Nationalmuseum, Villa Giulia, Rom
turismoroma.it/de/places/etru-museo-nazionale-etrusco-di-villa-giulia

55

WELTERBE ABENTEUERLICH – TOSKANA

ITALIENS TRAUMLANDSCHAFT

Zwischen Apennin und Meer liegt das Kernland der Renaissance

Das Abenteuer Toskana bietet zahlreiche Möglichkeiten zum Kennenlernen der alten Kulturlandschaft, die als Kernland der Renaissance gilt. Die unterschiedlichen Aspekte dieser einzigartigen Region werden von sieben der insgesamt knapp 60 Welterbestätten Italiens repräsentiert. Sie stehen zugleich für Entdeckungen in einer vielfältigen Natur zwischen dem Apennin und dem Mittelmeer.

Seinen Namen hat das Tal vom Fluss Orcia. Auf 70 Kilometern schlängelt er sich südlich von Siena durch die Hügellandschaft der Toskana. Seinen Weg durch das Val d'Orcia säumen ausgedehnte Wiesen und Weiden, dazwischen führen Alleen von Säulenzypressen zu einsamen Anwesen. Das anmutige Panorama formt sich zum Idealbild einer Region, die für viele Nordeuropäer als einzigartige südliche Traumlandschaft gilt. Doch sie ist keineswegs ein unberührtes Stück Natur. Entstanden ist sie vielmehr durch Menschenhand.

Den Impuls dazu gab einst der Stadtstaat Siena im 14. und 15. Jahrhundert. Die Bewirtschaftung des Val d'Orcia sollte ein ästhetisches Landschaftsbild formen, das von der Harmonie zwischen Mensch und Natur lebt. Dieses Idealbild, das zugleich das segensreiche Wirken einer »guten Regierung« widerspiegeln sollte, brachten seither zahlreiche Künstler in die Welt. Spätere Generationen hielten daran fest, indem sie modernen Massentourismus dort verhinderten – ganz anders als in Siena.

Gotik in reinster Form

Siena bietet italienische Gotik in reinster Form. Der Dom am höchsten Punkt der Stadt wurde seit dem 13. Jahrhundert immer wieder erweitert. Charakteristisch ist seine schwarz-weiß gestreifte Marmorfassade. Dass ursprünglich eine noch viel größere Kirche geplant war, zeigen die erhaltenen Mauern rechts des Domes. Der hohe Campanile überragt weithin sichtbar die Altstadt mit der muschelförmigen Piazza del Campo. Zweimal im Jahr ist sie Schauplatz des Palio, eines spektakulären Pferderennens der besonderen Art.

Die toskanische Hauptstadt Florenz ist als Ausgangspunkt von Renaissance und Humanismus für die Kulturgeschichte Europas von überragender Bedeutung. Dominierender Blickfang sind die Kuppel des Doms und der fast 85 Meter hohe Campanile. Nicht weniger berühmt ist die Piazza della Signoria mit dem Palazzo Vecchio, dem einstigen Regierungspalast der Medici. Die bekannte Marmorstatue des »David« am Palazzo begründete den Ruf von Michelangelo (1475–1564) als einem der besten Renaissance-Bildhauer. Zur Kunst im Überfluss nebenan in den Uffizien kommen jedes Jahr etwa zwei Millionen Besucher.

Der Bereich um den Domplatz von Pisa heißt aus gutem Grund »Platz der Wunder«. Blickfang in dem Ensemble aus Dom, Baptisterium, Campanile und Camposanto ist zweifellos der Schiefe Turm. Er kam schon bei den 1173 begonnenen Bauarbeiten in Schieflage. Auf wundersame Weise führte sie jedoch über die Jahrhunderte nicht zum Einsturz. Mittlerweile ist das weltberühmte Fotomotiv durch ein neues Fundament dauerhaft gesichert – betonen zumindest kompetente Fachleute.

Hochhäuser und eine ideale Stadt

Mit einer einzigartigen mittelalterlichen Skyline aus Turmhochhäusern präsentiert sich San Gimignano - auch »Mittelalterliches Manhattan« genannt – schon aus der Ferne den Besuchern. Von den ursprünglich 70 Türmen, die einst die Stadtsilhouette prägten, existieren inzwischen nur noch 15. Wie in anderen italienischen Städten standen auch in San Gimignano die »Geschlechtertürme« einst für Wohlstand und Ansehen der dort ansässigen Adelsfamilien, die vor allem durch Handel reich geworden waren.

Malerisch auf einem Hügel im Val d'Orcia liegt das Städtchen Pienza. Der Ortsname erinnert an Papst Pius II. (1405–1464), der seine Heimatstadt in eine künstliche Idealstadt der Renaissance umgestalten ließ. Ab 1459 entstanden rund um den neuen Hauptplatz mit Dom und Rathaus sowie Residenzen für Papst und Kardinal vier gewaltige Bauwerke. Ihre Anordnung sollte das Miteinander von weltlicher und geistlicher Macht dokumentieren.

← Von Menschenhand geformt: die Kulturlandschaft der Toskana.

INFO

GÄRTEN UND VILLEN DER MEDICI

Zum Welterbe in der Toskana gehören ferner zwölf Villen und zwei Gärten, die eng mit dem mächtigen Adelshaus der Medici verbunden sind. Die Villen aus dem 15. bis 17. Jahrhundert sind perfekt in die jeweilige Landschaft integriert. In den Landresidenzen, mehr oder weniger weit entfernt von Florenz, trafen sich Familienmitglieder zur Jagd oder mit Künstlern und Gelehrten. Der Boboli-Garten direkt am Florentiner Palazzo Pitti ist eine der bekanntesten italienischen Parkanlagen aus dem 16. Jahrhundert. Mit seinen vielen Statuen, Brunnen, Grotten und römischen Altertümern ist der inzwischen auf 4,5 Hektar erweiterte Park ein Freilichtmuseum der Gartenskulptur. Unverändert ist die Offenheit des Gartens. Sie war für seine Zeit ungewöhnlich und ermöglicht den Besuchern bis heute einen ausgedehnten Blick über die Stadt.

WEITERE INFORMATIONEN

UNESCO-Welterbe Florenz
whc.unesco.org/en/list/174
UNESCO-Welterbe Piazza del Duomo, Pisa
whc.unesco.org/en/list/395
UNESCO-Welterbe San Gimignano
whc.unesco.org/en/list/550
UNESCO-Welterbe Siena
whc.unesco.org/en/list/717
UNESCO-Welterbe Pienza
whc.unesco.org/en/list/789
UNESCO-Welterbe Val d'Orcia
whc.unesco.org/en/list/1026
UNESCO-Welterbe Gärten und Villen der Medici in der Toskana
whc.unesco.org/en/list/175

DIE UNWAHRSCHEINLICHSTE STADT

Der ewige Mythos vom Untergang lockt jedes Jahr Millionen

Romantische Gondelfahrten, Gondolieri mit »O sole mio« auf den Lippen, ausgelassener Karneval, die Tauben von San Marco … Vielfältig sind die Vorstellungen von der Stadt in der Lagune, die seit Jahrhunderten mit ihrem Untergang kokettiert. Der zunehmenden Bedrohung durch immer mehr Massentourismus und riesige Kreuzfahrtschiffe will die Stadt nun künftig mit Tagestickets für Besucher begegnen.

Es war ein Tanz auf dem Vulkan, der Karneval des Jahres 1796. Acht Monate lang feierte Venedig seinen berühmten Mummenschanz – vor allem aber sich selbst. Der frühere Glanz der Handels- und Seemacht war zwar lange verblichen. Aber der Verlust von Einfluss und Prestige bereitete einen günstigen Nährboden für den ewigen Mythos vom drohenden Untergang. Zwar steht Venedig noch immer, doch geblieben ist die Verklärung. Adlige, Künstler und Weltreisende haben sie liebevoll gepflegt, und so konnte sie die Zeiten mühelos überdauern.

Wer immer es sich leisten konnte, tat es den Wohlhabenden gleich, selbst wenn der Sehnsuchtsort erst einmal enttäuschte wie etwa den späteren Weimarer Bibliothekar Carl Ludwig Fernow (1763–1808). Er erlebte Venedig – abzüglich der »Eigentümlichkeiten, die es zu Venedig machen und vor allen anderen Städten der Welten auszeichnen« –, als die »stinkendste, schmutzigste, hässlichste Stadt«, die er je gesehen habe. Der Maler Anselm Feuerbach (1829–1880) dagegen fühlte sich dort 1855 »wie Aladin mit der Lampe aus Tausendundeiner Nacht«.

↑ Undenkbar: Venedig ohne Gondoliere.
← Anleger für die Gondeln vor dem Dogenpalast.

Unwiderstehlicher Zauber

Damals wie heute bietet »die unwahrscheinlichste der Städte«, wie Thomas Mann (1875–1955) Venedig einst nannte, für Empfindungen jeder Art ein überaus dankbares Bühnenbild. Es tut sich nach der Anreise per Auto, Bus oder Bahn unmittelbar am Canal Grande auf und ist draußen auf dem Lido noch lange nicht zu Ende. Denn auch auf der vorgelagerten Insel wirkt ein unwiderstehlicher Zauber, der den Blick immer wieder zurückwenden lässt auf das unvergleichliche Panorama in der Lagune.

So gilt noch immer, was vor fast 200 Jahren schon der Historiker und Archäologe Joseph von Hefner (1799–1862) schrieb: »Man darf kühn behaupten, dass Venedig seines Gleichen nicht auf der Welt hat.« Heutige Besucher kommen ins Herz dieser Stadt am schnellsten mit der Vaporetto-Linie von der Piazzale di Roma durch den Canale della Giudecca: Vorbei an den imposanten Palladio-Kirchen Il Redentore und San Giorgio Maggiore, ist der Markusplatz bald zum Greifen nah.

Seine wichtigsten Bauten erinnern eindrucksvoll an venezianische Macht und Pracht vergangener Zeiten. Im maurisch-gotischen Dogenpalast regierte der Doge den einst reichsten Staat Europas, während der Dom nebenan seit jeher eine Stätte christlichen Glaubens ist. Aber nicht nur: In San Marco empfing die »Serenissima« bis zum Verlust ihrer Selbstständigkeit 1797 Päpste, ausländische Herrscher und Botschafter, und die »Capitani di mar« baten dort regelmäßig um Schutz, bevor sie in See stachen.

Der venezianische Löwe

Unverkennbar sind die fünf Kuppeln über der Basilika, die im 11. Jahrhundert nach byzantinischen Vorbildern errichtet und bis 1617 mehrfach erweitert und verändert wurden. Sie ist dem Evangelisten Markus gewidmet, dessen Gebeine seit dem 9. Jahrhundert im Dom bewahrt werden. An der Hauptfassade krönt der »Hausherr« den großen Mittelbogen über einem blauen Mosaik voller goldener Sterne. Dort zeigt der venezianische Löwe das offene Buch mit den Worten »Friede sei mit dir, Markus, mein Evangelist«.

Überwältigend ist der goldglänzende Innenraum mit rund 8000 Quadratmetern Mosaiken aus dem 12. Jahrhundert. Sie schmücken in byzantinischer Üppigkeit jede Kuppel, jede Wand und nahezu jeden Winkel. Es gibt eine Kuppel der Propheten und eine der Apokalypse, die christliche Weihnachtsgeschichte ist ebenso dargestellt wie die Himmelfahrt und das Pfingstwunder. Auch die Geschichte des Reliquienraubs ist als Mosaik verewigt: Venezianische Kaufleute sollen einst im Auftrag des Dogen Markus' Gebeine aus Alexandria entführt haben – versteckt unter Pökelfleisch.

↑ Karneval in Venedig ist immer wieder ein Ereignis.
→ Seltener Moment: der Markusplatz ohne Scharen von Touristen.
↘ Abendstimmung am Piazzetta San Marco.

An der Hauptfassade erinnern in der oberen Reihe vier Pferdefiguren an den Triumph Venedigs bei der Eroberung von Konstantinopel im Jahr 1204. Die vergoldeten Bronzepferde gehörten mit zur kostbaren Beute nach dem erfolgreichen Kreuzzug gegen die oströmische Metropole. Die Galerie hinter den »Pferden von San Marco« ist für Besucher ein beliebter Ruhepunkt. Von dort aus liegt ihnen der Markusplatz mit seinen vielen Tauben und Touristen buchstäblich zu Füßen – mit dem Museum Correr gegenüber sowie den berühmten Cafés Quadri und Florian.

Bellini in Harry's Bar

Dort hat ein erholsamer Zwischenstopp ebenso seinen Preis wie um die Ecke ein Bellini in Harry's Bar, einem berühmten Lieblingsort von Ernest Hemingway (1899–1961). Im Campanile auf dem Markusplatz führt der Fahrstuhl hinauf zu einem atemberaubenden Rundblick über die einzigartige Lage der Stadt in der Lagune. Aus der Höhe von fast hundert Metern deutlich erkennbar ist die gigantische Barockkirche Santa Maria della Salute, die auf der Inselspitze von Dorsoduro den Eingang zum Canal Grande markiert.

Auf der pulsierenden Lebensader sind die Linienboote ebenso unterwegs wie Wassertaxis, Polizeiboote und Touristengondeln, und an sechs Stellen queren Gondolieri mit ihren Traghetti den Kanal. Er ist knapp vier Kilometer lang, zwischen 30 und 70 Meter breit und wird von mehr als 210 Palästen und 15 Kirchen gesäumt. Ein besonderer Blickfang sind die Rialtobrücke und der Patrizierpalast »Ca' d'Oro« aus dem 15. Jahrhundert.

Bei den Glasbläsern von Murano

Das »wahre« Venedig indes erschließt sich abseits der ausgetretenen Touristenpfade. Dabei gehört es durchaus zum guten Ton, sich mindestens einmal zu verlaufen in dem sprichwörtlichen Gewirr von engen Gassen, die urplötzlich am Wasser enden. Auch unverstellter Alltag mit dem gängigen Klischee von flatternder bunter Wäsche an Leinen hoch über den Straßen lässt sich mitunter entdecken, allerdings jenseits der üblichen Uferpromenade zwischen Seufzerbrücke und Arsenal.

Bodenständig ist das Leben nicht zuletzt in der Inselwelt der Lagune. Murano ist seit dem 10. Jahrhundert die Heimat der Glasmacher. Der kunstfertige Umgang mit dem zerbrechlichen Material ist im Museo d'Arte Vetraria ebenso zu erleben wie beim Besuch in einer Manufaktur, wo Glasbläsern bei ihrer schweißtreibenden Arbeit zugeschaut werden kann. Die Insel Burano mit ihren spielerisch bunten Häusern ist bekannt als Zentrum der Klöppelkunst. Für Kunst und Einsamkeit steht insbesondere die Insel Torcello mit dem weithin sichtbaren Campanile des Doms, der einen weiten Blick über die Lagune bietet. Die Kirche ist mit byzantinischen Mosaiken geschmückt.

INFO

ISOLA DI SAN MICHELE

Die Insel ist ein ganz besonderer Ort: Das stille Geviert der ehemaligen Klosterinsel ist seit 1837 Venedigs Friedhof. Er ist aber auch die letzte Ruhestätte ausländischer Berühmtheiten, unter ihnen der russische Ballettvirtuose Sergei Diaghilew (1872–1929) und der amerikanische Dichter Ezra Pound (1885–1972). Den bewegenden Moment nach einer Totenmesse erlebte als 20-Jähriger der Schriftsteller Hanns-Josef Ortheil. Auf der Suche nach einer günstigen Bleibe sei er an einem warmen Frühlingstag zufällig in eine Menschenmenge geraten, die sich auf Brücken und an den Ufern eines Kanals drängte. Dort »näherte sich eine blumengeschmückte Trauergondel mit einem schwarzen Sarg, der von roten Rosen beinahe verdeckt wurde«. Die Gondel geleitete Igor Strawinsky (1882–1971) auf seinem letzten Weg nach San Michele.

WEITERE INFORMATIONEN

UNESCO-Welterbe Venedig und Lagune
whc.unesco.org/en/list/394
Basilika San Marco
basilicasanmarco.it/basilica/architettura/?lang=en

57

WELTERBE ERSTAUNLICH – VICENZA

GEBAUTE HARMONIE IN STEIN

Palladio wirkte weit über Venetien hinaus

Aus gutem Grund nennen die Bewohner von Vicenza ihre Stadt einfach nur »Città del Palladio«. Der Ehrenname gilt jenem berühmten Baumeister des 16. Jahrhunderts, dessen Villen und Paläste bis heute die historische Altstadt prägen. Von diesem Stadtbild war schon vor beinahe 250 Jahren kein Geringerer als der Italien-Reisende Johann Wolfgang Goethe begeistert.

Der Parcours zu Andrea Palladio (1508–1580) beginnt mit einem rätselhaften Torso. An der Piazza Castello verweisen die beiden hohen Gebäudeachsen mit den vorgelagerten Halbsäulen auf ein gescheitertes Projekt. Weshalb der Palazzo Porto Breganze nicht vollendet wurde, liegt im Dunkeln. Auch weiß niemand genau, ob ihn Palladio überhaupt entworfen hat. Zugeordnet wurde er nach Vergleichen mit anderen Bauten des Architekten, dessen Nachwirkung über das norditalienische Veneto weit hinausreicht.

In Vicenza ist er mit mehr als 20 Welterbestätten diesseits und jenseits des Corso Andrea Palladio allgegenwärtig. Sie zu erkunden, gab es schon zu Goethes Zeiten »ein sehr artiges Büchelchen mit Kupfern zur Bequemlichkeit der Fremden«. Aber dem Dichter war der persönliche Eindruck wichtiger als die »kunstverständigen Texte« der Reiseführer: »Wenn man nun die Werke gegenwärtig sieht, so erkennt man erst den Wert derselben« – die »wirkliche Größe und Körperlichkeit« ebenso wie »die schöne Harmonie ihrer Dimensionen«.

Heutige Besucher finden dazu willkommene Ergänzungen im Palazzo Barbaran da Porto. Seit 2012 gibt dort das Museo Palladio facettenreiche Einblicke in die Welt des Renaissancebaumeisters mit seinen Bauten in Vicenza, Venedig und dem Veneto. Besonders in den Villen spiegelt sich das damalige Zusammenleben als eine Einheit von Ökonomie, Kultur und humanistischem Bildungsgut.

Palladio hieß ursprünglich Andrea della Gondola, war ein Müllersohn aus Padua und anfangs als Steinmetz unterwegs. In Vicenza fand der talentierte Handwerker auf der Baustelle von Gian Giorgio Trissino (1478–1550) in dem Dichter und Gelehrten einen großzügigen Mäzen. Trissino erfand den Kunstnamen Palladio und finanzierte ihm 1541 eine Studienreise nach Rom.

Römische Baukunst und die Schriften des antiken Baumeisters Vitruv (80–15 v. Chr.) sollten denn auch für Palladio zu einem lebenslangen Impuls werden. Der von ihm begründete »Palladianismus« wiederum bestimmte klassizistisches Bauen in Deutschland, England, Frankreich und Holland bis hin nach Russland. Sein erstes großes Bauwerk war die 1546 begonnene Basilika Palladiana in Vicenza, wo er das alte Rathaus der Stadt von zweigeschossigen offenen Bogenhallen umbauen ließ.

Dabei orientierte er sich am ursprünglichen antiken Verständnis von Basiliken. Sie waren für ihn keine sakralen Bauwerke, sondern kommunikative Orte, mit denen »die Menschen im Winter wie im Sommer einen Platz hatten, an dem sie bequem ihre Dinge und Geschäfte verhandeln konnten«. Dieses italienische Lebensgefühl bestimmt die Atmosphäre an der Piazza del Signori noch heute. Für Palladio begründete die Basilika seinen Ruf als hervorragender Baumeister.

↑ Auf dem Corso: Nicht jede Stadtvilla ist von Palladio.
← Eine von vielen: die Villa Pisani an der Brenta.

Zwanzig Jahre später begann er auf einer Anhöhe im Süden von Vicenza die Villa Capra, weithin bekannt als »Villa Rotunda«. Die vier identischen Fassaden und die künstlerische Ausgestaltung im Inneren verleihen dem Gesamtkunstwerk das feierliche Ambiente eines Tempels. Und wenige Monate vor seinem Tod im Sommer 1580 erwies sich Palladio mit dem Teatro Olimpico in Vicenza noch einmal als Meister seines Metiers.

Nach antiken Vorbildern entwarf er ein Amphitheater mit steil ansteigenden Sitzreihen vor einer reich verzierten Bühne, deren perspektivische Straßenfluchten die Illusion eines Freiraums vermitteln. Diesen Eindruck verstärken auch die Kolonaden und zahlreiche Statuen – ein einzigartiges Ambiente für Konzerte und Festivals.

INFO

PALLADIO PER SCHIFF

Noch mehr Palladio gibt es in der norditalienischen Flusslandschaft, wo sich seine Villen bequem per Schiff entdecken lassen. Auf der Brenta zwischen Padua und Venedig eröffnen sich vom Fluss aus einzigartige Perspektiven auf prächtige Bauten, darunter die als »Malcontenta« bekannte Villa Foscari, die Villa Widman und die berühmte Villa Pisani Reale. Manche der Gebäude mit großzügigen Gärten können bei Landgängen besichtigt werden. Zudem lassen sich die Touren mühelos mit Erkundungen auf den Spuren des Baumeisters in Venedig verbinden, etwa an San Giorgio Maggiore in der Lagune gegenüber dem Markusplatz oder an der Kirche Il Redentore. Die Palladio-Kreuzfahrten auf der Brenta werden jeweils zwischen März und Oktober als Halb- oder Ganztagsausflüge angeboten.

WEITERE INFORMATIONEN

UNESCO-Welterbe – auf den Spuren Palladios
vicenzae.org/de/tourismus/vicenza-palladio-und-die-villen/vicenza-unesco-weltkulturerbe-auf-den-spuren-palladios

Brenta-Villen
vivovenetia.de/die-brenta-villen-schifffahrt-von-venedig-nach-padua-den-fluss-entlang/

VON VERDI BIS SHAKESPEARE

Zur Oper in der Arena kommen jedes Jahr Zehntausende Besucher

Die imposante Arena ist ein markanter Hinweis auf die frühen Anfänge der Stadt in der Antike. Besucher aus aller Welt erleben das römische Amphitheater jedes Jahr aufs Neue bei sommerlichen Opernfestspielen als großartiges Spiegelbild italienischer Unbeschwertheit. Und Verliebte zieht es zum Balkon von Romeo und Julia, die unsterblich sind als das berühmteste Liebespaar aller Zeiten.

Für Verdi-Opern ist Verona der perfekte Ort. Noch bevor die Dämmerung einer lauen Sommernacht heraufzieht, suchen in der antiken Arena die ersten Besucher ihren Platz. Manche in großer Robe und feinem Zwirn, andere mit Picknickkorb und Lunchpaket, wieder andere im lockeren Touristenoutfit. Wenn dann das Spiel beginnt, werden auch die steinernen Ränge zur Bühne. In italienischer Unbeschwertheit feiern dort 22.000 Mitwirkende sich selbst. Eis und Drinks bringen fliegende Händler, die in den Pausen durch die Reihen streifen.

Schon Dichterfürst Johann Wolfgang Goethe (1749–1832) notierte 1786 in Verona, so ein Amphitheater sei »recht gemacht, dem Volk mit sich selbst zu imponieren, das Volk mit sich selbst

↑ Abendstimmung an der Ponte Pietra über der Etsch.
↙ Das Volk feiert sich selbst: Oper in der Arena.

zum besten zu haben«. Doch lange Zeit wurde die Arena von Verona nur gelegentlich genutzt. Regelmäßig Oper gibt es erst seit 1913. Die damalige »Aida« zum 100. Geburtstag von Giuseppe Verdi (1813–1901) gilt als legendär. Sie kommt neben anderen jedes Jahr auf die Bühne, mitunter auch in der historischen Inszenierung.

Römischer Ursprung der Stadt

Die Arena gehört als eines der am besten erhaltenen Amphitheater zu den zahlreichen antiken Zeugnissen in der Altstadt, die aus einer 89 v. Chr. gegründeten römischen Kolonie hervorging. Ein glückloses Schicksal hatte jedoch das Teatro Romano aus der Gründerzeit: Nach jahrelangem Verfall wurde es überbaut und blieb lange Zeit vergessen – bis zu den Ausgrabungen im 19. Jahrhundert.

Die erhaltenen Fragmente am Ufer der Etsch geben im Sommer den Rahmen für Open-Air-Veranstaltungen. Auch der Triumphbogen Arco die Gavi aus dem 1. Jahrhundert wäre fast verloren gegangen: Weil der Ehrenbogen für die Veroneser Familie Gavi 1805 den Truppen Napoleons im Wege stand, wurde er kurzerhand abgerissen. Die Trümmer aus weißem Kalkstein kamen erst 1932 wieder zum Vorschein.

Nach alten Zeichnungen konnten sie wieder zusammengefügt werden. Der 13 Meter hohe Bogen fand seinen Ehrenplatz neben dem Castelvecchio, der Scaligerburg aus dem 14. Jahrhundert. Wie eine Festung wachte auch das Stadttor Porta Borsari aus dem Jahr 44 n. Chr. über den Zugang in die Stadt. Erhalten ist jedoch nur noch die monumentale antike Prunkfassade. Das eigentliche Stadttor lag einst hinter den beiden Torbögen.

Romanische Kirchen prägen das Stadtbild ebenso wie gotische Bauten aus der Zeit der Scaliger im 13. und 14. Jahrhundert. Sinnbild ihrer Macht sind die monumentalen Scaliger-Gräber. Die Festung Castelvecchio mit der Brücke Ponte Scaligero über die Etsch ist eine der meistbesuchten Attraktionen von Verona. Das Museum im früheren Herrschaftssitz zeigt Veroneser Malerei und Skulptur seit dem Mittelalter.

Fromme Wünsche an Julias Busen

Pulsierendes Herz der norditalienischen Großstadt ist jedoch die Piazza delle Erbe. Sie war schon in der Antike als Forum Romanum der Mittelpunkt städtischen Lebens. Doch was wäre Verona ohne Romeo und Julia. Die Casa di Giulietta mit dem Balkon des unsterblichen Liebespaares ist nur wenige Schritte entfernt.

Der glänzende Bronzebusen an der Julia-Statue im Hof und daneben die vielen bunten Zettel mit Liebeserklärungen sind deutliche Zeichen dafür, dass sich an diesem Ort unzählige Verliebte dauerhaftes Liebesglück wünschen. Zumindest im berühmten Drama von William Shakespeare (1564–1616) geht dieser fromme Wunsch nicht in Erfüllung.

INFO

AUSFLUG ZUM GARDASEE

Der größte italienische See ist nur 30 Kilometer entfernt. Neben ausgeprägt touristischen Zielen lassen sich auch kleinere Orte entdecken, die vom Massentourismus weitgehend verschont geblieben sind. Dazu gehört beispielsweise am Westufer im Süden die kleine, aber feine Gemeinde Gardone Riviera. Sie ist dank ihres milden und gesundheitsfördernden Klimas ein beliebter und eleganter Kurort mit dem Charme längst vergangener Zeiten. Parkanlagen laden zum Spazieren und Flanieren ein, und im Naturpark Alto Garda führen zahlreiche Wanderwege durch die typische Mittelmeervegetation mit Oleander, Jasmin, Zitronen- und Olivenhainen sowie Zypressen und Magnolien. An der Hotelmeile versprechen mehrere Restaurants und Cafés kulinarische Spezialitäten in edlem Ambiente. Jenseits dieses Bereichs ist der alte Dorfkern eine besondere Entdeckung.

WEITERE INFORMATIONEN

UNESCO-Welterbe Verona
whc.unesco.org/en/list/797
Gardone Riviera
gardasee.de/gardone-riviera

59

WELTERBE HISTORISCH – DUBROVNIK

WIE PHÖNIX AUS DER ASCHE

Die Perle der Adria erinnert an die stolze Republik Ragusa

Unter den Reisezielen Kroatiens liegt die malerische Hafenmetropole in Süddalmatien ganz vorn. Ihre Altstadt mit kleinen Häusern in engen Gassen, mit großen Kirchen und Palästen ist von dicken Mauern und Festungen geschützt wie eine Trutzburg. Die Stadt hat sich in ihrer langen Geschichte bis in die jüngste Vergangenheit stets erfolgreich gegen fremde Begehrlichkeiten behauptet.

Das Motto der Stadt ist in Stein gemeißelt: »Für kein Geld der Welt verkaufen wir unsere Freiheit«, steht in lateinischer Sprache über dem Haupteingang zur Festung Lovrijenac. Für Dubrovnik war diese stolze Haltung so etwas wie das Überlebensmotto. Denn über die Jahrhunderte widerstand die Stadt, die bis 1919 Ragusa hieß, den Byzantinern und Sarazenen ebenso wie den Osmanen und dem mächtigen Venedig.

Dabei half nicht zuletzt die mächtige Festungsanlage vor den Toren der ebenfalls imposanten Stadtmauer aus dem 13. Jahrhundert. Sie umschließt die malerische Altstadt bis heute, ist 25 Meter hoch und mitunter sechs Meter breit – und damit eine ultimative Aufforderung zum Flanieren. Die knapp zwei Kilometer lange Tour führt zu mehreren mächtigen Festungsanlagen rund um die Stadt.

Faszinierende Perspektiven

Dabei bieten sich immer neue und faszinierende Perspektiven hinaus aufs Meer, aber auch auf die Sehenswürdigkeiten von Dubrovnik. Sie sind ein Spiegelbild der Blüte im 16. Jahrhundert, als die Stadtrepublik Ragusa eine der mächtigsten Handelsmetropolen am Mittelmeer war. Viele markante Zeugnisse jener Zeit sind gruppiert um die zentrale Placa Luža, zum Beispiel der repräsentative Rektorenpalast, eines der bedeutendsten Baudenkmäler an der kroatischen Küste.

In dem Fürstenpalast residierten einst die Regenten der dalmatinischen Stadtrepublik in ihrer jeweils nur einmonatigen Amtszeit als Rektoren. Die Kathedrale Sveti Gopsa (Mariä Himmelfahrt) soll Richard Löwenherz aus Dankbarkeit für die Rettung nach einem Schiffbruch bei der Adria-Insel Lokrum gestiftet haben, während die Barockkirche Sveti Vlaho an der Südseite des Platzes dem Stadtpatron St. Blasius gewidmet ist.

Einzigartig ist am anderen Ende der Altstadt die Apotheke Male Braće: Sie ist seit 1317 ununterbrochen in Betrieb und bietet nach wie vor reine Naturprodukte gegen (fast) alle möglichen Leiden. Der Weg zu der Apotheke im Franziskanerkloster führt über die Hauptstraße Stradun, seit jeher die pulsierende Lebensader Dubrovniks. Die harmonische Barockarchitektur der Häuser mit Geschäften, Cafés und Restaurants im Erdgeschoss erhielt die Straße mit dem Wiederaufbau nach dem verheerenden Erdbeben von 1667, das die Stadt fast völlig zerstörte.

Von Kriegszerstörungen indes blieb die »Perle der Adria« in ihrer langen Geschichte weitgehend verschont. Selbst als das Osmanische Reich im 16. Jahrhundert die Landkarte auf dem Balkan gründlich veränderte, behauptete sie auch unter türkischer Oberhoheit ihre Eigenständigkeit. Für die Osmanen ihrerseits war das freie Ragusa ein willkommenes Fenster in Richtung Westen.

Neun Monate unter Beschuss

Die Selbstständigkeit endete erst 1806 mit der Annexion Dalmatiens durch Napoleon und später mit der Eingliederung in die K.-u.-k.-Monarchie. Die jüngsten Balkankriege allerdings sind auch an Dubrovnik nicht spurlos vorübergegangen. Auf die Loslösung Kroatiens von Jugoslawien im Juni 1991 folgte eine mehrmonatige Belagerung. Im Oktober wurde die Versorgung mit Strom, Telefon und Wasser gekappt, bei den stärksten Angriffen am 6. Dezember flogen 600 Granaten auf die Stadt.

Nach neun Monaten Artilleriebeschuss waren über 11.000 Gebäude beschädigt oder zerstört, darunter der Sponza-Palast mit dem Stadtarchiv sowie Klöster, Kirchen und eine der ältesten europäischen Synagogen. Nach der Belagerung erhob sich Dubrovnik dank internationaler Hilfe wie Phönix aus der Asche. An die 114 zivilen Opfer und 200 gefallenen Soldaten erinnert im Sponza-Palast eine Bildergalerie.

↖ Metropole am Meer: malerische Altstadt an der Adria.

INFO

BLICK VOM HAUSBERG
Dubrovnik aus der Vogelperspektive gibt es vom nahen Sergiusberg. Eine Seilbahn mit modernen Kabinen bringt seit ein paar Jahren die Besucher in wenigen Minuten auf den nur 412 Meter hohen Hausberg, der auf Kroatisch »Srd« heißt. Zudem bietet eine etwa dreistündige Wanderung vom Pile-Tor aus einen willkommenen Ausgleich zum Sightseeing in der Stadt. Die Aussichtsterrasse auf dem Gipfel mit Steinkreuz und einer Festung, die 1810 die Franzosen bauten, bietet atemberaubende Blicke über die Stadt und das Meer bis hin zur Insel Lokrum. Für romantische Gemüter dürfte besonders eine Wanderung im goldglänzenden Abendlicht des Sonnenuntergangs zu einem unvergesslichen Erlebnis werden. Im Fort Imperial aus napoleonischer Zeit erinnert eine Ausstellung an die Belagerung von 1991/92, bei der die Besetzung des Berges scheiterte.

WEITERE INFORMATIONEN
UNESCO-Welterbe Dubrovnik
whc.unesco.org/en/list/95
tzdubrovnik.hr/lang/de/get/gradski_vodic/1596/die_zehn_wichtigsten_sehenswürdigkeiten_in_dubrovnik.html

WILDWEST IN KROATIEN

Karstlandschaft war kurzzeitig das Revier von Winnetou & Co.

Die Karstlandschaft in Kroatien mit 16 großen Teichen, hohen Wasserfällen und tiefen Canyons zwischen dichten Wäldern gilt als einer der schönsten Nationalparks weltweit. Die kroatischen Einheimischen nennen das Gebiet »das Land der fallenden Seen«. In den 1960er-Jahren wurde die einzigartige Landschaft vorübergehend zum Wilden Westen – als Drehort für die legendären Karl-May-Verfilmungen.

Der Kaluđerovac-See verwandelte sich kurzerhand in den Silbersee mit Schatzhöhle, die Einwohner von Plitvička Jezera wurden – mit viel Schminke – zu Indianern. Freds Rettung vom Galgen fand am Wasserfall am Galovac-See statt, und der große Ritt mit den Utahs führte zum Kozjak-See. Der »Schatz im Silbersee« mit Pierre Briece und Lex Barker eröffnete 1962 die erfolgreiche Filmkarriere der Plitwicer Seen; weitere zwei »Winnetou«-Teile folgten in den nächsten Jahren. Damit gewann der 1949 im Nachkriegsjugoslawien gegründete Nationalpark, der älteste in Südosteuropa, unverhofft an zusätzlicher Bekanntheit. Obwohl die 16 Seen nur etwa ein Prozent der Fläche ausmachen, gaben sie dem fast 300 Quadratkilometer großen Areal seinen Namen. Entstanden sei die sieben Kilometer lange Seenlandschaft mit ihren Terrassen, Schluchten und Höhlen vor 12.000 bis 15.000 Jahren, sagen Fachleute. Kalkablagerungen und Bodeneinbrüche haben

↑ Fischerboote auf der Insel Cres in der Kvarner Bucht.
↙ Idyllische Ruhe in einem der schönsten Nationalparks.

Barrieren und Dämme aufgeworfen, hinter denen sich das Wasser staut.

Schillerndes Wasser von grün bis blau

Besonders in den zwölf großen Seen lassen Algen und Moose die Wasserflächen in unterschiedlichen Schattierungen zwischen grün und blau schillern. An den unteren Seen stürzt sich aus einer Höhe von 76 Metern der größte Wasserfall in die Tiefe. Die eindrucksvolle Landschaft ist ein äußerst sensibler Lebensraum für eine überaus reiche und teilweise bedrohte Flora und Fauna. Naturfreunde finden unter den 1300 Pflanzenarten etwa 55 Orchideen. In den Wäldern wachsen zwischen Fichten, Buchen und Pinien Christrosen, Schneerosen, Schneeheide und Kopfgras.

Die Liste der Tiere unter den Parkbewohnern reicht von 168 Vogelarten mit 37 bedrohten Brutvogelarten über Hunderte Arten von Schmetterlingen bis hin zu Fledermäusen. In den dichten Waldgebieten auf mehr als drei Vierteln des Nationalparks sind neben Eulen, Spechten, Raubvögeln und zahlreichen Reptilien auch Braunbären, Wölfe, Luchse, Rehe und Hirsche zu Hause. An und in den Gewässern tummeln sich Fischotter ebenso wie Bach- und Flusskrebse, Forellen und Hechte.

Villen für noble Sommergäste

Zum beliebten Reiseziel für auswärtige Besucher wurden die Plitvicer Seen schon mit dem aufkommenden Fremdenverkehr im 19. Jahrhundert. Dem ersten »Touristenhaus« von 1862 folgten bald weitere Pensionen und schließlich drei Jahrzehnte später das erste Hotel, begleitet von mehreren Villen für noble Sommergäste. Mittlerweile gibt es Unterkünfte für die unterschiedlichsten Budgets und Neigungen. Und in den malerischen Dörfern ringsum bieten die Bewohner fast überall Erzeugnisse ihrer ländlichen Lebensart an – von Käse und Honig bis zu Likör und Branntwein.

Die Seenlandschaft zu erkunden, braucht jedoch vor allem Zeit: Die acht Rundwege über Stock, Stein und schmale Holzbrücken dauern zwischen zwei und acht Stunden. Dabei geht es unter anderem per Elektroboot über den Kozjak. Am größten der Seen können die Besucher auch umsteigen in Ruderboote. Wer es geruhsamer mag, begibt sich auf einen der Bergpfade. Sie führen durch Wälder und Auen hinauf zum acht Kilometer langen Hochtal Medveđak mit faszinierenden Ausblicken auf die Seen und ihre Umgebung.

Seit einigen Jahrzehnten kommen sportliche Besucher des Nationalparks auch im Winter auf ihre Kosten: Die Pisten bei Mukinje sind ein beliebter Treffpunkt für Skifahrer und Snowboarder. Dagegen haben Radfahrer auf dem gesamten Parkgelände das Nachsehen. Sie müssen sich auf den Randbereich des Schutzgebiets beschränken – jedoch wenigstens auf einem gut ausgebauten Wegenetz.

INFO

KVARNER BUCHT

Als Österreich noch am Meer lag, war für die Einwohner der Habsburgermonarchie die Adria ein beliebtes inländisches Urlaubsziel. An der heute kroatischen Küste der Kvarner Bucht haben viele Touristenorte ihre langen Traditionen im Fremdenverkehr seit der Unabhängigkeit wieder aufleben lassen. Zwischen dem mondänen Rijeka und den Inseln Pag und Ilovik gilt Crikvenica mit seinem acht Kilometer langen Sandstrand als der beliebteste Ort am Kvarner und als Synonym für gelungenen Familienurlaub. Krk als die größte kroatische Insel verdankt ihren besonderen Charme 60 kleinen Ortschaften. Dagegen werben die Inseln Rab, Cres und Losinj mit traumhaften Stränden und Buchten. In Opatija erinnern viele stattliche Villen daran, dass »die alte Dame des Tourismus« bei Rijeka schon im 19. Jahrhundert ein Winterkurort für die gehobene Gesellschaft war.

WEITERE INFORMATIONEN

UNESCO-Welterbe Plitvicer Seen
whc.unesco.org/en/list/98
np-plitvicka-jezera.hr/de/
Kvarner Bucht
kroati.de/kroatien-kvarner/reisefuehrer.html

61

WELTERBE ERSTAUNLICH – BRÜCKE UND ALTSTADT VON MOSTAR

ZEICHEN DER VERSÖHNUNG

Wiederaufbau nach dem Bosnienkrieg in alter Schönheit

Über Jahrhunderte stand der steinerne Bogen über der Neretva auf dem Balkan für die Begegnung von Orient und Okzident, bis dann im Bosnienkrieg der 1990er-Jahre die Brücke das gleiche Schicksal ereilte wie so viele andere historische Zeugnisse aus der osmanischen Zeit: Sie wurde mutwillig zerstört. Der Wiederaufbau war ein hoffnungsvolles Zeichen für den schwierigen Weg der Versöhnung.

Der 9. November 1993 war für Mostar ein schwarzer Tag: Nach dem unerbittlichen Granatenhagel des Vortages gab unter neuerlichen Angriffen die Alte Brücke schließlich nach. Mit lautem Grollen stürzten die Trümmer in die Neretva. Von der Bogenbrücke aus dem 16. Jahrhundert blieben nur noch die zerschossenen Brückentürme übrig . In Amateurvideos aus jenen Tagen ist dieser Moment bis heute gegenwärtig. Die junge bosnische Autorin Martina Mlinarević nennt ihn eines der stärksten Symbole für den damaligen Bürgerkrieg.

»Der Fall der Brücke in den Fluss bedeutete die Zerstörung jeglicher Vernunft, die Teilung einer Stadt in zwei nationalistisch vergiftete Ufer«, so Mlinarević. Auf der einen Seite kämpften damals Kroaten, auf der anderen bosnische Muslime. Das lange Zeit eher problemlose Miteinander der unterschiedlichen Bevölkerungsgruppen in Mostar war ab 1991 mit dem Zerfall des Vielvölkerstaates umgeschlagen in ein aggressives Gegeneinander bis hin zu Krieg und Völkermord.

Dabei steht die symbolische Brücke im Stadtwappen nicht nur für die Verbindung der Menschen zu beiden Seiten der Neretva, sondern auch für friedlichen Austausch zwischen ihren Lebenswelten. Sie sind im Ostteil nach wie vor eher muslimisch geprägt, während gegenüber im kroatischen Teil die christliche Tradition dominiert.

↑ Seit jeher ein Spektakel: der Sprung in den Fluss.
← In alter Schönheit neu erbaut: die Brücke über die Neretva.

Meisterwerk aus osmanischer Zeit

Die Alte Brücke von 1566 war ein technisches Meisterwerk aus der osmanischen Zeit von Mostar, das die Türken 1474 eroberten. Der Baumeister war ein gewisser Hajrudin, von dem lediglich bekannt ist, dass er ein Meisterschüler des osmanischen Staatsarchitekten war. Für Mostar entwarf er ein knapp 30 Meter langes Bauwerk, das sich in einem elliptischen Bogen und einer Höhe von 20 Metern leicht und elegant über die Neretva spannt.

Wahrscheinlich aber zweifelte Hajrudin selbst an seiner kühnen Konstruktion. Jedenfalls berichtet eine Legende, er sei vor der Abnahme der Gerüste aus der Stadt geflohen, weil er den Einsturz des gesamten Bauwerks befürchtete. Am Ende aber ging alles gut. Dem Boten mit der Nachricht von der erfolgreichen Eröffnung schenkte er fünf Beutel Dukaten. Die fertige Brücke soll Hajrudin allerdings nie gesehen haben.

Die Stari Most, wie das Meisterwerk in der Landessprache genannt wird, ist mit dem internationalen Wiederaufbau nach dem Bosnienkrieg in alter Schönheit neu entstanden. Seit der feierlichen Einweihung im Sommer 2004 kehrt mit zunehmender Normalität auch der sprichwörtliche »Geist von Mostar« langsam in die Stadt zurück. Diese ganz spezielle Mischung aus Leichtigkeit und Humor erleben immer mehr Gäste aus der ganzen Welt.

Kühner Sprung von der Brücke

Viele sind überrascht von der offenen Atmosphäre und dem bunten Treiben in den kleinen Gassen diesseits und jenseits der Neretva. Im Old Bridge Museum informiert eine Ausstellung über die Zeit zwischen Zerstörung und Wiederaufbau; das Herzegowina-Museum erzählt die lange Geschichte der Region, die bis ins 19. Jahrhundert zum Osmanischen Reich gehörte. Ein eigenes Museum ist den Opfern der Jugoslawienkriege gewidmet.

Die Kriegsjahre scheinen vergessen, wenn sich auf der Brücke verliebte Pärchen treffen, Einheimische und Auswärtige innehalten beim Flanieren oder am Abend wiederkommen zum Blick auf die Berge bei Sonnenuntergang. Richtig ausgelassen ist die Stimmung beim traditionellen Brückenspringen von Wagemutigen, die sich vom höchsten Punkt der Stari Most kopfüber in den Fluss stürzen. Davon berichten schon alte Chroniken von 1664.

INFO

PILGERN NACH MEDJUGORJE
Seit 1981 ist in dem kleinen Ort südwestlich von Mostar alles anders. Nach wiederholten Berichten von Jugendlichen über Marienerscheinungen, bei denen sie auf einem Berg eine lichtumstrahlte Frau mit einem Kind auf dem Arm gesehen haben wollen, wurde Medjugorje sprunghaft zu einem inoffiziellen katholischen Wallfahrtsort. Obwohl der Vatikan die Erscheinungen nach wie vor kritisch sieht, kommen mittlerweile jedes Jahr Tausende Pilger in die Kleinstadt, um gemeinsam zu singen, zu beten und ihren Glauben zu feiern. Papst Franziskus hat zwar Pilgerfahrten nach Medjugorje wegen des »beträchtlichen Zustroms« inzwischen offiziell erlaubt. Das bedeute jedoch keineswegs eine Anerkennung des Geschehens vor vier Jahrzehnten als eine übernatürliche Erscheinung, betont die katholische Kirche.

WEITERE INFORMATIONEN
UNESCO-Welterbe Brücke und Altstadt von Mostar
whc.unesco.org/en/list/946
Medjugorje
medjugorje.de

EIN FUNDAMENT EUROPAS

Markantes Zeugnis aus der Blütezeit der griechischen Antike

Das Postkartenmotiv mit dem Tempel auf dem Berg ist spätestens seit der globalisierten Gastronomie als Erkennungszeichen bekannt in aller Welt. Nach ihrer Blütezeit im antiken Griechenland wurde die gewaltige Tempelanlage immer wieder verändert und von riesigen Schuttbergen entstellt. Für die Archäologen im 19. Jahrhundert war diese Situation eine besondere Herausforderung.

Ich bin jetzt alleiniger Herr auf meiner theuren Akropolis«, schrieb 1835 der Archäologe Ludwig Ross (1806–1859) aus Athen. Nachdem ihn zwei Jahre zuvor der junge griechische König Otto I. (1815–1867) aus dem Hause Wittelsbach zum Aufseher über die antiken Stätten ernannt hatte, wurde der 28-Jährige nunmehr »Oberconservator der Alterthümer« in Griechenland. Damit war der norddeutsche Wissenschaftler verantwortlich für die Ausgrabungen auf der Akropolis.

Vom heutigen Aussehen war jedoch der Tempelbezirk weit entfernt, als Ross 1832 in die griechische Hauptstadt kam. Sie sei alles andere gewesen als »das glänzende veilchenumkränzte

↑ Antike Helden auf einem Fries am Parthenon.
↙ Symbolberg der Antike: Akropolis mit Parthenon.

Athen« der damaligen Griechenland-Begeisterung, befand er: »Es ist ein einziger ungeheurer Trümmerhaufen, eine gestaltlose, einförmige graubraune Masse von Schutt und Staub.«

Zentrum der hellenistischen Welt

Das sollte sich ändern, als nach der Unabhängigkeit Griechenlands 1829 der Tempelberg zur archäologischen Stätte erklärt wurde. Bereits seit dem 6. Jahrhundert v. Chr. war das knapp 160 Meter hohe Felsplateau ein heiliger Bezirk. Er war der Stadtgöttin Athene gewidmet, wurde jedoch 480 v. Chr. von den Persern zerstört. Danach sollte ein völlig neu gestalteter Burgberg den Anspruch Athens als Zentrum der hellenistischen Welt nachhaltig bekräftigen.

Größter und wichtigster Tempel ist der von 447 und 422 v. Chr. errichtete Parthenon. Seine Überreste bestimmen bis heute die Silhouette. Für den Haupttempel der neuen Anlage mit dem Bildnis von Pallas Athene wurde der Schutt des zerstörten alten Athene-Tempels zu einem gewaltigen Plateau aufgeschüttet. Zweitgrößter Tempel ist das nach dem mythischen König von Athen benannte Erechtheion, das mehreren Göttern und Helden gewidmet war.

Der Tempel wurde zwischen 421 und 406 v. Chr. erbaut. Seine Besonderheiten sind neben angeblichen Spuren von Poseidons Dreizack im Fels vor allem die Korenhalle, in der die Säulen ersetzt sind durch weibliche Figuren in antiken Gewändern. Der kleinste und zierlichste Tempel war Nike geweiht.

Zu Beginn der Ausgrabungen im 19. Jahrhundert mussten die Archäologen zunächst riesige Schuttmengen und nachgriechische Einbauten beseitigen. Dazu gehörte unter anderem das Minarett am Pantheon, das die Osmanen nach der Eroberung zu einer Moschee umgestaltet hatten. Zudem wurde aus den riesigen Trümmern auf dem Burgberg der Niketempel geborgen. Er war zum Ausbau der Festungsanlagen verwendet worden.

Hohe akademische Ehren

Der Wiederaufbau erfolgte – zum ersten Mal bei einem antiken Gebäude – mit dessen ursprünglichem Baumaterial. Für Grabungsleiter Ludwig Ross, der teilweise bis zum natürlichen Felsboden graben ließ und damit die Schichtgrabung begründete, brachte die Akropolis bald höchste akademische Ehren: 1837 ernannte die junge Athener Universität den »Mann mit dem weißen Anzug« zum Professor für Archäologie.

Dank seiner Jahre in Griechenland können die nachfolgenden Generationen seither die Akropolis wieder erleben wie zur vorchristlichen Blütezeit. Denn zwischen dem 8. und dem 3. Jahrhundert v. Chr. wurden in Athen und den anderen griechischen Stadtstaaten Normen entwickelt, die für das demokratische Europa nach wie vor ein tragendes Fundament sind. Darüber hinaus steht das antike Griechenland am Anfang unserer modernen Kultur – von Philosophie, Theater und Musik über die Naturwissenschaften bis zu Ethik und Psychologie.

INFO

AKROPOLIS MUSEUM

Ein Besuch des Neuen Akropolis-Museums ersetzt zwar nicht den Weg hinauf zu den Tempeln, ermöglicht aber das Kennenlernen Tausender Fundstücke von der archaischen Zeit bis zur Spätantike aus nächster Nähe. Der Neubau ersetzte 2009 frühere Museen, in denen zahlreiche Exponate wegen Platzmangels in Magazinen lagern mussten und nicht gezeigt werden konnten. Ein weiterer Grund für das neue Museum sind griechische Forderungen nach der Rückgabe von großen Teilen des Parthenon-Frieses. Sie sind seit 1816 im British Museum in London ausgestellt und in der Athener Ausstellung als Lücken mit dunklen Gipsabgüssen markiert. Entworfen wurde das Museum von dem international tätigen Architekten Bernard Tschumi. Er nahm in seinem Entwurf die Proportionen des Parthenons auf und bezog das archäologische Grabungsfeld auch mit ein.

WEITERE INFORMATIONEN

UNESCO-Welterbe Akropolis
whc.unesco.org/en/list/404
Neues Akropolis-Museum
akropolis.gr/akropolis-museum.php

63

WELTERBE MAGISCH – BERG ATHOS

IM TAKT DER STUNDENTROMMEL

Autonome Mönchsrepublik mit alten religiösen Traditionen

Die ersten Einsiedler auf dem »heiligen Berg« kamen schon im 8. Jahrhundert. Seither führen orthodoxe Mönche dort das asketische Leben von Emeriten. Die wilde Schönheit der abgelegenen Landzunge in der Ägäis nennen sie »Garten Marias«, die sie besonders verehren. Einziger Lebensinhalt in der Mönchsrepublik, die Frauen und selbst weiblichen Tieren verschlossen ist, sind alte religiöse Traditionen.

In Ouranoupolis ist die Tour zu Ende – zumindest für Frauen und große Jungs, die noch nicht volljährig sind. Eine Weiterreise in die griechische Mönchsrepublik ist seit jeher nur erwachsenen Männern erlaubt. Und dies auch erst nach langwierigen Formalitäten. Unverzichtbar ist vor allem ein spezielles »Athos-Visum«, das mindestens ein halbes Jahr vor dem geplanten Besuch beantragt sein muss. Und gültig ist dieses Diamonitirion nur, wenn das große runde Dienstsiegel auf dem Dokument komplett ist.

Dazu muss jede der vier zuständigen Stellen ihren Viertelkreis des Stempels auf das Papier drücken. Wer schließlich zu den zehn auserwählten Besuchern pro Tag gehört, ist angewiesen auf das nächste Boot: Auf dem Festland führt kein Weg zu den Mönchen. Im Hafen von Daphni beginnt die für die meisten unerwartet fremde Welt der Einsiedler. Sie leben auf dem 2033 Meter hohen Athos, dem östlichsten der drei »Finger« der griechischen Halbinsel Chalkidiki in der Ägäis, und das seit über tausend Jahren.

Autonomie aus byzantinischer Zeit

Die Autonomie ihrer Republik in der weltabgeschiedenen Wildnis und Schönheit des »heiligen Berges« stammt aus byzantinischen Zeiten. Im modernen Griechenland gilt ein halbautonomer Status, auf dessen Grundlage die rund 2000 orthodoxen Mönche ihre Traditionen auch in der heutigen und zunehmend gefährdeten Welt fortführen können. Im Mittelpunkt steht im »Garten Marias« die biblische Gottesmutter, die anderswo kaum inniger verehrt wird als in der Republik der Eremiten.

Sie kommen aus allen Gegenden der orthodoxen Kirche. Ihren Tagesablauf bestimmt die Stundentrommel, die seit jeher den Rhythmus vorgibt für die regelmäßigen Gottesdienste und Gebete. Von den 20 Großklöstern sind 17 griechisch und jeweils eines serbisch, bulgarisch und russisch. Hinzu kommen über den Berg verteilt mehrere Kleinklöster, Mönchsdörfer und Einsiedeleien, umgeben von einer unvergleichlich schönen Natur.

Bei alledem ist der Athos jedoch keineswegs nur ein Ort orthodoxen Lebens. Byzantinische Kunst etwa wird von eigens geschulten Malermönchen am Leben gehalten. Dabei orientieren sie sich am traditionellen Malerbuch des Athos mit detaillierten Vorgaben für die Darstellung von biblischen Szenen. Die tausendjährigen Vorlagen bestimmen auch die monumentalen Fresken in den Athos-Klöstern.

Ihre Kirchen sind stets mit Kuppeln gekrönt und stehen jeweils mitten im Klosterhof. Die umliegenden Gebäude wie das Meerkloster Iwiron oder das Felsenkloster Dionysiou erheben sich an und auf den Bergen in mitunter abenteuerlichen Konstruktionen. Von vorüberziehenden Schiffen aus sind sie schon aus der Ferne gut zu erkennen.

Zaubervolle Szenen einer fremden Welt

Besuche auf dem Berg sind mittlerweile beschränkt auf höchstens vier Tage. Aber möglicherweise reichen sie aus, um ähnlich zu empfinden wie schon im 19. Jahrhundert der Tiroler Völkerkundler Jakob Philipp Fallmerayer (1790–1861). Er bewunderte an dem magischen Ort »die schön gemauerte Klause, die Einsiedelei am Berg« und schilderte das »Erstaunen« des Wanderers, der an den »zaubervollen Szenen dieser unbekannten Zone vorüberzieht«.

Deutlich nüchterner indes urteilte hundert Jahre später der Schriftsteller Erhart Kästner (1904–1974). In dem griechischen Klosterberg sah er vielmehr eine »uralte, verschlossene, beschlagene und leider romantisch gewordene Truhe«. Zugleich aber war er überzeugt, dass dieses Erbe unbedingt bewahrt werden müsse: »Die Vorstellung, dass so etwas glatthin ausgetilgt werden könnte, ist Neuzeit.«

↗ Ein Mönch schlägt die Stundentrommel zum Gebet.
↖ Das Simonopetra Kloster hoch über dem Meer.

INFO

CHALKIDIKI
Die Halbinsel südlich von Thessaloniki mit den drei »Fingern« im Ägäischen Meer ist eine der beliebtesten Ferienregionen in Griechenland. Sie bietet Sonne, Meer und Kultur gleichermaßen. Zudem laden typisch griechische Tavernen zum Verweilen ein. Unmittelbar neben dem Athos liegt Sithonia, das bekannt ist für lange Sandstrände am türkisfarbenen Meer. Die mittlere Landzunge gilt mit ihren ausgedehnten Pinienhainen und duftenden Blumenwiesen als die ursprünglichste. Besonders begehrt: Wandern und Radfahren auf gut ausgebauten Wegen. Auf Kassandra im Westen wachsen auf der hügeligen Landschaft ebenfalls Pinien und Kiefern. Der Sandstrand am Meer bietet zahlreiche kleine und verträumte Badebuchten. Touristisch ist Kassandra von den drei Landzungen am besten erschlossen.

WEITERE INFORMATIONEN
UNESCO-Welterbe Berg Athos
whc.unesco.org/en/list/454

SPIELE UM DEN LORBEERKRANZ
Orakel-Heiligtum ist Geburtsort der modernen Sportwettkämpfe

Der Ort in der griechischen Landschaft Elis am Fluss Alpheios war bereits seit dem 3. Jahrtausend v. Chr. besiedelt. Die Kultstätte seit dem Ende des zweiten vorchristlichen Jahrtausends war Pelops gewidmet, dem Sohn des mythischen Königs Tantalos. Im Zentrum der Verehrung stand der Göttervater Zeus. Ihm zu Ehren wurden auf dem heiligen Hain Spiele in mehreren Sportarten ausgerichtet.

Mit der Kolossalstatue des Zeus stand Olympia auf antiken Welterbelisten ganz vorn. Auf mehreren Rankings der klassischen Weltwunder erscheint das Götterbild als »Werk in höchster Vollendung aus Elfenbein und Gold«. Wer vor dem monumentalen Bildnis des sitzenden Göttervaters stehe, werde »alles Furchtbare und Schwere, das einem im Menschenleben begegnet, vergessen«. Es sei ein Unglück, »zu sterben, ohne es besichtigt zu haben«.

Die fast zwölf Meter hohe Statue entstand in der Werkstatt von Phidias (um 500–420 v. Chr.), dem berühmtesten Bildhauer der griechischen Antike. Das gewaltige Standbild prägte einst den Zeus-Tempel im Zentrum des alten Orakel-Heiligtums Olympia, wo im Jahr 776 v. Chr. die ersten sportlichen Wettkämpfe stattfanden. Später wurden daraus regelmäßige Sportveranstaltungen im Vierjahresrhythmus: Die Olympischen Spiele waren geboren.

↑ Sportliches Ritual: Das Olympische Feuer wird entzündet.
↙ Auf dem Trockenen: Wasserspeier vom antiken Zeus-Tempel.

Unter den vier sogenannten Kranz-Agonen, deren Sieger als Trophäe lediglich einen Lorbeerkranz erhielten, galt Olympia vor Delphi, Nemea und Korinth bald als wichtigste Station. Das fand seinen Niederschlag auch in repräsentativen Bauten im heiligen Bezirk des Ortes. Der monumentale Zeus-Tempel, für dessen Statue Phidias eigens in Olympia eine Werkstatt unterhielt, entstand zu Beginn des 5. vorchristlichen Jahrhunderts.

Der größte Tempel Griechenlands

Mit einer Länge von 64 Metern war der 28 Meter breite und 14 Meter hohe Tempel damals der größte in ganz Griechenland. In den Giebelfronten zeigten Skulpturen aus Marmor verschiedene Szenen aus griechischen Sagen. An dem geheiligten Ort trafen sich jeweils am vierten Wettkampftag der antiken Spiele sämtliche Athleten und Zuschauer, um ihrem Gott Zeus Tiere zu opfern. Älter als der Zeus-Tempel war der Hera-Tempel aus dem 6. Jahrhundert. Nach einem Erdbeben wurde er jedoch nicht wieder aufgebaut.

Geblieben sind Ruinen, an denen regelmäßig die Olympische Flamme für die 1896 begründeten Spiele der Neuzeit entzündet wird. Die Zerstörung durch Erdbeben indes traf später auch die anderen Anlagen. Sie waren lange Zeit verschüttet und vergessen. Nach ersten sporadischen Ansätzen zur Wiederentdeckung im 18. Jahrhundert begannen systematische Grabungen erst ein Jahrhundert später.

Maßgeblich beteiligt war damals der renommierte Berliner Archäologe Ernst Curtius (1814–1896). Seither sind deutsche Wissenschaftler regelmäßig unterwegs in Olympia, wo mittlerweile die Reste zahlreicher Bauten freigelegt sind. Sie bieten nicht nur einen Eindruck von der einstigen Größe, sondern erlauben auch Rückschlüsse auf die alten Strukturen. An der Werkstatt des Phidias beispielsweise wurden negative Formen und Glasreste gefunden, die auf das Aussehen der Statue schließen lassen.

Tore in eine verschwundene Welt

Gleichwohl ist beim Rundgang das eigene Vorstellungsvermögen gefragt. Etwa am Stadion, das nach den Ausgrabungen von 1961 die alten Ausmaße erhielt und auf dessen Graswällen 45.000 Zuschauer Platz gefunden haben sollen. Säulenreihen sind auf den ersten Blick kaum als Gymnasion erkennbar, und auch die aufgeschichteten Steinblöcke verweisen nicht unbedingt auf den kleinen Tempel Metroon. Dagegen deuten die Säulen des Philippeion zumindest den einstigen Rundbau an.

Umso willkommener dürfte für viele Olympia-Besucher die digitale Rekonstruktion der antiken Stätte sein. Auf einem virtuellen Streifzug über das komplett wiedererstandene Gelände öffnen sich immer wieder Türen und Tore in eine Welt von gestern, die längst verschwunden ist.

INFO

ARCHÄOLOGISCHES MUSEUM

Näher an das Auge des Betrachters kommen Fundstücke aus dem antiken Olympia im Archäologischen Museum. In zehn Sälen gibt es einen chronologischen Überblick über griechische Kunst und Kultur. Im Foyer zeigt ein Modell die gesamte Anlage, eine Luftaufnahme von den Ausgrabungen am Zeus-Tempel verdeutlicht einen Eindruck von dessen monumentaler Größe. Der Rundgang beginnt mit kleinteiliger Plastik, Gefäßkeramik und Werkzeugen aus verschiedenen frühen Epochen, gefolgt von der Rekonstruktion eines Schatzhauses für heilige Bezirke. Ausgestellt sind ferner ein Becher des Phidias, Skulpturen von den Giebeln des Zeus-Tempels und Reliefs zu den zwölf Arbeiten des Herakles. Höhepunkte sind die drei Meter hohe Marmorfigur der Nike des Paionios, die ursprünglich vor dem Tempel des Zeus stand, und eine Hermesfigur von Praxiteles.

WEITERE INFORMATIONEN

UNESCO-Welterbe Olympia
whc.unesco.org/en/list/517
olympiacommongrounds.gr/explore
Archäologisches Museum
odysseus.culture.gr/h/1/eh151.jsp?obj_id=7126

65

WELTERBE BESINNLICH – CANTERBURY

GRAUSAMER MORD AM ALTAR

Kathedrale in der Grafschaft Kent ist historische Pilgerstätte

Die alte Grafschaft Kent war im Mittelalter ein wichtiger Ausgangspunkt für die Verbreitung des Christentums im südlichen England. Canterbury wurde zudem nach einem brutalen Priestermord am Altar der Kathedrale über Jahrhunderte zu einem beliebten Ziel von Pilgerfahrten. Doch die christliche Geschichte der Stadt beginnt sehr viel früher – ihre Anfänge reichen zurück bis in die Römerzeit.

Pilgerfahrten waren im Mittelalter ein anstrengendes Unterfangen. Auf dem Weg zu den mehr oder weniger weiten Zielen ging nichts ohne Rast und Ruh. Wenn sich die reuigen Sünder unterwegs stärkten, erzählten sie einander gern von Gott und der Welt. In ihren Schilderungen begab sich lebhafte Fantasie auf eine unbeschwerte Reise. Danach fühlten sich die Pilger irgendwie erleichtert und zogen frisch motiviert weiter zum erhofften Seelenheil.

Szenerien wie diese könnten es gewesen sein, die einst den englischen Schriftsteller Geoffrey Chaucer (um 1342–1400) anregten zu seinen berühmten »Canterbury Tales«. Die fiktive Pilgereinkehr im Tabard Inn in der Nähe von London ist mehr als nur ein buntes Sittengemälde aus dem 14. Jahrhundert. Denn die Plaudereien der Pilger haben durchaus einen realen Hintergrund: Die Gläubigen sind unterwegs von Southwark zur Kathedrale von Canterbury; die Kirche war seinerzeit eine beliebte Pilgerstätte.

Blutiges Geschehen in der Kirche

Anziehungskraft und Ausstrahlung des heiligen Ortes in der alten Grafschaft Kent haben ihren Ursprung im blutigen Geschehen vom 29. Dezember 1170. An diesem Tag wurde der 52-jährige Erzbischof Thomas Becket am Altar seiner Kirche grausam ermordet. Vorausgegangen war ein schweres Zerwürfnis zwischen dem einstigen königlichen Lordkanzler Becket und dem englischen König Heinrich II. (1133–1189).

Als der Bischof sich dem Befehl zum Verlassen der Stadt widersetzte, ergriffen die königstreuen Ritter ihre Schwerter und schlugen ihm die Schädeldecke vom Kopf. Heute ist die Kathedrale mit dem Grab Beckets, der schon drei Jahre nach der Bluttat heiliggesprochen wurde, einer der bedeutendsten Wallfahrtsorte Großbritanniens.

Die lange Bauzeit von 1067 bis ins 15. Jahrhundert brachte in Canterbury einen einzigartigen Stilmix hervor – Romanik, Früh- und Spätgotik in imposanten Ausmaßen. Das 160 Meter lange Gebäude krönt ein 72 Meter hoher Turm, und im Inneren fasziniert neben filigranen mittelalterlichen Buntglasfenstern auch das dekorative Fächergewölbe. Von den 21 Glocken der Kathedrale sind einige älter als 700 Jahre.

Englands älteste Kirchen

Ganz in der Nähe erinnern mit der Ruine der Abtei St. Augustinus und der St. Martin's Church zwei weitere Welterbestätten an lange kirchliche Traditionen. Die Abtei des Benediktinerpriors Augustinus (um 530–604) war 597 das erste christliche Kloster im Süden Englands und jenseits des europäischen Festlands die erste Benediktinergründung überhaupt. Bis zum 9. Jahrhundert war sie maßgeblich verantwortlich dafür, dass Südengland christlich wurde.

↑ Die Trinity Chapel ist dem Gedenken an Thomas Becket gewidmet.
← Feierliche Gotik: Eingang in die berühmte Kathedrale.

Die Reformation bedeutete jedoch 1538 für das Zentrum des katholischen Erzbistums Canterbury das Aus. Ein Teil der Klostergebäude wurde später zu einem Palast. Zu den heutigen Ruinen auf dem Areal gehören die Grundmauern des ältesten englischen Kreuzgangs aus dem 10. Jahrhundert.

Noch älter ist jenseits des mittelalterlichen Stadtzentrums von Canterbury die St.-Martins-Kirche. Mit Anfängen bereits im 6. Jahrhundert ist sie die älteste Kirche im englischen Sprachraum. Die schlichte kleine Saalkirche steht inmitten eines Friedhofs, der möglicherweise schon in römischer Zeit von Christen genutzt wurde. Bei der Ankunft Augustinus' und seiner Begleitung war St. Martin für den »Apostel Englands« die erste Station.

INFO

IM TABARD INN
Den berühmten Geschichten Chaucers ist in der Stadt ein eigenes Museum gewidmet. In einer interaktiven Ausstellung können die Besucher die Erzählungen bei einer nachgestellten Pilgerreise hautnah miterleben. Kostümierte Begleiter führen die Gäste durch das nachgebaute Tabard Inn, wo mehrere *tales* nacherzählt werden – entweder per Hörstation und lebensnahen Figuren oder aber von Schauspielern. Zudem können die Besucher selbst in historische Kostüme schlüpfen. Für eine möglichst authentische Atmosphäre wird weder an Geräuschen noch an simulierten Gerüchen gespart. Und nach dem etwa einstündigen Rundgang bietet nebenan Tiny Tim's Tearoom zum Dessert die süße Köstlichkeit »Plump Pilgrim«. Im Frühling lädt das Museum zum Maifest im Garten ein, und vor Weihnachten gibt es den traditionellen Handwerkermarkt.

WEITERE INFORMATIONEN
UNESCO-Welterbe Kathedrale von Canterbury, Abtei St. Augustinus, Kirche St. Martin
whc.unesco.org/en/list/496
The Canterbury Tales
visitbritain.com/de/de/canterbury-tales

MEISTERWERK IN ROT

Eisenbahnbrücke ist Wunder der Technik und Architektur

Der Meeresarm an der Ostküste Schottlands war auf dem Weg in den Norden über Jahrhunderte ein Hindernis und seine Überquerung mitunter ein gefährliches Wagnis. Mit der Industrialisierung wurde eine dauerhafte Überbrückung immer notwendiger. Nach anfänglichen Vorbehalten unter dem Eindruck einer Bahnkatastrophe entstand westlich der schottischen Hauptstadt ein technisches Meisterwerk.

Der Anfang stand unter keinem guten Stern. Nachdem 1879 in Schottland beim Einsturz einer Eisenbahnbrücke 75 Menschen umgekommen waren, fand eine weitere Brücke rund 50 Kilometer südlich zunächst keine Freunde. Die geplante Hängebrücke westlich von Edinburgh über den Firth of Forth wurde abgelehnt: Ihr Planer, der Ingenieur Thomas Bouch (1822–1880), hatte zuvor auch die Unglücksbrücke entworfen und seine Verantwortung für die Katastrophe nicht verwunden.

Die schmalste Stelle des Meeresarms nutzten wahrscheinlich schon die alten Römer mit Brücken aus aufgereihten Booten. Ab dem 12. Jahrhundert gab es Fährüberfahrten, die jedoch bei rauer See oft ein gefährliches Unterfangen waren. Erste

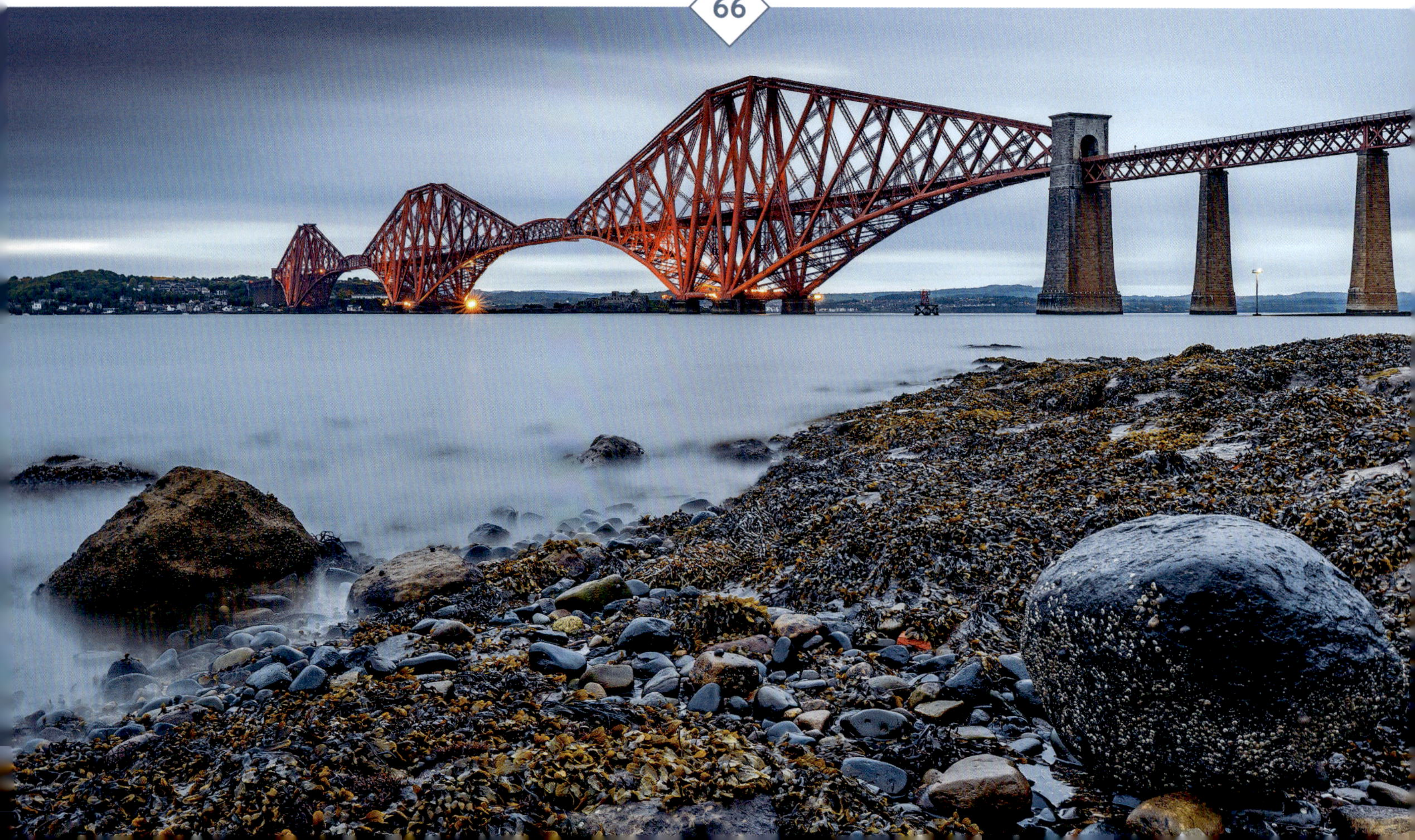

↑ Das Edinburgh Castle thront hoch über der Stadt.
↙ Elegant schwingt sich die Stahlkonstruktion über den Meeresarm.

Pläne für eine dauerhafte Brücke kamen um 1740 auf. Realisiert wurden sie jedoch erst 150 Jahre später – trotz des Unglücks von 1879. Denn Fähren waren bei den steigenden Zahlen von Reisenden ebenso wenig eine Alternative wie ein Umweg von 70 Kilometern auf dem Landweg.

Baustelle mit 4500 Menschen

Den Zuschlag für die zweigleisige Eisenbahnbrücke erhielten der englische Eisenbahningenieur John Fowler (1817–1898) und der Bauingenieur Benjamin Baker (1840–1907). Die Bauarbeiten begannen 1882. Bis zu 4500 Menschen waren daran beteiligt. Als Erstes trieben sie für die fast zweieinhalb Kilometer lange Stahlkonstruktion drei Fundamente in den Boden, jeweils eines am flachen Ufer und ein drittes auf einer Insel in der Mitte.

Anschließend wurden die riesigen Stahlteile aus Rohren mit einem Durchmesser von vier Metern herangeschafft, in die vorgesehene Form gebogen und mit glühend heißen Nieten verbunden. Den letzten goldenen Nietenschlag setzte am 4. März 1890 der damalige britische Thronfolger Edward und spätere König Eduard VII. (1841–1910). Seither ist die Forth Rail Bridge an der Ostküste von Schottland ein unverwechselbares Wahrzeichen.

Von den Fundamenten spannen sich die Ausleger flügelartig in beide Richtungen jeweils über zweihundert Meter weit über den Meeresarm. Dazwischen sind sie verbunden mit identischen und hundert Meter langen Zwischenteilen. Zu den Landseiten führen an den äußeren Enden der Ausleger jeweils Viadukte auf hohen Pfeilern. Damit war die Eisenbahnbrücke die längste Auslegerbrücke der Welt – zumindest bis 1918 die Pont de Québec in Kanada diesen Rekord für sich in Anspruch nahm.

Faszination zu jeder Tageszeit

Seit nunmehr 130 Jahren ist die Forth Rail Bridge zuverlässig in Betrieb. Täglich passieren rund 200 Züge die Strecke. Bei der letzten umfassenden Renovierung ab 2002 wurden unter anderem 240.000 Liter Farbe verwendet. Seither wölbt sich die Brücke wieder im charakteristisch leuchtenden Rot über den Meeresarm. Faszinierend ist ihr Anblick zu jeder Tageszeit – bei strahlendem Sonnenschein mit leuchtend roten Stahlteilen ebenso wie im nächtlichen Scheinwerferlicht, das den Stahl beinahe goldglänzend erscheinen lässt.

Der richtige *point of view* für optimale Eindrücke und ebensolche Fotos liegt wie immer im Auge des Betrachters. Denkbar ist das kleine Örtchen South Queensferry westlich von Edinburgh ebenso wie sein nördliches Gegenüber. Dort gibt es zusätzlich zur Tafel mit Informationen auch noch einen kleinen Leuchtturm und malerisch daneben einen Anker. Von South Queensferry fahren zudem Boote direkt zur Brücke und zur Ruine eines Augustinerklosters auf Inchholm. Das unbewohnte Eiland gilt im ganzen Firth of Forth als die schönste Insel.

INFO

EDINBURGH

Die alte Hauptstadt Schottlands ist ein überaus dankbares Ziel für mehrere Tage Sightseeing. Atemberaubende Bauten, versteckte Gassen und eine beeindruckende Burg auf einem erloschenen Vulkan machen die Stadt einzigartig. Das Edinburgh Castle bewahrt unter anderem die ältesten Kronjuwelen in Großbritannien. Das 60 Meter hohe Monument für Walter Scott (1771–1832) ist das weltweit größte für einen Schriftsteller. Zur Aussichtsplattform führen 287 Stufen. Das National Monument auf dem Calton Hill ist inspiriert von griechischen Tempeln, während die National Gallery of Modern Art Kunst des 20. Jahrhunderts präsentiert. Einen faszinierenden Überblick über die gesamte Stadt gibt es von Arthur's Seat, einem uralten Vulkan im Holyrood Park.

WEITERE INFORMATIONEN

UNESCO-Welterbe Forth Bridge
whc.unesco.org/en/list/1485
UNESCO-Welterbe Edinburgh
whc.unesco.org/en/list/728

67

WELTERBE TOP TEN – GIANT'S CAUSEWAY

BESUCH BEI EINEM RIESEN

Mythische Gedankenspiele an der Küste Nordirlands

Steile Klippen, schroffe Felsen, Meeresrauschen und stürmische See: Die irische Küste ist reich an solch eindrucksvollen Landschaftsbildern. Das gilt ganz besonders für die über 40.000 Basaltsäulen, die als Giant's Causeway in Nordirland den Atlantik säumen. Von jeher hat dieser »Damm des Riesen« die Fantasie der Menschen beflügelt. Die Faszination ist bis heute ungebrochen.

Wo immer große Naturwunder sich auftun, sind Mythen nicht weit. Am Giant's Causeway sind sie untrennbar verbunden mit Finn McCool, dem gälischen Fionn mac Cumhaill. Aus dem mythischen Krieger wurde im Norden Irlands irgendwann ein Riese, weil die frühen Bewohner der Region überzeugt waren, die außergewöhnliche Küste könne nur das Werk eines Titanen sein. Nach einer dieser Geschichten baute Finn den Damm nach Schottland, um gegen den Riesen Benandonner in den Kampf ziehen zu können.

Doch als er unterwegs in der Ferne den Widersacher sah, kehrte er um. Er rannte zurück nach Hause, wo ihn seine Frau Oonagh als Baby verkleidet in eine Wiege steckte. Dem herbeieilenden Benandonner erklärte sie, Finn sei draußen bei den Kühen. Als der wutschnaubende Riese dann in die Wiege blickte, bekam er es mit der Angst: Wenn das Baby schon so riesig war, wie groß mochte dann der Vater sein? Erschrocken rannte er über den Damm zurück nach Schottland und zerstörte dabei den Causeway.

Großmutter und Kamel Humphrey

Eine andere Version erzählt von Finns unglücklicher Liebe zu einer schottischen Maid. Um zu ihr gelangen zu können, baute er einen Damm, den allerdings die eifersüchtige Großmutter immer wieder durch Unwetter zerstören ließ. Als Finn nach vielen vergeblichen Versuchen endlich der Wiederaufbau gelang, sank er am anderen Ende erschöpft zu Boden und starb in den Armen seiner Geliebten. Die Großmutter indes erstarrte zu Stein, als sie die Folgen ihres Zaubers sah.

Den mythischen Gedankenspielen früherer Generationen begegnen heutige Besucher am Giant's Causeway auf Schritt und Tritt. Die Landspitze an Port Ganny, der »Sandigen Bucht«, ist die Großmutter, am Ufer liegen »Murmeln des Riesen«, und in Port Noffer, der »Riesen-Bucht«, ist mit Schuhgröße 150 der »Stiefel des Riesen« nicht zu übersehen: Finn habe ihn einst bei seiner Flucht über den Damm verloren.

Zudem finden die Besucher auf hölzernen Sitzblöcken entlang der Touristenpfade launige Kommentare: »Das Kamel Humphrey brachte Finn rechtzeitig zur *teatime* nach Hause«, erläutert etwa eine der Gravuren den Blick über die »Bucht der Kuh« auf einen Gesteinsbrocken, der mit etwas Fantasie tatsächlich an ein liegendes Höckertier erinnert. Die geologischen Fakten sind weitaus nüchterner.

Geformt in Millionen von Jahren

Die einzigartigen Basaltformationen sind das Ergebnis mannigfacher tektonischer und vulkanischer Ereignisse. Deren Anfänge liegen immerhin rund 60 Millionen Jahre zurück. Nach millionenfachen Eruptionen entstanden immer mächtigere Basaltschichten, die beim Abkühlen – wie auf trockenem Schlamm – sich gleichmäßige Risse bildeten. Sie führten letztlich über mehrere Schichten zu den imposanten und zumeist sechseckigen Säulenformen, die Wind, Wellen und Sturm am Nordatlantik mit der Zeit freilegten.

Jahr für Jahr lockt das Basaltpanorama Hunderttausende von Besuchern an. Sie sind fasziniert von den gleichmäßig geformten vier- bis achteckigen Steinen, die am Fuße des Grand Causeway zum »Wunschstuhl« führen, auf dem schon Prinz Charles saß. Sie bestaunen den »Webstuhl«, den »Fächer« und die »Kanonen« des Riesen oder geben sich den vermeintlichen Klängen der bis zu zwölf Meter hohen Basaltorgel hin. Oder sie klettern über die 162 schmalen und steilen Stufen der »Sheperd's Steps«.

Dort bietet der 16 Kilometer lange North-Antrim-Küstenpfad immer neue und spektakuläre Ausblicke auf Klippen und Meer. Der vielfältige Lebensraum der nordirischen Küste ist seit mehr als 9000 Jahren besiedelt. Im Atlantik tummeln sich neben Lippfischen, Schlangensternen, Seehunden und Schweinswalen auch bis zu zwölf Meter lange Riesenhaie. An der felsigen Küste ziehen im Herbst die scheuen Kegelrobben ihre Jungen auf. Und in den zerklüfteten Klippen finden Eissturmvögel, Eiderenten und Austernfischer optimale Nistplätze.

↖ Von Wind und Wellen umtost: achteckige Säulen aus Basalt.

INFO

WIEGE DES WHISKEYS

Nur wenige Kilometer von der Atlantikküste steht die Wiege des irischen Whiskeys. In dem Städtchen Bushmills erhielt schon 1608 eine kleine Brennerei die Lizenz zum Brennen des hochprozentigen Alkohols. Auf dieser Grundlage wurde die 1784 registrierte Old Bushmills Distillery eine der ältesten Whiskeybrennereien der Welt. Seit über 200 Jahren produziert sie »Ulsce Beatha«, das »Wasser des Lebens«, darunter in jüngster Zeit auch in limitierten Abfüllungen eine »Causeway Edition«. Für Kenner gehören die vielen unterschiedlichen Varianten von Old Bushmills mit zu den feinsten Single Malt Whiskeys überhaupt. Die Herstellung erfolgt streng nach überlieferten Rezepturen, die von Generation zu Generation weitergegeben werden.

WEITERE INFORMATIONEN

UNESCO-Welterbe Giant's Causeway
nationaltrust.org.uk/giants-causeway
Destillerie Old Bushmills
travelling-britain.com/the-old-bushmills-distillery/

GEBURTSORT DER INDUSTRIE

Eisenbrücke machte Fabriklandschaft in England weltberühmt

An dem zehn Kilometer langen Abschnitt von Englands längstem Fluss in der Nähe von Birmingham standen schon im Mittelalter erste Manufakturen und Produktionsstätten. Für die Herstellung von Eisen war das Flusstal ein optimaler Lieferant für alle notwendigen Rohstoffe. Der außergewöhnliche Vorschlag eines Jungunternehmers machte die Region einst weit über England hinaus berühmt.

Die Idee war revolutionär. Als gegen Ende des 18. Jahrhunderts über den Severn westlich von Birmingham eine neue Brücke gebaut werden sollte, überraschte der junge Eisenfabrikant Abraham Darby III. (1750–1791) mit einem sensationellen Vorschlag: Künftig sollte eine komplette Eisenkonstruktion das Flusstal Severn überspannen – als dauerhafter Ersatz für die unzuverlässigen Fährschiffe, die im Winter bei Hochwasser und im Sommer bei Niedrigwasser Probleme hatten.

Für eine Eisenbrücke, die sich frei über das 30 Meter hohe Tal wölben sollte, gab es seinerzeit weder Vorbilder noch Erfahrungen. Doch Darby, der als dritter Spross einer Fabrikantenfamilie nach dem Tod des Vaters schon mit 18 Jahren die Firma übernahm, ließ sich nicht beirren. Der »eisenharte« Übergang für Menschen und Waren, die heutige Fußgängerbrücke, wurde am Neujahrstag 1781 feierlich eingeweiht. Und damit begann in Mittelengland die industrielle Revolution.

↑ Wie früher: Schauvorführung im Museum von Ironbridge.
↙ Den Anfang machte die außergewöhnliche Brücke aus Eisen.

Sie veränderte das Severn-Tal nachhaltig. Die Erfolgsgeschichte der Ironbridge machte Eisen zusehends interessant für den Bau von Brücken, Schiffen und Häusern. Nunmehr wurden die Fabriken und Hochöfen in der waldreichen Schlucht am Severn, wo die Menschen schon seit dem Mittelalter das Erz aus den Flusshängen zu Eisen verarbeiteten, zu einem der weltweit größten Zentren der Eisenproduktion. Der neue Name »Ironbridge Gorge« ging als Gütesiegel um die Welt.

Industriegeschichte zum Anfassen

Heute steht die Bezeichnung am *birthplace of industry* für einen einzigartigen Museumsverbund. Seit den 1960er-Jahren halten 35 Industriedenkmäler die Erinnerung an die Anfänge der Industrialisierung in dem zehn Kilometer langen Flussabschnitt wach. Eine Tour durch das »Valley of Invention« mit vielen Mitmachstationen auf dem Freigelände und kurzweiligen technischen Vorführungen macht Industriegeschichte für Jung und Alt zum durchaus sinnlichen Erlebnis.

Das »Museum of Iron« erinnert an den ersten Eisenfabrikanten der Darby-Familie, den Großvater des Brückenbauers, und sein Eisenwerk bei Coalbrookdale. Dessen im Original erhaltener Schmelzofen ist das Herzstück des Museums, die Exponate sind verteilt auf mehrere Gebäude der damals einflussreichen Coalbrookdale Company. Gezeigt werden neben einer restaurierten Lokomotive unter anderem zahlreiche Statuen aus Gusseisen für die Londoner Weltausstellung von 1851.

Porzellan und Tabakspfeifen

Die »Darby Houses« geben ein anschauliches Spiegelbild vom Leben einer Fabrikantenfamilie an der Spitze der damals noch jungen Industriegesellschaft. Aber auch die Kehrseite kommt in den Blick: Der Alltag der Hüttenarbeiter, deren Arbeitstag bisweilen bis zu 24 Stunden dauerte, war geprägt von Armut und harten Arbeitsbedingungen. Das »Museum of the Gorge« von 1834 mit Zinnen und Türmchen dokumentiert die Geschichte des Severn als wichtigem Transportweg vor dem Zeitalter der Eisenbahn. Auf einem Modell der Schlucht fahren Lastkähne zum Coalport Porzellanwerk, das bis 1926 an diesem Standort produzierte.

Sein Markenname gilt unter Sammlern bis heute als Ausweis für gediegene Qualität um 1800. Das Museum zeigt eine beeindruckende Sammlung aus dem 19. Jahrhundert und beschreibt den Besuchern anschaulich die Porzellanherstellung, vom Formen der Gefäße bis hin zum Bemalen und Vergolden. Etwas entfernt vermittelt das einstige Pfeifenwerk von Broseley den Eindruck, der letzte Arbeiter in der berühmten englischen Fabrik für Tabakpfeifen aus Ton habe die Produktionsstätten gerade erst verlassen.

INFO

LEBENSGEFÜHL VON GESTERN

Der populärste Ort in den Ironbridge-Museen ist die kleine viktorianische Stadt Blist Hills. Auf der früheren Kohlenmine wurde aus alten und rekonstruierten Häusern eine historische Arbeiterstadt mit dem Lebensgefühl von gestern. Die Wohnhäuser haben kleine Gärten für Hühner, Schweine und anderes Kleinvieh, im Zentrum gibt es neben Kirche und Bank auch eine Schule. Ferner haben Apotheke, Pub und Süßwarenladen geöffnet. Zu sehen sind auch eine Arztpraxis und eine Salzmühle. In den Sommermonaten zeigen Angestellte in historischer Kleidung den Arbeitsalltag im Viktorianischen Zeitalter am Beispiel von Kerzenziehen und Blechschmieden. Eine besondere Attraktion ist die Gießerei. Die dort hergestellten Teile werden als Souvenirs verkauft. Überragt wird die Blist Hills Victorian Town von mächtigen Hochöfen, die bis 1912 in Betrieb waren.

WEITERE INFORMATIONEN

UNESCO-Welterbe Ironbridge
whc.unesco.org/en/list/371
Valley of Invention
ironbridge.org.uk

69

WELTERBE MAJESTÄTISCH – TOWER OF LONDON

KRONJUWELEN UND KERKERMAUERN

Festung an der Themse war zugleich Königspalast und Gefängnis

Ursprünglich war die Festungsanlage ein deutliches Zeichen für herrschaftlichen Machtanspruch. Englischen Monarchen diente das Schloss fünf Jahrhunderte als Wohnsitz. Weithin bekannt aber ist der historische Ort als berüchtigtes Gefängnis. Gelegentlich wurde es für Gefangene sogar zur letzten Station: In seinen Mauern gab es einst auch Hinrichtungen.

Die Zeiten waren rau vor tausend Jahren – auch in England. Zwar hatte das englische Heer im September 1066 die Wikinger vernichtend geschlagen, was den Anfang vom Ende ihrer Ära bedeutete. Doch neues Ungemach kam von der französischen Nordküste. In dem Kampf um die Macht hatte der Normannenherzog Wilhelm (1027/28–1087) gegen die ausgelaugten Truppen der Engländer ein leichtes Spiel. Schon Weihnachten 1066 empfing er in der Londoner Westminsterabtei die englische Krone.

Aus dem Herzog der Normandie wurde Wilhelm der Eroberer; seinen Machtanspruch über die Engländer bekräftigte er mit dem White Tower. Die unverkennbar normannische Festungsanlage am Ufer der Themse war zugleich eine befestigte Wohnstätte und ein Beobachtungsposten für den Schiffsverkehr. Zudem sollte der Weiße Turm die Londoner beeindrucken und ausländische Eindringlinge abschrecken.

Großbritanniens berühmtestes Schloss

Als Wohnsitz der Monarchen bis zum 16. Jahrhundert wurde die Anlage immer wieder verändert. Zusätzlich zum Tower mit seinem luxuriösen Ambiente für Könige und Königinnen entstand südlich des Weißen Turms ein prächtiger Königspalast, der jedoch nicht mehr existiert. Die Doppelreihe mächtiger Mauern rund um das Gelände aus dem 13. Jahrhundert gibt dem berühmtesten Schloss Großbritanniens bis heute sein charakteristisches Aussehen.

Empfangen werden die jährlich rund drei Millionen Besucher von den Beefeaters in ihren prachtvollen roten Staats- oder den schlichteren blauen Dienstuniformen. Wer Mitglied der »Yeoman Warders« werden will, muss mindestens 22 Jahre beim Militär gedient und den Rang eines Warrant Officers erreicht haben. Zu ihren täglichen Aufgaben gehört seit 700 Jahren die abendliche Schlüsselzeremonie beim Verschließen der äußeren Festungstore für die Nacht.

Unverzichtbar für den Tower als Wächter der besonderen Art sind die Turmraben. Denn die Legende besagt, das Königreich werde fallen, wenn nur einer der schwarzen Vögel jemals die Festung verlässt. Um diesen Ernstfall zu verhindern und die Raben dauerhaft im Schloss zu halten, widmet der Rabenmeister den Tieren besondere Aufmerksamkeit. Neben der Pflege der Flugfedern gehört reichliche Nahrung ebenso dazu sowie ein komfortables Gehege.

Eine Chronik des Schreckens

Neben solchen folkloristischen Details ist mit dem Tower aber auch eine Chronik des Schreckens verbunden. Noch immer spuken innerhalb der Festungsmauern die Geschichten von Gefangenen, die als Rivalen oder Feinde eingekerkert und hingerichtet wurden. Zu den berühmtesten Opfern des »Bloody Tower« gehören Anne Boleyn, die zweite Frau von Heinrich VIII. (1491–1547), Catherine Howard, Henrys fünfte Frau, und die »Neun-Tage-Königin« Lady Jane Grey. Ihnen allen wurde Hochverrat zur Last gelegt.

Die meisten der Tower-Besucher kommen jedoch nicht wegen der drei glücklosen Königinnen. Das weitaus größere Interesse gilt zweifellos den Kronjuwelen. Die mehr als hundert Einzelobjekte und 23.000 Edelsteine werden seit dem 17. Jahrhundert verwahrt und heutzutage von bewaffneter Security geschützt. Herzstück der Sammlung sind die Krönungsinsignien. Zuletzt waren sie bei der Krönung von Königin Elisabeth II. im Juni 1953 gefragt.

Die über zwei Kilogramm schwere St.-Edwards-Krone von 1661 gilt als das wichtigste und heiligste Element im unmittelbaren Moment der Krönung. Dagegen wird beim Auszug aus der Abtei die Kaiserliche Staatskrone getragen, die auch zu anderen staatlichen Anlässen verwendet wird. Komplett sind die Insignien mit Zepter und Reichsapfel. Der Gesamtwert der Juwelen wird auf über 20 Billionen Pfund geschätzt – eine der wertvollsten Sammlungen überhaupt.

⇱ Machtanspruch an der Themse: der Tower of London.

INFO

WESTMINSTER
Die Westminster-Abtei aus dem 13. Jahrhundert ist seit jeher Krönungskirche der englischen Monarchen. Auch bei königlichen Hochzeiten und Trauerfeiern bietet sie den Rahmen für feierliche Zeremonien. Noch bis 1760 wurden dort verstorbene Mitglieder des Königshauses beigesetzt. Zudem fanden Persönlichkeiten wie Charles Dickens, Charles Darwin, William Shakespeare, Isaac Newton und Georg Friedrich Händel ihre letzte Ruhestätte. In der »Poet's Corner« befinden sich die Gräber von über einhundert Schriftstellern. Der zugehörige Westminster-Palast wurde nach dem Brand von 1834 neu errichtet. Die neugotische Architektur des Palasts orientiert sich an der benachbarten gotischen Abtei. Überragt wird der Komplex vom Elizabeth Tower, besser bekannt als Big Ben.

WEITERE INFORMATIONEN
UNESCO-Welterbe Tower of London
whc.unesco.org/en/list/488
UNESCO-Welterbe Westminster Abbey und Palace of Westminster
whc.unesco.org/en/list/426

SPEKTAKULÄRE SEENLANDSCHAFT

Nationalpark ist beliebteste Ferienregion Großbritanniens

Die Schönheit der Region im Norden Englands mit ihren vielen Bergen und Seen haben erst romantische Dichter richtig bekannt gemacht. Ihre Dichtungen und Beschreibungen weckten zunehmend das Interesse an der Region, deren natürliche Schätze mittlerweile in einem Nationalpark besonders geschützt sind. Die beliebteste Ferienregion im Vereinigten Königreich erfreut sich eines wachsenden Zuspruchs.

Keineswegs war die Landschaft schon immer ein begehrtes Reiseziel. »Dieser Teil des Landes gibt wenig oder gar nichts her«, fand 1725 Daniel Defoe (1660–1731), der Autor von Robinson Crusoe. Dagegen waren britische Dichter wie etwa Thomas Gray (1716–1771) und später William Wordsworth (1770–1850) deutlich begeisterter. Nicht zuletzt diese romantischen »Lake Poets« beflügelten den aufkommenden Fremdenverkehr in dieser Region.

Das Reisen auf den Kontinent war damals ohnehin erschwert durch andauernde Kriege. So gab denn ein Pfarrer namens Thomas West 1778 mit seinem »Guide to the Lakes« für den

Tourismus im Seenland den Auftakt. Sein Routenplaner führte zu mehreren besonders schönen und anmutigen Stationen in der Landschaft. Mancherorts entstanden dazu eigens Gebäude. Am Westufer des 17 Kilometer langen Windermere werden heutige Wanderer daran erinnert durch die steinernen Reste der Claife Station.

↑ Am Lake Windermere warten Boote auf eine Ausfahrt.
↙ Im Wastwater-See spiegeln sich die Höhenzüge der Umgebung.

Ein Augenschmaus für Romantiker

Damals wie heute sind die vielen Berge und Seen des Lake District für romantische Gemüter ein wahrer Augenschmaus und für Outdoor-Aktivisten eine ständige Herausforderung. Als Ergebnis mehrerer Eiszeiten vor über 15.000 Jahren genießt die Landschaft seit 1951 als einer der 15 Nationalparks im Vereinigten Königreich besonderen Schutz. Davon überzeugen sich jedes Jahr immerhin rund 14 Millionen Besucher mit unterschiedlichsten Ambitionen.

In den Trogtälern können sie angeblich über eintausend Seen finden. Doch selbst wer nur die größten und schönsten erkunden will, braucht dafür viel Zeit und Muße. Der bekannteste und beliebteste ist zweifellos der Windermere. In der landschaftlichen Idylle von sanften Hügeln und gemächlichen Wanderwegen erholten sich im Sommer 1945 rund 300 Kinder und Jugendliche aus deutschen Konzentrationslagern von ihrem Holocaust-Trauma.

Der See Crummock Water im Nordwesten des Parks ist umgeben von steilen Klippen und wird vom einzigen Wasserfall in den »Lakes« gespeist. Einfache Wanderwege um den See führen durch die geradezu magischen Lanthwaite Woods. In Coniston am Coniston Water können zum Erkunden der Umgebung Boote und Fahrräder ausgeliehen werden. Und der mit 79 Metern tiefste See Englands liegt im Wasdale-Tal im westlichen Nationalpark. Von seinen Ufern bieten sich spektakuläre Ausblicke auf weitere Seen, aber auch auf hohe und raue Berge. Sie gehören zu den Cumberland Mountains, deren Gipfel knapp unter der Tausender-Marke liegen und den Großteil der »Lakes« eindrucksvoll umrahmen.

Zum Gipfel mit dem Mountainbike

Der Scafell Pike als die mit 978 Metern höchste Erhebung ist beim National Three Peaks Challenge die niedrigste der drei Stationen, die während der anspruchsvollen Ausdauerprüfung innerhalb von 24 Stunden bestiegen werden müssen. Nicht zu verwechseln ist dieser Gipfel mit dem Sca Fell. Er ist zwar »nur« 964 Meter hoch, dafür aber bei Bergwanderungen weitaus schwieriger zu bezwingen. Dritter der am meisten bestiegenen Berge Englands ist der 950 Meter hohe Helvellyn, dessen Gipfel auch per Mountainbike zu erreichen ist.

Bei alledem bietet die Ferienregion Lebensraum für eine reiche Tier- und Pflanzenwelt. Eurasische Eichhörnchen beispielsweise haben dort eines ihrer letzten Rückzugsgebiete. Darüber hinaus ist das Seenland Heimat für Rotwild und das einzige englische Steinadlerpaar, und in den Gewässern leben seltene und bedrohte Fischarten. Besonders gefährdet sind die Kleine Maräne, der Schelly und der Seesaibling. Um sie wirkungsvoll zu schützen, drohen für wildes Angeln drastische Strafen.

INFO

EIN BESUCH BEI PETER HASE

Vom Lake District begeistert war auch die Autorin Beatrix Potter (1866–1943). Nach dem Erfolg ihrer populären Kinderbuchfigur Peter Hase, die sehr viel später auch die Kinos eroberte, kaufte sie sich vom Erlös in der Nähe von Sawrey die Hill Top Farm. Dort schrieb sie 13 weitere Geschichten, in denen auch ihr neues Anwesen eine Rolle spielt. Die Farm kann heute als Museum besichtigt werden. Mehr von Beatrix Potter bietet eine kleine Galerie in Hawkshead mit 40 Originalzeichnungen aus ihrer Hand. Und in Bowness-on-Windermere sind alle 23 Geschichten der Kinderbuchautorin in einer Erlebnisausstellung mit Figuren nachgestellt – von Mrs. Tiggy-Winkle über Jemima Puddle-Duck und Benjamin Bunny bis zu Mrs. Moppet. Natürlich darf auch dort der freche Peter Hase in seiner blauen Weste nicht fehlen.

WEITERE INFORMATIONEN

UNESCO-Welterbe Lake District
unesco.de/kultur-und-natur/welterbe/welterbe-weltweit/der-englische-lake-district-neue-welterbestaette-2017

71

WELTERBE MAGISCH – ORKNEY

DAS ÄGYPTEN DES NORDENS

Auf den Orkney-Inseln wird die Jungsteinzeit lebendig

Archäologen sprechen begeistert vom »Ägypten des Nordens«. Nirgendwo anders in Europa gibt es so vieles aus der Jungsteinzeit wie auf den Orkney-Inseln vor der schottischen Küste. Die vielfältigen Zeugnisse der Frühzeit sind zwar weniger berühmt als Stonehenge, dafür aber deutlich älter. Sie bescheinigen den ersten Bewohnern der Inseln eine hohe Kultur des Zusammenlebens.

Atlantische Stürme haben es ans Licht gebracht. Als sie 1850 über die Orkneys hinwegfegten, legten sie an der Westküste der Hauptinsel Mainland imposante steinzeitliche Ruinen frei. Unter den Sanddünen der Bucht von Skaill hatten sie die Jahrtausende nahezu unbeschadet überstanden. Den Archäologen präsentierte sich ein steinernes Dorf mit rundlichen Behausungen, die durch überdachte Wege verbunden waren. In den Wohnräumen fanden sie nicht nur Feuerstellen, sondern auch Betten und sogar Schränke aus Stein.

Das Steinzeitdorf Skara Brae war auf den Orkneys der Anfang gezielter Forschungen zu ihrer Vergangenheit im Neolithikum. Auf den rund 70 verstreuten Inseln, an denen sich von jeher Handelswege kreuzten und die Wege »nach überall« gehen, lebten vor 5000 Jahren schätzungsweise bis zu 10.000 Menschen. Den Rhythmus ihres Lebens in der sanften Hügellandschaft gaben die Naturelemente vor. Der Golfstrom sorgte nach stürmischen und kalten Wintern für saftiges Grün – optimale Voraussetzungen für eine ertragreiche Weidewirtschaft und Viehzucht. Fleisch von Orkney-Rindern hat weltweit bis heute einen guten Ruf.

Doch zurück zur Steinzeit. Schon lange vor Skara Brae waren ihre Zeugnisse den Menschen auf Orkney bekannt. Wie etwa die mystischen Steinkreise auf der Landzunge zwischen den Seen Loch of Stenness und Loch of Harray nahe der Inselhauptstadt Kirkwall. Der »Ring of Brodgar« mit 27 von einst 60 Steinen entstand vermutlich um 2700 v. Chr. und ist mit einem Durchmesser von 104 Metern größer als Stonehenge. Von den »Stones of Stenness«, die Wissenschaftler auf das Jahr 3100 v. Chr. datieren, stehen von zwölf Steinen noch vier.

Ein Zufallsfund und die Folgen

Lange Zeit galten beide Monumente sowie Skara Brae und ganz in der Nähe der unheimlich wirkende Grabhügel Maes Howe als Einzeldenkmale … bis dann 2002 bei Feldarbeiten zufällig ein Steinblock mit alten Spuren menschlicher Bearbeitungen gefunden wurde. Er löste neue Untersuchungen aus, auf deren Grundlage schließlich die große Grabungsstätte »Ness of Brodgar« entstand.

Dort haben Archäologen in den vergangenen zwei Jahrzehnten auf zweieinhalb Hektar Erstaunliches zutage gefördert – darunter die mit 650 Teilen reichste Sammlung neolithischer Kunst, die jemals in Großbritannien gefunden wurde. Ein ganz besonderes Fundstück ist die Tonfigurine eines Jungen, der sogenannte »Brodgar Boy«. Unter Tausenden kostbarer Artefakte finden sich zudem polierte Steinäxte, Feuersteinmesser und zeremonielle Keulenköpfe, aber auch zarte und bemalte Keramik, Miniaturgefäße oder Steinspatel.

Inzwischen gehen Wissenschaftler davon aus, dass »Ness of Brodgar« über tausend Jahre Zentrum einer größeren rituellen Landschaft gewesen sein könnte. Das Hügelgrab Maes Howe beispielsweise ist direkt auf die Mittelachse und den Eingang eines vermuteten Tempels auf dem Grabungsgelände ausgerichtet. Der zentrale Menhir in dieser Tempelanlage wiederum galt als Achse zwischen Himmel und Erde: Mit seiner Ausrichtung auf die jährliche Tag- und Nachtgleiche war dieser *standing stone* möglicherweise der zentrale Ort für Rituale oder Opferprozessionen.

Auf ausgedehnte Feste zu solchen Anlässen verweisen große Funde von Tierknochen. Dabei kamen die frühen Bauern, Hirten und Siedler wahrscheinlich nur zu bestimmten Zeiten in die genau durchdachte Anlage, die ihnen heilig war. Geschützt wurden der Tempel und die anderen steinernen Gebäude von mächtigen Mauern. Sie erhoben sich in der Ebene zwischen den beiden Seen bisweilen über fünf Meter hoch.

Aufgegeben wurde »Ness of Brodgar« vermutlich um das Jahr 2300 v. Chr. – aus unbekannten Gründen. Doch die Grabungsfunde bescheinigen den unbekannten Erbauern nicht nur großes handwerkliches Können, sondern auch eine hohe Kultur des Zusammenlebens.

↖ Mysteriös: das einzigartige Steinzeitdorf Skara Brae.

INFO

KLIPPEN VON YESNABY

Ganz in der Nähe zeigt der Atlantik seine raue Natur. In ständigem Brausen brechen sich an meterhohen Klippen die Wellen, die in Jahrmillionen den weichen Sandstein geformt haben. Entstanden sind schroffe Kanten, überhängende Felsnasen und turmhohe Nadeln aus Gestein. Die deutlich erkennbaren Schichten verweisen auf lange geologische Abläufe, wobei das oberste Plateau für Besucher von magischer Anziehungskraft ist. Doch zu viel Wagemut kann durchaus gefährlich werden: Rutschige Steine bieten kaum Halt. Einigermaßen sicher ist es auf dem Yesnaby Coastal Walk, auch wenn er gelegentlich nur über Trittsteine und Holztreppen führt. Entschädigt werden Wanderer durch grandiose Ausblicke über Klippen und Meer. Und Felsnadeln erscheinen vor dem fernen Horizont plötzlich zum Greifen nah.

WEITERE INFORMATIONEN

UNESCO-Welterbe Orkney
whc.unesco.org/en/list/514/
myhighlands.de/cliffs-of-yesnaby-eindrucksvolle-kuste-der-orkneys/

INSELN DER EINSAMKEIT

Entlegenes Eiland im Nordatlantik war 2000 Jahre besiedelt

Der Archipel mit vulkanischem Ursprung lag in der letzten Eiszeit nicht unter Gletschern und bewahrte dadurch seine eigentümliche Landschaft aus Fels und Grün. Für unzählige Vögel ist die Inselgruppe ein bevorzugter Brutplatz. Vor nahezu hundert Jahren verließen die letzten Bewohner die Inseln. Seither sind sich die Spuren der Besiedlung und die Natur selbst überlassen.

Das Schiff wurde sehnlichst erwartet. Nach neun Monaten sollte es wieder Lebensmittel und andere Waren auf die einsame Insel bringen. Mit dabei war diesmal ein Kamerateam, das von dem entlegenen Eiland bewegte Bilder festhielt: das Anlegen auf Hirta, der Hauptinsel von St. Kilda, die bescheidenen Steinhäuser an der Straße, eine Frau am Spinnrad, einen Mann, der in einem Seil an der Steilklippe hängt und einen Vogel fängt. Schließlich laufen die Menschen zusammen zu einer Gruppe, um den Film über ihre Insel zu sehen.

Die ruckeligen Bilder in Schwarz-Weiß entstanden 1928. Sie sind die wahrscheinlich einzigen Filmaufnahmen von der

bewohnten Insel Hirta. Und auch die letzten. Denn im gleichen Jahr beschlossen die verbliebenen 37 Bewohner, die Insel zu verlassen. Zwei Jahre später landeten sie auf dem schottischen Festland, für immer. Hinterlassen haben sie auf den Vulkaninseln 60 Kilometer westlich der Hebriden die Spuren einer langen Siedlungsgeschichte.

↑ Steile Klippen sind das Revier unzähliger Seevögel.
↙ Verlassen: uralte Steinhäuser in der Siedlung Hirta.

An den Rändern der Welt

Sie begann spätestens in der Bronzezeit vor über zweitausend Jahren. Manche Funde wie Mörser, Klingen und Messer verweisen sogar auf die noch ältere Jungsteinzeit. Erste englische Aufzeichnungen aus dem 14. Jahrhundert sahen die abgeschiedene Inselgruppe im Nordatlantik »an den Rändern der Welt«. 1549 befand ein schottischer Reisender, die Menschen von St. Kilda seien »einfache arme Leute«. Zu allen Zeiten war dort das bestimmende Merkmal des Lebens Isolation.

Daran hat sich bis zum Verlassen der Inseln im 20. Jahrhundert kaum etwas geändert. Vom bescheidenen Alltag zeugen auf Hirta die einfachen Steinhäuser in der Village Bay, hinter denen der 430 Meter hohe Conachair steil aufragt. Der senkrechte Fels ist die höchste Meeresklippe des Vereinigten Königreichs. Um die etwa 30 Häuser stand ursprünglich eine Mauer, die Rinder und Schafe von den Feldern fernhalten sollte.

Auffallend sind die vielen Steinhütten, die sogenannten »Cleitean«. Die kleinen Hütten aus geschichteten Steinen, die von einer Platte mit Rasen abgedeckt sind, gibt es nur auf St. Kilda. Die Bewohner lagerten darin ihre Werkzeuge, Gerätschaften und Dünger ebenso wie Eier, Fisch, Fleisch oder Getreide und Kartoffeln. Zudem konnten sie in einem Cleit Lebensmittel durch Trocknen konservieren, da auf den baumlosen Inseln ständig der Wind durch die offenen Spalten der Steinschichten fegte. Auf Hirta stehen noch 1260 solcher Hütten, weitere 700 wurden auf den anderen Inseln gezählt.

Revier unzähliger Seevögel

Ständiger Begleiter in der Einsamkeit von St. Kilda ist das Geschrei unzähliger Seevögel. Für die Inselbewohner waren ihr Fleisch und die Eier einst die wichtigste Nahrungsquelle. Heute lebt dort die weltweit größte Kolonie von Basstölpeln mit über 30.000 Paaren. Hinzu kommen 136.000 Papageitaucher-Paare sowie jeweils Tausende von Wellenläufern und Eissturmvögeln. Die etwa 2000 Schafe der letzten Bewohner verschwanden mit dem Verlassen von Hirta. Inzwischen sind wieder wilde Schafherden unterwegs. Die anspruchslosen Tiere kamen von der Nachbarinsel Soay.

Geradezu kurios wirkt in dieser Umgebung die Kanone an der Village-Bucht. Sie war kurz vor dem Ende des Ersten Weltkrieges die Reaktion auf den unerwarteten »Besuch« eines deutschen U-Boots. Seine Granaten zerstörten die Funkstation der Royal Navy und trafen zudem die Kirche, das Pfarrhaus und ein Lagerhaus. Die Kanone indes wurde nie gezündet.

INFO

ERKUNDEN DER EINSAMKEIT

Von April bis September gibt es Bootstouren nach St. Kilda. Von der schottischen Isle of Skye dauert die Überfahrt auf bewegter See vier Stunden, nur zweieinhalb Stunden brauchen die Boote von der Hebrideninsel Harris. Vor der Rückfahrt bleiben auf der Hauptinsel Hirta etwa vier bis fünf Stunden für das Erkunden der Einsamkeit. Der kleine Campingplatz erlaubt maximal sechs Camper, bleiben dürfen sie höchstens für fünf Nächte. In jedem Fall: Proviant nicht vergessen! Neben geführten Spaziergängen durch die Village Bay sind Wanderungen auch individuell möglich, etwa zu mehreren Klippen mit grandiosen Aussichten. An der Glen Bay mit Wasserfall liegen Wrackteile eines Flugbootes aus dem Zweiten Weltkrieg. Dort sind mit etwas Glück auch Seehunde zu entdecken. Vorsicht ist vor Raubmöven geboten, die am Boden brüten: Sie verteidigen ihren Nachwuchs mit aller Gewalt.

WEITERE INFORMATIONEN

UNESCO-Welterbe St. Kilda
whc.unesco.org/en/list/387
gotostkilda.co.uk

73

WELTERBE MAGISCH – STONEHENGE

DIE SPUR DER STEINE

Stonehenge gibt seit Menschengedenken Rätsel auf

Die Faszination des Ortes ist das Geheimnisvolle, das ihn umgibt. Was in jedem Jahr mehr als eine Million Besucher staunend umrunden und digital mit nach Hause nehmen, fand sein heutiges Aussehen vor mehr als 4000 Jahren. Seither gibt der monumentale Steinkreis in der südenglischen Hochebene von Salisbury Plain der Menschheit immer neue Rätsel auf.

Noch mittelalterliche Chronisten meinten, Stonehenge sei in grauer Vorzeit durch Zauberei entstanden. Eine Darstellung mit dem sagenhaften Zauberer Merlin beim Aufrichten der Steine stammt aus dem 14. Jahrhundert. Später vermutete der englische Altertumsforscher John Aubrey (1626–1697), das riesige Monument sei ein Heiligtum der keltischen Druiden gewesen. Doch auch das erwies sich als falsch. Uneingeschränkt indes gelten bis heute die Worte des Archäologen Richard Colt Hoare (1758–1838) zu Stonehenge: »Wie grandios! Wie herrlich! Wie unvorstellbar!«

Seit diesem begeisterten Ausruf hat die Archäologie in minutiöser Kleinarbeit so manche Details zutage gefördert. Als sicher gilt, dass die Anfänge des Steinkreises zurückreichen bis in die Jungsteinzeit um das Jahr 2500 v. Chr. Für den äußeren Ring wurden aus der näheren Umgebung Findlinge aus hartem rötlichem Sandstein herbeigeschafft, die sogenannten Sarsen. Sie umgaben die kleineren Blausteine aus den Presli-Bergen in Wales, die im Inneren des Kreises ein Hufeisen bildeten.

Das Monument hat das ursprüngliche Stonehenge auf spektakuläre Weise verändert: Die Anlage mit einem einfachen runden Erdwall und Gräben drum herum hatte fortan eine neue Mitte. Die größte Tempelanlage auf der britischen Insel entstand inmitten einer Gegend, die frühzeitig schon reich besiedelt war. Heutigen Besuchern präsentiert sie sich als eine Kulturlandschaft mit vielfältigen prähistorischen Sachzeugen.

In unmittelbarer Nähe gehören dazu jungsteinzeitliche Langgräber, in denen einst ganze Familien bestattet wurden, ebenso wie runde Hügelgräber der Bronzezeit für jeweils nur eine Person. Gefundene Werkzeuge wie Pfeilspitzen, Steinäxte oder Klingenschaber aus Feuerstein verweisen auf den vorzeitlichen Alltag, während Grabbeigaben aus Gold, Keramik und bearbeitete Tierknochen Auskunft geben über alte Beisetzungsrituale.

Doch das Highlight von Stonehenge ist zweifellos das zentrale Steinmonument – auch wenn es sich nach über 4000 Jahren »nur noch« als Ruine mit teilweise umgestürzten und zerschmetterten Steinen zeigt. Von den 30 Blöcken des äußeren Sarsenkreises stehen noch 17, von den verbindenden Decksteinen gibt es noch sechs. Auch der innere Kreis aus ursprünglich 60 aufrechten Blausteinen ist lediglich als Fragment erhalten. Viele der Steine aus Dolerit, Rhyolith, Tuff und anderem Gestein wurden wahrscheinlich zerschlagen und entfernt.

Am imposantesten waren einst im Kern der Anlage die fünf gewaltigen Sarsen-Konstruktionen aus jeweils zwei Tragsteinen und einem Deckstein. Von diesen Trilithen sind noch drei erhalten. Sie geben eine ungefähre Vorstellung davon, wie das komplette Monument einst auf die Menschen gewirkt haben mag. Für die Bauern und Siedler der fruchtbaren Gegend war Stonehenge möglicherweise ein spiritueller Ort von besonderer Bedeutung.

Zum Beispiel, um am kürzesten Tag des Jahres mit großen Festen die Wintersonnenwende zu begehen – als Ausdruck der Hoffnung auf mehr Licht und Wärme, die nach der Kälte und Dunkelheit des Winters Mensch und Tier wieder neu aufleben lassen. Die alljährlich wiederkehrenden Tage der Sonnenwende sind bis heute feste Termine für viele Stonehenge-Touristen: Sie wollen den magischen Moment in mystischer Umgebung so nah wie möglich miterleben.

Die vorzeitlichen Bewohner der Siedlungen rund um Stonehenge könnten den blauen Steinen zudem wundersame heilende Kräfte zugeschrieben haben. Jedenfalls erzählen davon Legenden und Überlieferungen vom Herkunftsort der Blausteine in Wales. Schließlich sind für die Frühgeschichte des Monuments auch Brandbestattungen nachgewiesen. Die mächtigen Sarsenblöcke könnten dann als überdauernde Symbole für die verewigten Vorfahren verstanden worden sein.

Abschließende Auskünfte indes bleibt Stonehenge seinen staunenden Besuchern aus aller Welt schuldig … auch weiterhin.

↸ Geheimnisvolles Leuchten im Steinkreis von Stonehenge.

INFO

DIE KATHEDRALE VON SALISBURY
Nur einen Steinwurf von Stonehenge entfernt erhebt sich weithin sichtbar der hohe Turm der Kathedrale von Salisbury. Der 1266 vollendete Kirchenbau gilt als markantes Beispiel der frühen englischen Gotik. Der Vierungsturm aus dem 14. Jahrhundert ist mit einer Höhe von 123 Metern der höchste gotische Kirchturm Großbritanniens und einer der wenigen, der im Laufe der Zeit bisher nicht eingestürzt ist. Faszinierend ist nicht nur der reiche Figurenschmuck an der Fassade, sondern auch der Rundblick von der Aussichtsplattform. Unter dem Fächergewölbe des Kapitelhauses bewahrt die Kathedrale ein Exemplar der Magna Charta von 1215, in der erstmals grundlegende Freiheitsrechte festgeschrieben sind. Von der Urkunde gibt es weltweit nur noch vier Ausfertigungen – die in Salisbury ist die am besten erhaltene.

WEITERE INFORMATIONEN
UNESCO-Welterbe Stonehenge
english-heritage.org.uk/visit/places/stonehenge
Kathedrale von Salisbury
salisburycathedral.org.uk

HIMMELSLEITER IM FELS

Spuren einer Mönchssiedlung auf ungastlicher Atlantikinsel

Unter den zahlreichen Klosterinseln Irlands ist das schroffe Eiland vor der Südwestküste die außergewöhnlichste. Die Weltabgeschiedenheit der ungastlichen Klippen ist geradezu mit Händen zu greifen. Seit dem Rückzug der Mönche blieb die Insel unbewohnt, nebenan hat eine riesige Kolonie von Basstölpeln ihr Revier. Seit einiger Zeit ist der magische Ort interessant für die Fans von Science-Fiction-Filmen.

Der Weg nach oben ist mühsam. Die fast 600 unregelmäßigen Stufen, die Mönche einst in den Fels geschlagen haben, führen hinauf zu einer der außergewöhnlichsten Mönchssiedlungen. Auf dem Felsplateau stehen steinerne Zellen, sie sehen aus wie riesige Bienenkörbe. Dort lebten über Jahrhunderte fromme Eremiten. Ihre Siedlung mit den runden Behausungen, für die sie unzählige flache Bruchsteine ohne jeden Mörtel übereinanderschichteten, ist umgeben von einer anderthalb Meter hohen Mauer. Mehr Weltabgeschiedenheit geht nicht. Das damalige Leben ist heute nahezu unvorstellbar.

Die Mönchsinsel ist die größere der beiden »Skellig Rocks« in tosender Brandung rund 15 Kilometer vor der südwestlichen Landspitze Irlands. Vor der Entdeckung Amerikas galten die

unwirtlichen Felsklippen den Einheimischen wie den Seefahrern als das Ende der Welt. Die Mönche benannten ihre Insel nach dem biblischen Erzengel Michael, der die Welt vor bösen Drachen und dem Teufel bewahrt. Der Zusatz *skellig* beschreibt zutreffend die beklemmende Atmosphäre vor Ort: gruselig.

Boote fahren denn auch nur bei gutem Wetter hinüber. Zu unberechenbar ist die raue See an dieser Stelle. Vor der Insel der Mönche kommt zunächst der kleinere Felsen in den Blick. Um dort die über 20.000 Brutpaare von Basstölpeln in einer ihrer größten Kolonien nicht zu gefährden, darf diese Insel von Besuchern nicht betreten werden. Auch die Mönchsinsel wird von Touristenbooten oft nur umfahren. Sie verkehren ohnehin nur zwischen Juni und Oktober.

Ein unmöglicher, irrer Ort

Umso nachhaltiger ist schon aus der Ferne der Eindruck von diesem spektakulären Eiland, dessen höchste Spitze über 200 Meter aus dem Meer ragt. Der irische Dramatiker George Bernard Shaw (1856–1950) sah sich 1910 auf der Insel, »wo in Böen aus Südwest die Gischt Steine aus dem Haus des Leuchtturmwärters reißt«, am »phantastischsten und unmöglichsten Felsen der ganzen Welt«. Er sei »ein unglaublicher, unmöglicher, irrer Ort«, ein »Teil unserer Traumwelt«.

Für die iroschottischen Mönche indes, die zwischen dem 6. und dem 12. Jahrhundert einsam auf der Klippe lebten, war diese Welt völlig real. Ihre ungastliche Kargheit war ohnehin eher nur Kulisse für eine klösterliche Gemeinschaft, in der das Studium der Bibel wichtiger war als äußere Annehmlichkeiten. Nicht ohne Grund galt Irland zu jener Zeit als Insel der Gelehrten. Der gute Ruf drang einst bis aufs europäische Festland zu Karl dem Großen (um 747–814), der Gelehrte von der »Insel der Gebildeten« an seinen Hof einlud.

Auf der Suche nach Luke Skywalker

Seit dem Rückzug der Mönche blieb die Insel unbewohnt. Um 1500 wurde sie vorübergehend als Wallfahrtsort interessant. Von den beiden Leuchttürmen aus dem 19. Jahrhundert ist der obere längst verfallen, der untere läuft seit den 1980er-Jahren automatisch. Damit verließ auch der letzte Leuchtturmwärter die Klippe.

Heutzutage leben gelegentlich im Sommer Archäologen auf der ansonsten unbewohnten Klosterinsel. In jüngster Zeit kamen Guides für Touristen hinzu. Ihr Besuch auf Skellig Michael ist allerdings streng reglementiert: Besucherströme gefährden die ohnehin spärliche Vegetation in den Felsspalten ebenso wie die »aberwitzigen Bienenkorbhütten«, die George Bernhard Shaw einst entzückten.

Gleichwohl hat in den vergangenen Jahren der Ansturm deutlich zugenommen: Die »Star Wars«-Community identifizierte den magischen Ort als geheimnisvolles Versteck des Jedi-Meisters Luke Skywalker.

↑ Rundturm und Keltenkreuze: die irische Mönchssiedlung Glendalough.
↙ Abenteuerlicher Aufstiegspfad über dem Meer.

INFO

GLENDALOUGH

Nicht weniger spektakulär ist die Klostersiedlung Glendalough südlich von Dublin. Die Anlage ist versteckt zwischen viel Grün in einem romantischen Tal der Wicklow Mountains und geht zurück auf den irischen Heiligen Kevin. Er soll sich im 6. Jahrhundert dorthin zurückgezogen haben und im sagenhaften Alter von 120 Jahren dort gestorben sein. An die frühe Mönchssiedlung erinnern mehrere Steinkreuze und uralte Grabsteine. Die erhaltenen Zeugnisse der einstigen Klosterstadt mit Rundturm, Kathedrale und Kirche stammen aus dem 12. Jahrhundert und ersetzten damals einfache Holzbauten. Während der Blütezeit lebten in dem Tal mehrere Tausend Glaubensbrüder. Sie wurden mehrfach von Wikingern und Normannen sowie von irischen und englischen Truppen angegriffen. Ein Großbrand brachte 1398 das Ende des Klosters. Sein Name lebt weiter in einem irischen Whiskey.

WEITERE INFORMATIONEN

UNESCO-Welterbe Skellig Michael
whc.unesco.org/en/list/757
Glenadalough
irland-highlights.de/info/glendalough/

75

WELTERBE ABENTEUERLICH – VATNAJÖKULL

FEUER UND EIS

Faszinierende Landschaften in einer lebensfeindlichen Welt

Der Nationalpark ist ein eindrucksvolles Spiegelbild der vulkanischen Vergangenheit und Gegenwart von Island. Viele der Vulkane unter den dicken Eisschichten sind noch immer aktiv. Bei Eruptionen entstehen durch heiße Lava Unmengen von Schmelzwasser, die tiefe Schluchten und riesige Lavafelder hervorbringen – ideale Landschaften für Fantasy-Filme oder zum Astronautentraining vor einem Flug zum Mond.

Die ersten Berichte über Island sind alles andere als schmeichelhaft. »Die Insel macht mich beklommen«, klagte einst der legendäre Weltreisende Brendan (um 484–577). Die Landschaft sei »wild und von Schlackehaufen und zahlreichen Feueressen übersät«, hinzu kam »ein unerträglicher, fauliger Gestank«. Doch gerade diese spröde und lebensfeindliche Natur, in der gelegentlich strenge Schwefelgerüche auf den vulkanischen Urgrund hinweisen, ist für viele Island-Besucher von einer ganz besonderen Faszination.

Sie gilt der einzigartigen »Insel aus Feuer und Eis«. Diese Gleichzeitigkeit zeigt sie nirgendwo anders so eindrucksvoll wie an der Südküste. Der Nationalpark Vatnajökull vereint auf 14.000 Quadratkilometern alle nur denkbaren Naturwunder einer arktischen Gletscherlandschaft. Der namensgebende Gletscher ist mit über 8000 Quadratkilometern und 30 Ausläufern der größte in ganz Europa. Die Eiskappe ist bis zu 1000 Meter stark, ihr Volumen wird auf 3000 Kubikmeter geschätzt. Darunter schlummern gefährliche Vulkane.

Am nächsten beieinander sind Feuer und Eis unter der knapp zweitausend Meter hohen Bergkette der Kverkfjöll. Dort wird die größte Magmakammer der Insel vermutet. Heiße Flüsse unter den Eispanzern der Höhenrücken bringen Jahr für Jahr faszinierende Eishöhlen hervor. Sie sind über Hochlandpisten gut zu erreichen – allerdings stets mit der gebotenen Vorsicht: Immer wieder stürzen riesige Eisblöcke krachend auf den Höhlenboden.

Die leuchtende »Königin der Berge«

An den Kverkfjöll entspringt auch der Fluss Jökulsá. Unterwegs zum gigantischen Dettifoss-Wasserfall passiert er in reißenden Fluten den Tafelvulkan Herdubreid, zu Deutsch »die Breitschultrige«. Die 1000 Meter hohe »Königin der Berge« im »Lavafeld der Missetäter« scheint je nach Sonnenstand von innen zu leuchten. Ursache dafür ist ihre Beschaffenheit aus Hyaloklastit, dem sogenannten Vulkanglas. Die legendäre Götterburg Asgard will jedoch erobert sein: Ein Aufstieg ist nur möglich mit professioneller Ausrüstung.

Ein wahrhaft magischer Ort ist der Vulkan Askja. Der gigantische und aktive Zentralvulkan mit drei riesigen Kratern, weiten Lavafeldern und tiefen Seen ragt in einer schwer zugänglichen Welt 800 Meter aus der Ebene. Abenteurer können für ihre Touren die Zelte direkt an der Dreki-Hütte aufschlagen, wo der tiefe Canyon der Drachenschlucht beginnt. Für Unerschrockene führt ein acht Kilometer langer und schwieriger Aufstieg hinauf zu einem der Krater.

Eine unbeschreibliche Katastrophe

Die 600 Quadratmeter großen Lavafelder am Laki-Krater erinnern an die größte Naturkatastrophe Islands. Das verheerende »Laki-Feuer« begann vor über 200 Jahren zu Pfingsten 1783 und dauerte mit Unterbrechungen sage und schreibe bis in das nachfolgende Jahr. Auf einer Länge von mehr als 20 Kilometern spuckte die aufgerissene Erde aus über 130 Kratern riesige Lavaströme, Asche und giftige Gase. Unglaublich viele Menschen und Tiere fanden bei den Eruptionen den Tod.

↑ Heilsames Schlammbad im warmen Abwasser der Blauen Lagune.
← Türkiser Kratersee und geheimnisvolle Bergwelt.

Zudem kam es wegen der zerstörten Vegetation auf der Insel zu Missernten und Hungersnöten. Ein Viertel der Isländer fiel ihnen zum Opfer. Darüber hinaus führte schwefelhaltiger Nebel in England und Frankreich zu Todesfällen. Zum Chronisten der unbeschreiblichen Tragödie wurde Pfarrer Jón Steingrímsson (1728–1791). Seine »Feuerpredigten« sind bis heute für Vulkanologen eine wichtige historische Quelle. In der Gemeinde Kirkjubæjarklaustur ist ihm seit 1974 eine Kapelle gewidmet.

INFO

DIE BLAUE LAGUNE

Das milchig-blaue Wasser der attraktiven Spa-Anlage ist ein kräftiger Kontrast zur dunklen Mondlandschaft der Lavafelder ringsum und gilt als Balsam für empfindliche Haut. Dabei ist die Blaue Lagune nichts anderes als Wasser und Dampf aus einem benachbarten Geothermalkraftwerk. Interessant wurde der ursprüngliche Abwasserteich erst im Jahr 1981, nachdem dort ein »Badegast« in dem 39 Grad warmen Wasser erfolgreich seine Schuppenflechte kuriert hatte. Sechs Jahre später wurde der Teich zur Blauen Lagune. Die Betreiber garantieren absolut sauberes Wasser ohne jegliche Chemie, dafür aber mit viel natürlichen Mineralien. Zudem wird durch den ständigen Zufluss aus dem Kraftwerk die Lagune alle 48 Stunden komplett ausgetauscht. Der offenbar heilsame weiße Schlamm ist begehrt für die Gesichts- und Körperpflege. Das Spa ist eine halbe Autostunde von Reykjavík entfernt.

WEITERE INFORMATIONEN

UNESCO-Welterbe Nationalpark Vatnajökull
whc.unesco.org/en/list/1604
Die Blaue Lagune
guidetoiceland.is/de/das-beste-von-island/der-ultimative-guide-zur-blauen-lagune

ZWISCHEN DEN KONTINENTEN

Einzigartige Natur umgibt die nordische Wiege der Demokratie

Der weitläufige Nationalpark im Süden Islands gilt auf der Vulkaninsel im Nordmeer einer ihrer spektakulärsten Landschaften. Zugleich steht er für die Anfänge eine der ältesten Volksvertretungen weltweit – vor über tausend Jahren. Archäologisch und historisch ist die nordische Wiege der Demokratie in vulkanischer Umgebung der wichtigste Erinnerungsort zur Demokratiegeschichte in Nordeuropa.

Der Termin war günstig gewählt: Genau tausend Jahre nach Gründung des isländischen Parlaments wurde dessen legendärer Versammlungsort unter freiem Himmel zum ersten Nationalpark von Island. Vorausgegangen war eine landesweite Diskussion über den Schutz bemerkenswerter Landschaften und Naturphänomene auf der Insel im Nordmeer. Ganz vorn auf der Liste standen damals die Ebene von Thingvellir und die Almannagjá-Schlucht.

Und dies aus gutem Grund: Der Ort unweit der heutigen Hauptstadt Reykjavík vereint grandiose Naturschönheit mit Islands bedeutendstem Geschichtsdenkmal. Thingvellir liegt unmittelbar an der Trennlinie der Kontinente Amerika und Europa. Wo die nordamerikanische und die eurasische Kontinentalplatte aneinanderstoßen, haben geologische Verwerfungen über Jahrmillionen eine imposante Kulisse von Vulkangestein aufgetürmt.

↑ Heiße Fontäne im 10-Minuten-Takt: Auf den Strokkur-Geysir ist Verlass.
↙ In der weiten Flusslandschaft wurde einst Geschichte geschrieben.

An diesem natürlichen Amphitheater mit großartiger Akustik tagte seit dem Jahr 930 regelmäßig der isländische Althing, eines der weltweit ältesten Parlamente. Es verhalf der Gegend denn auch zu ihrem Namen: Thingvellir steht für die nüchterne Bezeichnung »Ebene der Volksversammlung«. Nach mittelalterlichen Überlieferungen waren diese Treffen jedoch mehr als nur politische Instanz und Gerichtsort.

Volksfeststimmung am Lögberg

In der weiten Ebene am Fluss Öxará standen alljährlich für mehrere Wochen Hütten, Buden und Zelte ganzer Familien. Mit spielenden Kindern und fliegenden Händlern soll es dort bisweilen zugegangen sein wie bei einem Volksfest. Die Frauen trafen sich unten am Fluss zum Waschen ihrer Wäsche, und über allem waberte der Geruch von gegrilltem Fleisch und Bier, von Tieren und ungewaschenen Körpern.

Währenddessen befand der »Gesetzsprecher« oben am Lögberg über die wirklich wichtigen Dinge. Im Jahr 1000 beschloss der Althing die Christianisierung Islands. 1874 gab sich die Insel in Thingvellir ihre erste Verfassung. Das tausendjährige Bestehen des Parlaments, das bis 1798 dort tagte, feierten 1930 am historischen Ort Zehntausende Isländer. Am 14. Juni 1944 wurde am Lögberg die unabhängige Republik proklamiert und der erste Präsident Islands vereidigt.

Zur Erinnerung an diese Marksteine weht über Thingvellir ständig die isländische Nationalflagge. Bemerkenswert ist in der hohen Felswand ein riesiger Steinbrocken, der dort seit Jahrtausenden von Felsnasen gehalten wird wie ein Fußball beim Einwurf. Der Stein donnert erst dann herab, wenn bei Volksversammlungen gelogen werden sollte … so jedenfalls will es die Legende.

Schweben zwischen den Kontinenten

Rund um Thingvellir machen die vier Vulkansysteme an der geologischen Dehnungszone immer wieder mit kleineren und größeren Erdbeben auf sich aufmerksam. Durch den Graben ziehen sich tiefe Klüfte und Spalten, deren spektakulärste die über 60 Meter tiefe Silfra-Spalte ist. In ihrem unglaublich klaren Wasser können Taucher und Schnorchler bei zwei bis vier Grad Wassertemperatur geradezu schwerelos zwischen den Kontinenten schweben.

Höhepunkte bei einem Tauchgang im schönsten Tauchspot der Welt sind zweifellos die Silfra-Lagune und die Silfra-Kathedrale. Die beiden einzigartigen Unterwasserhöhlen sind allerdings erfahrenen Tauchern vorbehalten. Doch selbst bei Schnorchlern nah unter der Oberfläche hinterlässt die geradezu unwirkliche Unterwasserwelt aus bizarren Lavafeldern unvergessliche Eindrücke.

INFO

DER GOLDENE KREIS

Die Touristenroute im Süden der Insel verbindet auf einem Rundkurs von 300 Kilometern die attraktivsten Highlights von Island. Neben Thingvellir gehören dazu das Geothermalgebiet Geysir und der Gullfoss-Wasserfall. Am Geysir im Haukadalur-Tal sprudelt alle fünf bis zehn Minuten der Strokkur seine kochend heiße Fontäne bis zu 40 Meter in die Höhe. In der Umgebung verweisen heiße Quellen und Schlammgruben auf den schwelenden Untergrund. Heftig brodelt es am Gullfoss. Der »Goldene Wasserfall« ist einer der schönsten und mächtigsten in Island und stürzt ununterbrochen 32 Meter tief in die Schlucht des Rafting-Flusses Hvítá. Die Zerstörung durch ein Kraftwerk hat zu Beginn des 20. Jahrhunderts die resolute Umweltschützerin Sigridur Tómasdottír verhindert. Seither sind auf Island alle Wasserfälle vor ausländischen Investoren geschützt.

WEITERE INFORMATIONEN

UNESCO-Welterbe Nationalpark Thingvellir
whc.unesco.org/en/list/1152
Der Goldene Kreis
adventures.is/de/island/attraktionen/goldener-kreis/

77

WELTERBE UNENDLICH – EISFJORD ILULISSAT

SYMBOL DES KLIMAWANDELS

Veränderungen zeigen sich als faszinierendes Naturschauspiel

Die Diskobucht vor der Westküste Grönlands ist bekannt für faszinierende Bilder von Eisbergen. Die riesigen schwimmenden Eisskulpturen, die größten der nördlichen Hemisphäre, bieten ein permanentes Naturschauspiel von Wachsen und Verändern. Ihren Ursprung haben sie im Gletscher Sermeq Kujalleq, der sich unentwegt in Richtung Meer bewegt. Seine Veränderungen werden seit 250 Jahren beobachtet.

Das Gebäude liegt in der kargen arktischen Landschaft wie ein überdimensionaler Bumerang. Der geschwungene Baukörper des Ilulissat Icefjord Centre ruht auf 52 Stahlrahmen. Sie tragen Dach, Fassade und Bodenplatte und verleihen dem Ganzen eine elegante Leichtigkeit. Mit dem Erdboden ist der eigenwillige Bau lediglich durch Punktfundamente verbunden. So kann im Frühjahr das Schmelzwasser ungehindert unter dem Gebäude hindurch auf seinem ursprünglichen Weg in den Sermermiutsee abfließen.

Das Eisfjordzentrum gibt es seit 2021. Es entstand nach einem Entwurf der renommierten dänischen Architektin Dorte Mandrup, die bekannt ist für extravagantes Design. Für die norwegische Insel Andøya entwarf sie das spektakuläre Meeresmuseum »The Whale«, in Berlin gewann sie den Wettbewerb für das »Museum des Exils« auf dem Gelände des Anhalter Bahnhofs. Zur aerodynamischen Form ihres arktischen Projekts habe sie »der Flug einer Schneeeule über die Landschaft« angeregt, erläutert die mehrfach ausgezeichnete Architektin ihren Bau, der 250 Kilometer nördlich des Polarkreises liegt.

Leben mit dem ewigen Eis

Die Ausstellung informiert über den Lebenszyklus des Eises vom Schneefall bis zum Eisberg, über den Alltag am Fjord und natürlich über das Schwerpunktthema Klimawandel. An Grönlands Westküste ist er buchstäblich mit Händen zu greifen. Authentische Eisbohrkerne erzählen Klimageschichte von 124.000 v. Chr. bis in die Gegenwart, ein Kurzfilm zeichnet die Entstehung des Eisfjords nach, und VR-Brillen bieten virtuelle Expeditionen zur Forschungsstation EGRIP. Das internationale Bohrprojekt im Nordosten Grönlands untersucht anhand von riesigen Eiskernen aktuelle Veränderungen im ewigen Eis.

Absoluter Höhepunkt indes dürfte für viele ein Gang über das Dach sein: Der Panoramablick auf den nahen Fjord und das bunte Ilulissat ist spektakulär. Im Eisfjordzentrum treffen sich jedoch nicht nur Arktis-Abenteurer. Regelmäßig kommen Klimaforscher aus aller Welt in die Region, deren Veränderungen schon seit über 250 Jahren beobachtet und untersucht werden. Das heutige Wissen über Gletscher und ihre Bedeutung für den Klimawandel ist mit Forschungen am Eisfjord eng verbunden.

Schnellster Gletscher der Welt

Der Sermeq Kujalleq, wie der Ilulissat-Gletscher auf Grönländisch heißt, ist mit 46 Metern pro Tag der sich am schnellsten bewegende Gletscher der Welt. Durch das Kalben verliert er pro Jahr bis zu 51 Kubikkilometer Eis, das in dem 61 Kilometer langen Eisfjord zum Meer treibt und auf dem Ozean zur ernsten Gefahr für die Schifffahrt werden kann. Wissenschaftler erklären das Rekordtempo damit, dass sich die Gletscherfront nach jedem Eisabbruch immer weiter in tieferes Gewässer zurückzieht.

Je tiefer das Wasser unter dem Eis, desto anfälliger ist der Gletscher für das weitere Abschmelzen im wärmeren Atlantik. 1851 lag die Gletscherkante noch 25 Kilometer hinter der Fjordmündung. Hundert Jahre später waren es bereits 46 Kilometer – Tendenz weiter steigend, mit zunehmender Geschwindigkeit. Allein in den zehn Jahren zwischen 2000 und 2010 ließ das Eis des Sermeq Kujalleq den Meeresspiegel weltweit um einen Millimeter ansteigen.

Gleichwohl ist die Anziehungskraft der Diskobucht ungebrochen. Der Moment eines kalbenden Gletschers, wenn riesige Eisblöcke mit gewaltigem Getöse abbrechen und ins Meer stürzen, gilt längst nicht nur ausgemachten Naturfreaks als Anreiz für ein unvergessliches Erlebnis.

↖ Faszinierend: Abenddämmerung über der Diskobucht.

INFO

ZUM GREIFEN NAH
Ilulissat ist auf Arktis-Abenteurer gut vorbereitet. Zum Beispiel auf »Flightseeing«. Die spektakulären ersten Eindrücke von der Flugzeuganreise zum Eisfjord werden übertroffen bei Rundflügen per Helikopter oder Flieger. Die kleinen Maschinen fliegen langsamer und tiefer, dicht an die Gletscherwand heran. Auf jedem der nur wenigen Sitzplätze ist Panoramaaussicht garantiert. Ganz besondere Impressionen verspricht eine nächtliche Eisberg-Kreuzfahrt im Glanz der Mitternachtssonne. Zum Greifen nah erscheint die faszinierende Natur bei fünftägigen Klassik-Rundfahrten durch die Diskobucht inklusive Bootstour direkt zu den Eisbergen. Zudem vermitteln ein Besuch in der Inuit-Siedlung Sermermiut und geführte Wanderungen durch Ilulissat unmittelbare Eindrücke von der Lebensweise der Menschen im polaren Norden.

WEITERE INFORMATIONEN
UNESCO-Welterbe Eisfjord Ilulissat
whc.unesco.org/en/list/1149
visitgreenland.com/de/rund-um-gronland/unesco-world-heritage-site/#icefjord
Ilulissat Icefjord Centre
isfjordscentret.gl/en/ilulissat-icefjord-centre/

DÄNEMARKS GEBURTSURKUNDE

Denkwürdiges Geschehen in einer unscheinbaren Umgebung

Die Gegend im südlichen Jütland ist wenig spektakulär. Doch gerade in sonst so unscheinbaren Landstrichen geschieht mitunter Großes … wie in der kleinen Ortschaft Jelling, die als Geburtsort des dänischen Königtums gilt. Das denkwürdige Geschehen an einem sagenhaften Königshof vor tausend Jahren wird lebendig in einer aufwendig rekonstruierten Anlage, die zu den attraktivsten Freilandmuseen in Dänemark gehört.

Das Ausmaß der Anlage ist enorm. Inmitten eines rautenförmigen Vierecks mit 360 Meter langen Seiten erhebt sich ein zehn Meter hoher Grabhügel mit einem Durchmesser von 70 Metern, der wiederum die Mitte einer 350 Meter langen Schiffssetzung bildet. Solche Grabstätten aus bogenförmig angeordneten Findlingen galten besonders im vorchristlichen Nordeuropa als Symbol für das Totenschiff, das die Toten in ihr Reich geleitet. Das Besondere in Jelling: Zwischen den Steinbögen gab es auch eine christliche Kirche.

Damit steht der sagenhafte Königshof mit seiner imposanten Monumentalarchitektur wie kein anderer Ort für den Über-

↑ Kühn: Wellen-Architektur an der Hafenfront von Vejle.
↙ »Geburtsurkunde« und »Taufstein« der dänischen Nation.

gang von den heidnischen Wikingern zur christlichen Neuzeit. Der legendäre König Harald Blauzahn (um 910–987), der sich im Jahr 965 hatte taufen lassen, ließ in Jelling die Erinnerung an die Zeitenwende selbst in Stein meißeln: Auf dem großen Runenstein für Königsvater Gorm und seine Mutter Thyra ist er verewigt als »der Harald, der sich ganz Dänemark und Norwegen unterwarf und die Dänen zu Christen machte«.

Das Ende der Wikinger

Runensteine gibt es vielerorts im nördlichen Europa. Bis zum 12. Jahrhundert waren sie ein fester Bestandteil heidnischer Begräbniskultur. Sie dienten dem Gedenken Gefallener und Verstorbener ebenso wie zur Selbstdarstellung eigener Leistungen und Verdienste. Neben den Texten sind diese Findlinge oft kunstvoll verziert. Am bekanntesten sind Ornamente wie farbige Schlangenbänder, aber auch figürliche Darstellungen von Menschen und Tieren.

In dieser Reihe ist der große Findling von Jelling unter den 270 dänischen Runensteinen etwas Besonderes. Denn die dort beschriebene »Unterwerfung« von »ganz Dänemark und Norwegen« bedeutet letztlich das Ende der Wikingerzeit mit ihren ständigen Rivalitäten zwischen den regionalen Häuptlingen. Zugleich markiert der Runentext den Anfang eines geeinten dänischen Königtums auf dem Weg zur Integration in das christliche Europa.

Die Schauseite des großen Jellingsteins ist denn auch ein sinnfälliges Symbol für den großen Wandel. Denn die ursprünglich farbigen Bandreliefs zeigen nicht nur heidnische Fabelwesen. Zu den Ornamenten gehört auch eine Christusfigur – nicht als nackter Gekreuzigter, sondern als bekleideter Triumphator im biblischen Baum des Lebens. Damit gilt der große Runenstein von Jelling seit jeher als »Taufstein« Dänemarks. Die »Geburtsurkunde« indes ist der kleinere Stein daneben. Er würdigt Haralds Mutter Thyra als »Dänemarks Zierde«.

Geschichte als Erlebnis

Heutigen Besuchern präsentiert sich der sagenhafte Königshof als moderne Symbiose aus vorzeitlichen Artefakten und neuzeitlichem Geschichtserlebnis. Im familienfreundlichen Erlebniszentrum »Kongernes Jelling« lässt sich die Wikingerzeit mit ihren Kriegen und Mythen aus nächster Nähe erkunden, während die Dachterrasse großartige Ausblicke auf das riesige Freigelände mit seinen Monumenten bietet.

Die Runensteine sind wohlbehütet in gläsernen Hightech-Vitrinen, und ein Weg aus Steinplatten zeichnet die einstige Schiffssetzung nach. Neben einem zweiten Grabhügel kommt auch die romanische Steinkirche in den Blick. Sie entstand um das Jahr 1100 anstelle von Harald Blauzahns ursprünglicher Holzkirche. Das Freigelände begrenzen zahlreiche weiße Betonpfähle. Sie erinnern an die große hölzerne Palisade, die den sagenhaften Königshof einst umgab.

INFO

MODERNES VEJLE

Ganz in der Nähe von Jelling überrascht die Hafenstadt Vejle mit kühner Architektur. Spektakulär präsentiert sich an der Hafenfront der wellenförmige Wohnkomplex »Bølgen« mit exklusiven Wohnungen hinter einer weißen Fliesenfassade, unvergleichliche Ausblicke inklusive. Das innovative »Fjordenhus« des dänisch-isländischen Künstlers Olafur Eliasson erhebt sich in Form von vier zusammenhängenden Zylindern 28 Meter aus dem Wasser, auf dem im Erdgeschoss sogar Kajakfahrten möglich sind. Über den öffentlich zugänglichen Räumen mit Kunst von Eliasson hat eine Firma ihren Sitz. Die runden, 40 Meter hohen Punkthäuser »De Fem Søstre« entstanden als modernes Wohngebiet auf einer alten Industriebrache. Und mit dem Farbenspiel der gläsernen Außentreppe wird in der Stadt selbst ein Zweckbau wie das Parkhaus »Tróndur« zum Kunstwerk.

WEITERE INFORMATIONEN

UNESCO-Welterbe Runensteine Jelling
whc.unesco.org/en/list/697
Vejle und Olafur Eliasson
www.visitvejle.de/vejle
olafureliasson.net

79

WELTERBE MAJESTÄTISCH – SCHLOSS KRONBORG

DAS HAMLET-SCHLOSS

Nationalsymbol der Dänen als Bühne für großes Beziehungsdrama

Das Renaissanceschloss am Öresund ist in Nordeuropa eines der schönsten. Die Anmut seiner Architektur setzt sich im Inneren in großen Sälen und intimen Gemächern fort. Seine weltweite Bekanntheit verdankt das Königsschloss jedoch dem englischen Großdramatiker William Shakespeare. Er machte den königlichen Hof von Helsingør zum Schauplatz für sein Beziehungsdrama um den dänischen Prinzen Hamlet.

Die Lage ist einzigartig. Ständig umspülen Ostseewellen die Landzunge der Insel Seeland, auf der seit dem 16. Jahrhundert das heutige Schloss Kronborg steht. Vom Meer ist die imposante Anlage nur durch schmale Landstreifen getrennt. Die vier Flügel mit Türmen und Zinnen umschließen den großen quadratischen Innenhof mit einem großen Brunnen. Wassergraben, Bastionen und Batterien von Kanonen verleihen dem Schloss vor allem von der Seeseite her den Anblick einer wehrhaften Festung.

Die schmalste Stelle des Öresund war für die Dänen von jeher von besonderer strategischer Bedeutung. An der

Meerenge kontrollierte schon seit dem späten Mittelalter die dänische Feste Krogen die Einfahrt in den Sund. Die Zolleinnahmen an der Grenze zu Schweden brachten denn auch der Stadt Helsingør Ansehen und Reichtum, wovon nicht zuletzt das neue Schloss profitierte. König Friedrich II. (1534–1588) ließ es im Stil der niederländischen Renaissance errichten: Details wie Türme, Kupferdach und Sandsteinornamente finanzierte der Sund-Zoll.

Rauschende Feste und herbe Verluste

Kostbare Gobelins bestimmten die Ausstattung der Räume, und die rauschenden Feste im Tanzsaal des Königs waren legendär. Damit war es jedoch nach dem Schlossbrand von 1629 zunächst vorbei. Den Flammen widerstand einzig die Schlosskirche. Beim Wiederaufbau erhielt die alte Schönheit zahlreiche barocke Ausschmückungen. Doch weiteres Ungemach brachte 1658 die Eroberung Kronborgs durch die Schweden. Dänemark verlor nicht nur Südschweden, sondern viele kostbare Kunstschätze.

Kronborg wurde anschließend militärisch befestigt, büßte aber bald seinen Status als Residenz ein. Stattdessen zog in die königlichen Gemäuer Militär ein – und blieb bis 1923. Gleichwohl sehen viele Dänen in dem Schloss ein nationales Symbol für die vergangene Größe des Königreichs, zu dem einst weite Teile Skandinaviens gehörten.

Den alten Mythos des Nationalhelden Holger Danske verkörpert in den Kasematten eine machtvolle Skulptur mit Schild und Schwert. Die Geschichte, die ursprünglich aus dem französischen Rolandslied kommt, kennt in Dänemark jeder: Holger der Däne schläft im Schloss bis zu dem Tag, an dem sein Land in arge Bedrängnis gerät. Dann wird er sich erheben und das Vaterland verteidigen.

Theatersommer mit »HamletScenen«

Ein Eigenleben als Hamlet-Schloss führt Kronborg, seit der englische Dramatiker William Shakespeare (1564–1616) sein Drama um den Prinzen von Dänemark nach Helsingør verlegte. Wahrscheinlich war der Dramatiker niemals dort; nachgewiesen sind aber mehrfache Auftritte von englischen Schauspielern. Von ihnen kannte Shakespeare möglicherweise auch die Gerüchte vom dekadenten Treiben am dänischen Hof.

Wie auch immer: 200 Jahre nach dem Tod des Dichters begann mit dem ersten »Hamlet« im Schloss die Shakespeare-Tradition. Bei Open-Air-Aufführungen gaben sich im 20. Jahrhundert die Großen der Szene ein Stelldichein – von Sir Laurence Olivier über Vivien Leigh, Gustaf Gründgens und Sir John Gielgud bis hin zu Richard Burton, Michael Caine und Donald Sutherland.

Im Jahr 2000 gab es mit einer neuen Theatercompany den ersten »Hamlet-Summer«, acht Jahre später wurden daraus die »HamletScenen«. Auch dieses alljährliche Sommerfestival kann sich mit großen Namen schmücken, etwa Simon Russel Beale, David Dencik, Jude Law oder Lars Eidinger.

↖ Kronborg: Heimat von Holger Danske und Spiegelbild dänischer Geschichte.

INFO

TIVOLI
Der legendäre Freizeitpark in Kopenhagen war die Idee eines umtriebigen Zeitungsverlegers, der 1843 den König um Erlaubnis für den Bau eines Lustgartens bat. Entstanden ist eine bunte Fantasiewelt aus Park, Fahrgeschäften und Cafés. Zu den Highlights gehört die hölzerne Achterbahn von 1914. Deutlich moderner ist die »Aquila«-Anlage, in der die Mitfahrer in einem gigantischen Adler kopfüber mit atemberaubender Geschwindigkeit über dem Gelände kreisen. Vier Millionen Menschen vergnügen sich jährlich in Tivoli – bei Ausflügen in exotische Länder, in das herbstliche Halloween-Universum oder zur vorweihnachtlichen Christmas Time mit unzähligen funkelnden Lichterketten. Im Sommer gibt es zudem Open-Air-Konzerte von Rock bis Jazz, und auf dem großen See in der Mitte ziehen Boote geruhsam ihre Runden.

WEITERE INFORMATIONEN
UNESCO-Welterbe Schloss Kronborg
whc.unesco.org/en/list/696
visitdenmark.de/daenemark/explore/schloss-kronborg-unesco-weltkulturerbe-gdk1077722
HamletScenen
hamletscenen.dk/en/
Tivoli
visitcopenhagen.de/kopenhagen/aktivitaeten/tivoli

JAWORT ÜBERM ABGRUND

Dänische Kreidefelsen spiegeln Millionen Jahre Erdgeschichte

Die Wellenlinien der unterschiedlichen Gesteinsschichten sind das Ergebnis geologischer Entwicklungen vor Millionen von Jahren. Wissenschaftlern ermöglichen sie aufschlussreiche Einblicke in vorgeschichtliche Abläufe. Und heutige Besucher können in der einzigartigen Landschaft am Meer für unvergessliche Höhepunkte im persönlichen Leben ein ganz besonderes Ambiente entdecken.

Die Hochzeit wird ein spektakuläres Ereignis. Während der Standesbeamte die üblichen Formalien vorträgt, weht durch die offene Tür eine leichte Brise herein. Der Luftzug kommt vom Meer her, das sich bis zum Horizont schier endlos weitet und unten mit kleinen Wellen unermüdlich die Kieselsteine umspült. Wenn dann das frisch getraute Paar zum Hochzeitskuss heraustritt aus der Kirche, steht es 30 Meter über dem Abgrund. Wer in diesem Moment schwindelfrei ist, ist im Vorteil.

Wo sich heute eine Aussichtsterrasse über der Klippe erhebt, war einst der Altarraum der alten Kirche von Højerup. Als sie um 1250 auf der dänischen Halbinsel Stevn erbaut wurde, stand sie noch in sicherer Entfernung vom Meer. Doch im Laufe der

↑ Kirche ohne Altarraum: Ostseewellen lösten einen Erdrutsch aus.
↙ Beredte Spuren vorzeitlicher Vergangenheit an der Ostsee.

Zeit wurde die Steilküste Meter um Meter von den Ostseewellen ausgehöhlt und abgetragen. Um 1600 hatte die Küste den Friedhof erreicht, drei Jahrhunderte später musste die Kirche gesperrt werden. Die Katastrophe folgte 1928.

Als der Chorraum abbrach, landeten außer dem Altar auch Grabsteine, Särge und Skelette am Ufer. Der erhaltene Teil der Kirche nach dem dramatischen Küstenrutsch wurde mit massiven Mauern abgestützt und dauerhaft gesichert, hinzu kam die kleine Terrasse. Neben dem Kirchhof führt eine steile Treppe hinab zum Wasser. Mit diesem Ambiente wurde Højerup am 15 Kilometer langen Steilufer der Insel Seeland zum beliebtesten Anziehungspunkt. Und dies nicht nur für Hochzeitspaare.

Spannendste Steilküste am Öresund

Überhaupt ist Stevns Klint am Öresund unter den dänischen Steilküsten die spannendste. Die unterschiedlichen Gesteinsschichten der 41 Meter hohen Klippe zeichnen lange, geschwungene Wellenlinien, die der Küste über der Wasserfläche eine einzigartige Dynamik verleihen. Fachleute können an den Formationen erdgeschichtliche Ereignisse von erheblicher Tragweite ablesen. Dazu gehören vor allem die Spuren eines gewaltigen Asteroiden, dessen Einschlag vor 66 Millionen Jahren zum Aussterben der Dinosaurier führte.

Wissenschaftler schließen diese Tatsache aus dem schmalen Band von Fischton zwischen der untersten weichen Schicht vom Ende der Kreidezeit und dem harten Kalkstein. Die graubraune Färbung der Zwischenschicht aus fünf bis zehn Zentimeter Ton resultiert aus dem hohen Anteil des seltenen chemischen Elements Iridium, das mit dem Asteroiden auf die Erdoberfläche traf. Der geradezu apokalyptische Einschlag hatte globale Auswirkungen: Er vernichtete über die Hälfte aller Tiere und Pflanzen auf der Erde.

Wahre Fundgrube für Fossilien

Stevns Klint ist aber auch eine wahre Fundgrube für Fossilien. In Jahrmillionen haben Kreide und Kalk unzählige Skelette und winzige Schalenteile von Algen und Moostieren konserviert. Bereits gefunden wurden zudem verschiedene Seeigel und Korallen. Durchaus denkbar sind außerdem selbst Haifischzähne oder Teile von Mosasauriern. Jedenfalls wurden manche Funde schon zu Objekten von großem wissenschaftlichem oder naturhistorischem Wert erklärt.

Für ambitionierte Fossiliensammler gelten allerdings strenge Regeln. Danach darf nur in abgestürzten Blöcken gegraben werden, niemals aber direkt in der Klippe. Völlig tabu ist der Fischton mit den Spuren des Massensterbens vor 66 Millionen Jahren. Und unterhalb der Kirche von Højerup darf generell nur das eingesammelt werden, was lose am Strand herumliegt. Auch herabgefallene Kreide- und Kalkstücke dürfen getrost mit nach Hause genommen und dort untersucht werden.

INFO

STEVNSFORT MUSEUM

Die 22 Kilometer lange Wanderroute auf der steilen Klippenkante mit grandiosen Ausblicken auf die Ostsee führt unter anderem nach Stevnsfort, wo im Museum die Zeit des Kalten Krieges lebendig wird. Der massiv ausgebaute NATO-Standort sollte die Halbinsel Stevn verteidigen, die im Falle eines östlichen Angriffs an vorderster Front gelegen hätte. Deshalb war Stevnsfort 40 Jahre lang rund um die Uhr in ständiger Alarmbereitschaft und bis zum Jahr 2000 ein geheimer Ort. Nunmehr vermittelt die atomsichere Festung als Museum einen authentischen Eindruck von der damaligen Situation. Der beklemmende Rundgang führt unter anderem zu gewaltigen Kanonen und 18 Meter unter der Erde durch fast zwei Kilometer lange Gänge. Ergänzend werden den Museumsbesuchern Filme über den Kalten Krieg angeboten.

WEITERE INFORMATIONEN

UNESCO-Welterbe Stevns Klint

whc.unesco.org/en/list/1416

danischeostseeinseln.de/stevns-klint

stevnsklint.com/de/front/

81

WELTERBE ABENTEUERLICH – FJORDE WESTNORWEGENS

WASSER, EIS UND HOHE BERGE

Einzigartige Küstenlandschaft mit atemberaubenden Perspektiven

Fjord ist wohl das einzige norwegische Wort, das in der ganzen Welt verstanden wird. Im Land seines Ursprungs steht es für eine uralte Geschichte von Naturgewalten, die über Jahrmillionen eine einzigartige Landschaft aus Wasser, Eis und Bergen hervorgebracht haben. Entstanden ist ein Labyrinth aus Tausenden Tälern mit steilen Berghängen, imposanten Wasserfällen und weithin unberührter Natur.

Zu den schönsten Hinterlassenschaften der Eiszeit gehört zweifellos die eindrucksvolle skandinavische Westküste. Eine schier endlose Reihe von Fjorden erstreckt sich an den 57.000 Küstenkilometern Norwegens weit ins Landesinnere. Mehr als 1700 dieser schmalen Meeresarme haben einen Namen. Das heißt: Die tatsächliche Zahl der Fjorde mit steilen Berghängen, atemberaubenden Klippen und vielen Verästelungen ist weitaus größer.

Ihre heutige Form erhielt diese Küstenlandschaft vor etwa 12.000 Jahren nach dem letzten von insgesamt 40 Eiszeitzyklen. Mit jeder dieser Eiszeiten haben gewaltige Massen von

Gletschereis, Schmelzwasser und Kies das Felsgestein immer tiefer ausgegraben, sodass die Flusstäler nach dem Zurückweichen der Geröllmassen schließlich vom Meer geflutet wurden.

Mystischer Geist über dem Wasser

Am größten Fjord Norwegens, dem über 200 Kilometer langen Sognefjord mit einer Tiefe von bis zu 1300 Metern, verzweigen sich nicht weniger als 30 Fjordarme. Einer davon ist der 17 Kilometer lange Nærøyfjord, den Fachmagazine wiederholt zum schönsten Reiseziel der Welt wählten. Zu beiden Seiten des Meeresarms klammern sich kleine Bauernhöfe an steile Berghänge.

Sie sind bis zu tausend Meter hoch, und gelegentlich stürzen von dort wilde Wasserfälle herab. Insgesamt aber geht es in der magisch-mystischen Atmosphäre dieser einzigartigen Fjordschlucht eher ruhig zu. Selbst die Fahrten auf einer Fähre in den benachbarten Aurlandsfjord leben von dieser Stimmung.

Dagegen bietet das Wikingerdorf Njardarheimr in dem kleinen Ort Gudvangen aufschlussreiche Einblicke in die Lebenswelten der Vorfahren. Führungen durch das Dorf zeigen altes Handwerk und den traditionellen Lebensstil im Alltag der Wikinger, wenn sie gerade mal nicht zu Eroberungen und Plünderungen in der Welt unterwegs waren. Und im historischen Speisehaus werden Besucher mit einem authentischen Wikinger-Menü bewirtet.

Andrang am Geirangerfjord

Der Geirangerfjord 120 Kilometer weiter nördlich offenbart seine unerwechselbare Schönheit vor allem jenseits der alljährlichen Touristensaison. Wenn im Spätsommer der *overtourism* langsam zu Ende geht, wird die unverwechselbare Landschaft um Geiranger wieder zu einem lohnenden Ziel.

Dabei erweist sich die kleine Ortschaft mit dem Charme ihrer alten Holz- und Bootshäuser als idealer Ausgangspunkt für unvergessliche und abenteuerliche Streifzüge im Hochgebirge, zum Beispiel für eine Wasserfallwanderung, auf der nach 327 Stufen das Norwegische Fjordzentrum erreicht ist.

Ein anderer Wanderweg führt zum verlassenen Bauernhof Skageflå auf einem 250 Meter hohen Bergvorsprung – inklusive fantastischer Ausblicke über den Fjord und zum Wasserfall »Die sieben Schwestern« gegenüber. Anspruchsvoller indes ist der »Geiranger Skywalk« zum Aussichtspunkt Dalsnibba 1500 Meter über dem Fjord. Der Weg hinauf zum Fjordpanorama symbolisiert seit seiner Eröffnung 1939 den Fremdenverkehr in Geiranger.

Höhepunkt des Nationalwanderwegs Fosseråsa zum Storsæter-Wasserfall ist die hautnahe Begegnung mit dem ungezähmten Sprühnebel der tosenden Wassermassen. Der Weg dorthin bietet immer neue Eindrücke einer reichen Flora und Fauna. Einige der Steinabschnitte wurden von nepalesischen Sherpas fachmännisch angelegt. Vergleichsweise bequem ist dagegen ein Roadtrip entlang der Adlerstraße (Ørnevegen) mit recht vielen Haarnadelkurven und atemberaubenden Panoramablicken.

⇖ Nichts für schwache Nerven: Sonnenuntergang über dem Aurlandsfjord.

INFO

FLÅMBAHN

Am Aurlandsfjord beginnt eine der schönsten Eisenbahnstecken der Welt. Vom Meeresspiegel in Flåm bis zur Bergstation Myrdal überwindet sie in etwa einer Stunde über 850 Höhenmeter. Auf den 20 Kilometern ins Hochgebirge zeigen sich den Fahrgästen der kleine Ort und die wechselnden Landschaften im Tal des Flüsschens Flåm in immer neuen Perspektiven. Unterwegs sind 20 Tunnel ebenso inklusive wie ein Fotostopp am tosenden Wasserfall Kjosfossen. Auch sonst lohnt sich das Aussteigen: An der Bahnstrecke beginnen mehrere Wanderrouten durchs Hochgebirge. So führt von der Station Reinunga aus ein Wanderweg zum Kjofossen und weiter den Berg hinauf zum knapp 1200 Meter hohen Sjebergsnuten. Die Tour von Myrdal zurück nach Flåm ist ein Erlebnis besonders für Mountainbiker, aber auch für geübte Outdoor-Aktivisten. Schließlich ist Myrdal auch der Umsteigebahnhof zur Bergenbahn zwischen Oslo und Bergen.

WEITERE INFORMATIONEN

UNESCO-Welterbe Westnorwegische Fjorde
whc.unesco.org/en/list/1195
Flåmbahn
norwaysbest.com/de/flamsbana/flamsbana---the-flam-railway/

EINE VERSUNKENE WELT

Romantische Bootsfahrt führt zu legendärem Handelsplatz

Siedlungen an den Schnittpunkten von Handelswegen lebten stets vom Austausch zwischen Menschen, Ländern und Kulturen. Doch auf Zeiten wirtschaftlicher Blüte folgten häufig Jahre des Niedergangs. Oft blieben von der einstigen Größe nicht viel mehr als imposante Ruinen oder archäologische Fundstücke. In Schweden führt zu einem solchen Ort aus alter Zeit eine zweistündige Bootsfahrt.

Die Überfahrt hatte es in sich. Auf halber Strecke seien sie »in die Hände von Piraten« gefallen, heißt es in einem Bericht über die Reise des Bischofs Ansgar von Bremen (801–865) im Jahr 829 über die Ostsee. Ansgar und sein Begleiter wurden überwältigt und ausgeraubt, »und sie selbst konnten sich gerade noch knapp zu Fuß an Land retten«. Die frommen Männer kamen direkt aus Haithabu. Für ihre Missionsreise zu den Wikingern in Birka nutzten sie eines der Handelsschiffe, die regelmäßig zwischen Jütland und Skandinavien unterwegs waren.

Die Wikinger waren keineswegs nur furchterregende Eroberer und Plünderer, die Europa in Angst und Schrecken versetzten. Ihre Fahrten bis ins Mittelmeer, nach Russland und bis zum

↑ Verzierter Runenstein im Wikinger-Komplex von Birka und Hovgården.
↙ Der Mälarsee mit dem Handelsplatz Birka war einst eine offene Ostsee-Bucht.

Schwarzen Meer waren schon vor tausend Jahren so etwas wie lebendiger Kulturaustausch. Handelsrouten führten kreuz und quer über die Ostsee, und Birka war zu dieser Zeit der wichtigste nordeuropäische Handelsplatz. Ein Segelschiff nach Russland brauchte von dort aus etwa fünf Tage. Eine andere Wikinger-Route führte zum Weichsel-Delta im heutigen Polen.

Florierender Tauschhandel

Birka auf der Insel Björkö lag bei seiner Gründung um das Jahr 790 noch direkt an einer Ostseebucht. In den besten Jahren ihrer 200-jährigen Geschichte lebten in der Siedlung bis zu eintausend Menschen. Für sie baute Bischof Ansgar die erste Kirche Skandinaviens. Über Wohl und Wehe von Birka, dessen Blüte eng verknüpft war mit dem Aufschwung und Niedergang der Wikingerzeit, befand der Königshof Hovgården auf der Nachbarinsel Adelsö.

Wie in anderen Wikingerhäfen florierte auch in dieser Hafenstadt der Tauschhandel. Aus dem Landesinneren wurden Eisen, Hörner, Fell und Pelz herangeschafft, dafür gab es als Gegenleistung Waren aus Ost- und Westeuropa, dem Orient und aus Asien. Zeugnisse für Handel und Wandel in Birka fanden Archäologen bisweilen als Grabbeigabe, darunter Keramik aus dem Frankenreich und Silberschmuck vom Dnjepr. Andernorts entdeckten sie arabisches Silber und Reste edler Seidenstoffe aus Asien. Zudem haben Handwerker aus dem heutigen Deutschland und dem Orient Spuren ihrer Werkstätten hinterlassen.

Wikinger-Enthusiasten erreichen Birka von Stockholm aus nach einer zweistündigen romantischen Bootsfahrt über den Mälarsee, der über Jahrhunderte durch geologische Veränderungen aus der früheren Mälarenbucht entstanden ist. Neben seiner einzigartigen Naturschönheit gehören an seinen Ufern die Schlösser Drottningholm und Gripsholm zu den schönsten Highlights.

Von der alten Wikingerstadt Birka auf Björkö blieb nur eine dunkle Siedlungsschicht. Ihre Fläche von sieben Hektar gibt eine ungefähre Vorstellung von der einstigen Größe. Begrenzt wird das ehemalige Siedlungsgebiet von einem riesigen Gräberfeld mit fast 3000 Grabhügeln.

Keltenkreuz für Bischof Ansgar

Auf einer felsigen Anhöhe mit alten Burgwällen erinnert ein großes keltisches Kreuz an Bischof Ansgar. Eine anschauliche Vorstellung von der Zeit seines Wirkens in Birka gibt eine rekonstruierte Siedlung. Die Nachbauten entstanden aus den gleichen Materialien wie vor tausend Jahren.

Modelle der alten Wikingerstadt präsentiert das Museum auf einer kleinen Landzunge. Darüber hinaus sind Repliken wertvoller Fundstücke ausgestellt. Die Originale werden in Stockholm im Historischen Museum und im Königlichen Münzkabinett aufbewahrt.

INFO

PER E-BIKE UM DEN MÄLARSEE

Schwedens drittgrößter See ist mit knapp 1100 Quadratkilometern etwa doppelt so groß wie der Bodensee. Eine einwöchige Tour per E-Bike führt bei Tagestouren um die 50 Kilometer an seine schönsten Stellen und berühmte Sehenswürdigkeiten. Nach dem Auftakt in Stockholm führt die Route zunächst über Drottningholm nach Södertälje und am nächsten Tag nach Gripsholm. Weiter geht es zu dem früheren Handelsplatz Eskilstuna. Nach der Überquerung des Mälarsees sind Altstadt und Dom in Västerås lohnende Ziele. Es folgt Enköping, das bekannt ist für schöne Gärten und über 180 Runensteine. Mit Sigtuna als letzter Station ist die älteste noch bestehende schwedische Stadt erreicht. Sie löste um das Jahr 960 die Stadt Birka als Handelszentrum der Mälarregion ab.

WEITERE INFORMATIONEN

UNESCO-Welterbe Birka und Hovgården
whc.unesco.org/en/list/555
Radtour um den Mälarsee
asi-reisen.de/r/2searn002b

83

WELTERBE MAJESTÄTISCH – SOMMERSCHLOSS DROTTNINGHOLM

IM EINKLANG MIT DER NATUR

Willkommene Alternative zur Geschäftigkeit in der Hauptstadt

Nachdem das ursprüngliche Lustschloss auf einer Insel im Mälarsee in Flammen aufgegangen war, entstand mit dem neuen Sommerschloss die größte Barockanlage Schwedens. Nach wiederholten Ergänzungen und Erweiterungen steht das Schloss heute für annähernd 400 Jahre Kulturgeschichte, die bei einem Rundgang lebendig werden. Ein Teil des Schlosses ist ständiger Wohnsitz der schwedischen Königsfamilie.

Schon die Anreise ist ein Erlebnis. Während das Schiff gemächlich übers Wasser gleitet, scheint das Großstadtgetriebe von Stockholm Lichtjahre entfernt. Dafür tut sich bei der einstündigen Fahrt über den Mälarsee eine Ferienlandschaft wie aus dem Bilderbuch auf. Das Ufer bietet ein Wechselspiel von dichtem Wald und typischen Sommerhäusern, gelegentlich sitzen auf Steinen regungslose Angler, beim Warten auf den großen Fang genießen sie die Schönheit der Gegend.

Geradezu unvermittelt kommt dann das große Schloss in den Blick: Drottningholm ist die gewaltigste Barockanlage Schwedens. Die Insel Lovön in der Nähe von Stockholm gefiel dem Königshaus schon frühzeitig. Den Namen Drottningholm, auf Deutsch »Königsinsel«, erhielt sie gegen Ende des 16. Jahrhunderts mit dem ersten Schloss. Nach dessen Zerstörung durch eine Brandkatastrophe ließ Königinwitwe Hedwig Eleonora (1636--1715) ab 1661 das neue Sommerschloss errichten.

Ein Ort kultureller Blüte

Im 18. Jahrhundert wurde Drottningholm dann unter König Adolf Friedrich (1710–1771) zu einem Ort kultureller Blüte. Regelmäßig trafen sich dort Künstler, Schriftsteller und Gelehrte. Für die Königsfamilie war das Schloss aber auch stets eine willkommene Alternative zum Alltag in der Hauptstadt. Dabei hinterließ jede Generation die Spuren ihres Zeitgeschmacks. Der barocke Schlosspark wurde ergänzt um einen englischen Garten, neue Gebäude kamen hinzu.

Einer der Höhepunkte für heutige Besucher ist zweifellos das Paradeschlafzimmer von Hedwig Eleonora in zartem Blau und Gold. Die Bibliothek beeindruckt durch ihr üppiges Rokoko. Ihre vergoldeten Pilaster und ein reicher Ornamentschmuck machen sie zu einem der schönsten Räume Schwedens. Mit einem spektakulären Kachelofen überrascht der Chinesische Salon. Er spiegelt die höfische Vorliebe des 18. Jahrhunderts für alles Fernöstliche. Die Begeisterung für das mystische Reich kommt nicht zuletzt im Chinesischen Schlösschen zum Ausdruck. Königin Luise Ulrike (1720–1782) war denn auch entzückt, als Adolf Friedrich ihr den exotischen und etwas versteckten Pavillon am Rand des Schlossparks 1753 schenkte.

Für die Hofgesellschaft galt im Schlösschen ein spezielles Reglement, das der König höchstpersönlich jeden Tag neu festlegte. Heftete er morgens die Spielkarte Herz König an die Tür zum Audienzzimmer, war schönes Wetter befohlen. Was bedeutete, sich ins Schlösschen zu begeben und dort den ganzen Tag zu verbringen … bis zum Abendessen. Wenigstens durften die Herren auf die Galauniform verzichten: Dort durfte es gern etwas saloppper sein – es reichte der Frack.

Intaktes Theater aus dem Barock

Das Schlosstheater von 1766 ist europaweit eines der wenigen Barocktheater, das noch mit der ursprünglichen Bühnentechnik bespielt wird. Nach der Schließung 1792 fiel die Bühne bis 1921 in einen Dornröschenschlaf, wurde aber danach sorgfältig restauriert und ein Jahr später wiedereröffnet. Seither können jeweils rund 400 Zuschauer in historischem Theaterambiente das Wogen der Wellen- und Toben der Windmaschine miterleben.

Die Musiker spielen dazu im nachempfundenen Musizierstil der damaligen Zeit. Alljährlich im Sommer gibt es Opernfeste mit einem Repertoire von Monteverdi über Rameau und Händel bis hin zu Haydn, Gluck und Mozart. Und bei gelegentlichen Aufführungen unter freiem Himmel können es sich die Zuschauer auf der Schlosswiese bequem machen.

⇱ Barockes Refugium in der malerischen Umgebung von Stockholm.

INFO

SCHLOSS GRIPSHOLM
Ein paar Buchten weiter westlich auf dem Mälarsee empfängt Schloss Gripsholm seine Besucher. Die massive Ziegelburg mit 400-jähriger Geschichte erhebt sich malerisch über der Kleinstadt Mariefred. Der Schriftsteller Kurt Tucholsky (1890 bis 1935) hat Schloss Gripsholm mit seiner gleichnamigen romantischen Sommergeschichte unsterblich gemacht. Das Museum zeigt zahlreiche gut erhaltene Räume aus dem 16. Jahrhundert. Wichtigste Sehenswürdigkeiten sind Schwedens berühmte Gesichter in der staatlichen Porträtsammlung mit Tausenden Gemälden. Einer der runden Renaissancetürme beherbergt ähnlich wie Drottningholm ein Barocktheater aus dem 18. Jahrhundert, von dem Kulissen und Teile der Bühnentechnik erhalten sind. Natur pur gibt es ganz in der Nähe mit dem Hirschgehege im Naturreservat Gripsholms Hjorthagen.

WEITERE INFORMATIONEN
UNESCO-Welterbe Schloss Drottningholm
whc.unesco.org/en/list/559
kungligaslotten.se/language/auf-deutsch/schloss-drottningholm.html
Schloss Gripsholm
kungligaslotten.se/language/auf-deutsch/schloss-gripsholm.html

Flugs mit dem Rentierschlitten durch die Schneewüste Lapplands.

84

WELTERBE ABENTEUERLICH – LAPPLAND

WILDE SCHÖNHEIT HOCH IM NORDEN

Unendliche Weiten am Polarkreis mit unberührter Natur

Das arktische Laponia im Norden Skandinaviens ist seit über zweitausend Jahren die Heimat der Lappen oder Sámi, wie sich das Nomadenvolk selbst nennt. Ihr Leben mit den Rentierherden wird seit Generationen bestimmt vom sorgsamen Umgang mit der Natur.

Der schwedische Teil von Lappland will erobert sein. Der Weg zum Ende der Welt ist verstellt durch gewaltige Bergmassive. In den Wäldern sind neben Elchen und Wölfen auch Braunbären zu Hause. Der südlichste Zipfel des Laponia-Gebietes liegt eintausend Straßenkilometer nördlich von Stockholm und kurz hinter dem Polarkreis. Dort erweist sich die Kleinstadt Jokkmokk als idealer Ausgangspunkt zum Eintauchen in die unendlichen Weiten einer unberührten Natur.

Unter den Regionen in Europa, die von menschlichem Tun am wenigsten beeinflusst sind, ist Lappland eine der größten. Abenteurer und Globetrotter haben sie längst als bevorzugtes Ziel für ausgedehnte Touren nach dem Motto »Zurück zur Natur« entdeckt. Bei Streifzügen durch die alte und kalte Kulturlandschaft mit vier Nationalparks werden Einsamkeit und Stille nur hin und wieder unterbrochen durch das Rauschen von Wasserfällen oder der Blätter im Wald.

INFO

GUTE NACHT IM EISPALAST
Ganzjährig geöffnet ist das berühmte »Icehotel« in Jukkasjärvi mit 22 Suiten, Eisbar und Kunstgalerie.

WEITERE INFORMATIONEN
UNESCO-Welterbe Lappland
whc.unesco.org/en/list/774
Icehotel
icehotel.com

Der Dom aus dem 12. Jahrhundert hinter einer der Kirchenruinen.

85

WELTERBE HISTORISCH – HANSESTADT VISBY

DIE KÖNIGIN DES MEERES

Malerische Altstadt auf Gotland inmitten dicker Mauern

Der alte Hafen ist längst verlandet, von vielen Kirchen stehen nur noch imposante Ruinen. Doch die malerische Altstadt innerhalb der erhaltenen Befestigungsanlagen lässt den einstigen Reichtum der Handelsstadt auf Gotland unschwer erahnen.

Schon in vorchristlicher Zeit kreuzten sich auf der schwedischen Insel Gotland die Handelsrouten zwischen Westeuropa und dem Baltikum. Aus der anfangs nur sporadisch bewohnten Siedlung an der Ostküste entstand schließlich die Hafenstadt Visby. Sie war im 12. Jahrhundert der wichtigste Handelshafen im Ostseeraum und die nach Lübeck wichtigste Hansestadt.

Mit dem Beinamen »regina maris«, Königin des Meeres, schmückt sich Visby bis heute. Auch der Stadtkern ist untrennbar verbunden mit der einstigen Blütezeit im Mittelalter. Damit war es jedoch vorbei, als 1361 der Dänenkönig Waldemar IV. (1321–1375) Gotland eroberte. Geblieben sind über 200 Gebäude aus dieser Zeit. Umgeben sind sie von einer dreieinhalb Kilometer langen Stadtmauer. Die meisten Türme sind nach wie vor intakt – ganz im Gegensatz zu den vielen stattlichen Kirchenruinen. Erhalten blieb der dreitürmige Dom.

INFO

VILLA KUNTERBUNT

Im Freizeitpark Kneippbyn steht die »echte« Villa Kunterbunt aus den Pippi-Langstrumpf-Filmen.

WEITERE INFORMATIONEN

UNESCO-Welterbe Visby
whc.unesco.org/en/list/731
Kneippbyn
parkerlebnis.de/kneippbyn.html

SAHARA AN DER OSTSEE

Verwunschener Sehnsuchtsort an Europas längstem Sandstrand

Als wieder einmal das Meer tobte, half den bedrohten Fischern die schöne blonde Riesin Naringa, indem sie vor der Küste in der Ostsee große Sandhaufen aufschüttete. Daraus wurde die schmale Landzunge der Kurischen Nehrung. Das Haff dahinter bot fortan sichere Fischgründe in ruhigen Gewässern … So jedenfalls beschreiben baltische Legenden die Anfänge der einzigartigen Dünenlandschaft.

Die Wirklichkeit war wohl deutlich prosaischer. Nach der letzten Eiszeit hatten die Gletscher im neuen Binnenmeer Ostsee eine 80 Meter dicke Grundmoräne hinterlassen, von der nur noch zwei Inseln um die heutigen Orte Rybatschi und Selenogradsk aus dem Wasser ragten. Stetiger Westwind und Wellen trieben permanent Sand von der samländischen Küste gegen diese Inseln und ließen sie jedes Jahr um bis zu sechs Meter in Richtung Nordosten wachsen – bis zu einer Länge von fast hundert Kilometern.

Besiedelt ist die Dünenlandschaft vor der heute litauischen und russischen Ostseeküste seit dem vierten vorchristlichen Jahrhundert. Seither entwickelte sich das Leben auf der Halbinsel, die an der schmalsten Stelle nur 380 Meter breit ist, im ständigen Wechselspiel von Mensch und Natur, mitunter mit gravierenden Folgen: Nach dem rigorosen Abholzen der dichten Kiefernwälder vor 500 Jahren begann der Sand wieder zu wandern; unter den Wanderdünen verschwanden mit der Zeit insgesamt 14 Dörfer.

↑ Segelboote im Hafen des kleinen Dorfes Nida.
↙ Mehr Romantik geht nicht: Sonnenaufgang über einer Wanderdüne.

Naturpark mit strengen Regeln

Korrigiert wurde der verhängnisvolle Eingriff in das ökologische Gleichgewicht erst im 19. Jahrhundert. Neue Kiefern und systematische Bepflanzungen stoppten die Dünen. Geblieben ist die mächtige weiße Landschaft der »Sahara des Nordens« mit Sand bis zum Horizont. Seit 1990 steht die Landschaft als Naturpark unter besonderem Schutz. Dafür gelten strenge Auflagen: kein Verlassen der befestigten Wege, kein wildes Campen, kein offenes Feuer.

Wer sich daran hält, kann in der Nähe von Nida auf der größten Düne Europas mit ihrem 60 Meter hohen Plateau faszinierende Ausblicke auf die schier unendlichen Weiten des Meeres genießen. Begeistert von der Dünenlandschaft zeigte sich schon der preußische Gelehrte Wilhelm von Humboldt (1767–1835): »Die Kurische Nehrung ist so merkwürdig, dass man sie eigentlich ebenso gut als Spanien und Italien gesehen haben muss, wenn einem nicht ein wunderbares Bild in der Seele fehlen soll«, so schrieb er 1809 an seine Frau Caroline.

Hundert Jahre später entdeckten Künstler zunehmend das Leben zwischen Dünen und Haff als Sujet für ihre Bilder. Neben ambitionierten Laien und Tiermalern gehörten dazu auch namhafte Maler wie Lovis Corinth (1858–1925), Karl Schmidt-Rottluff (1884–1976) und Max Pechstein (1881–1955). Pechstein erinnerte sich später daran, wie er dort »zum ersten Mal den berauschenden ewigen Rhythmus des Meeres« erlebt hatte: »Ich sog mich voll mit Licht und Farbe in der von den Menschen nicht verdorbenen Natur.«

Oase der Entschleunigung

Diese Atmosphäre ist bis heute ungebrochen, trotz der politischen Veränderungen des vorigen Jahrhunderts: Seit dem Ende des Zweiten Weltkrieges ist die Kurische Nehrung geteilt. 52 Kilometer gehören zu Litauen, 46 Kilometer zur russischen Provinz Kaliningrad, dem früheren Königsberg. Über die Grenze in das litauische Nida gelangt man nur mit Visum. Den kleinen Ort mit den pittoresken bunten Häusern entdecken immer mehr Reisende aus ganz Europa als willkommene Oase der Entschleunigung.

Von Wind und Meer, Dünen und Wellen der Kurischen Nehrung fühlte sich einst auch Thomas Mann (1875–1955) magisch angezogen. Als frisch geehrter Nobelpreisträger ließ er sich 1929 in der damaligen Künstlerkolonie Nidden ein Sommerhaus bauen. Heute befinden sich dort ein Museum und ein umtriebiges Kulturzentrum. Nur wenige Kilometer entfernt präsentiert sich das kleine Juodkrantė, das frühere Schwarzort, als ein historisches Beispiel für den Bernsteinhandel an der Ostsee. Im 19. Jahrhundert wurde dort mit großen Baggern tonnenweise Bernstein zutage gefördert.

INFO

MINI-KREUZFAHRT

Die alte Hafenstadt Klaipeda vor der Nordspitze der Kurischen Nehrung ist von Deutschland aus per Mini-Kreuzfahrt in etwa 24 Stunden erreicht. Von der Dünenlandschaft ist die drittgrößte Stadt Litauens nur durch einen schmalen Durchlass zwischen Ostsee und Haff getrennt. Die Altstadt des früheren Memel mit verwinkelten Gassen und viel Kopfsteinpflaster bietet neben architektonischen Zeugnissen einer langen Geschichte zahlreiche kleine Geschäfte, Cafés und Restaurants. Auf dem Theaterplatz hat die Geburtsstadt des Barockdichters Simon Dach (1605 bis 1659) ihrem berühmten Sohn ein Denkmal mit »Ännchen von Tharau« gesetzt. Das Segelschiff »Meridianas« bietet kulinarisches Litauen, während in den Fachwerkbauten des Kunsthofes mehrere Werkstätten Einblicke in litauisches Handwerk ermöglichen.

WEITERE INFORMATIONEN

UNESCO-Welterbe Kurische Nehrung
whc.unesco.org/en/list/994
Thomas-Mann-Haus
thomas-mann-haus.de
Klaipeda
lithuania.travel/de/news/top-10-sehenswurdigkeiten-klaipeda

87

WELTERBE ERSTAUNLICH – RIGA, TALLINN, VILNIUS

PERLEN DES BALTIKUMS
Hauptstädte sind Zeugen einer wechselvollen Geschichte

Kaum eine andere Region in Europa war so stark von den Wechselfällen der Geschichte betroffen wie die drei Länder des Baltikums. Ihre Hauptstädte sind Spiegelbilder dieser Entwicklung. Bis zur Unabhängigkeit im späten 20. Jahrhundert, nach vielen Jahren der Fremdherrschaft, war es ein langer und schwieriger Weg. Umso bedrohlicher wirken die neuerlichen Begehrlichkeiten des aggressiven östlichen Nachbarn.

Das Monument aus Sowjetzeiten ist in der Silhouette der Stadt nicht zu übersehen: Die Einwohner von *Riga* (Lettland) nennen ihre Wissenschaftsakademie im Stil des sozialistischen Klassizismus kurzerhand »Stalins Geburtstagstorte«. Mit ähnlichen »Geschenken« setzte sich die Sowjetunion auch in anderen Ländern Osteuropas ungeliebte Denkmäler. Weitaus interessanter sind jedoch in der lettischen Hauptstadt deren historische Viertel. Vom 72 Meter hohen Turm der Petrikirche bieten sie ein faszinierendes Panorama.

Die lange Geschichte von der Hanse bis zur größten Hauptstadt im Baltikum ist ablesbar an mehr als 500 mehr oder weniger historischen Gebäuden. Das Rigaer Schloss am Ufer der Düna war einst Ordensburg des Deutschritterordens und ist heute Sitz des Staatspräsidenten. Das dortige Nationalmuseum ist das drittälteste Museum Lettlands. Im imposanten Schwarzhäupterhaus aus dem 14. Jahrhundert traf sich einst die Bruderschaft unverheirateter Kaufleute.

Als älteste Wohnhäuser sind die »Drei Brüder« erhalten. Im Stil der niederländischen Renaissance erinnern sie an enge Kontakte zu Kaufleuten aus den Niederlanden. Dagegen wird im barocken Haus von Dannenstern die Lebensweise der wohlhabenden Rigaer im Mittelalter lebendig. Alle diese Orte liegen an den Touristenmeilen der Altstadt mit belebten Cafés, Restaurants und Läden. Und nach dem Flanieren über altes Kopfsteinpflaster bieten neben den großen Kirchen vor allem der Johannishof und der Konventhof Momente der Ruhe.

Mittlerin zwischen Ost und West

Die alte Handelsstadt *Vilnius* (Littauen) verstand sich im 15. und im 16. Jahrhundert als Mittlerin zwischen den Städten Russlands und der Hanse. Zu Füßen der Burg Wilna war bereits in den Jahrhunderten zuvor eine Siedlung von Kaufleuten entstanden. Die Geschichte des ständigen Austauschs zwischen östlichen und westlichen Kulturen zeigt sich in der zweitgrößten baltischen Hauptstadt nicht zuletzt in ihren unterschiedlichen Bautraditionen.

Während die Kirchen St. Anna, St. Nikolai und die Bernhardinerkirche für die Gotik stehen, wurden die Peter-und-Paul-Kirche wie auch mehrere Barockpalais im 17. Jahrhundert errichtet. Zentrum der Altstadt ist die neoklassizistische Kathedrale mit dem separat stehenden Glockenturm. Ihr heutiges Gesicht erhielt die Kirche erst zwischen 1783 und 1801.

An ein dunkles Kapitel Litauens erinnert das Museum der Genozid-Opfer. Die einzige Einrichtung dieser Art im Baltikum dokumentiert Verfolgung, Verhaftung und Deportation durch den sowjetischen Machtapparat zwischen 1940 und 1991. Dagegen lebt in der »Republik Užupis« eine junge Alternativszene vom Feinsten.

Zeugnisse des alten Reval

Auch die estnische Hauptstadt *Tallinn* (Reval) verdankte ihre Blütezeit dem Handel zwischen Ost und West. Das historische Reval war eine der bedeutendsten Hansestädte. Nach dem Zweiten Weltkrieg wurde die stark beschädigte Stadt nach dem Vorbild des 18. Jahrhunderts wiederaufgebaut. Auf dem Domhügel, der Keimzelle der kleinsten Hauptstadt im Baltikum, ragen noch die mächtigen Türme und Mauern der einstigen Befestigungen in die Höhe.

Der Aufstieg auf den Domberg wird belohnt mit eindrucksvollen Panoramen von Altstadt und Meer. Innerhalb der Stadtmauer sind die Ensembles aus Lager- und Wohnhäusern in verwinkelten Gassen umgeben von mehreren Kirchen und Klöstern, die seit dem 13. Jahrhundert entstanden. Markante historische Denkmäler der Weltlichkeit sind das gotische Rathaus und das Große Gildehaus, in dem heute das Historische Museum estnische Geschichte zeigt.

Der alte Gedanke von Gilden lebt seit 1995 weiter in der St. Katharinengilde. Die Gemeinschaft vereint Glasbläser, Hutmacher, Weber, Töpfer, Schmuckgestalter und andere Handwerker. Ihre Waren produzieren und verkaufen sie in der pittoresken Katharinenpassage, einem sorgsam sanierten Altstadtquartier.

↖ **Wintersonne über der Altstadt der estnischen Hauptstadt Tallinn.**

INFO

BALTIKUM PER RUNDREISE

Reisen ins Baltikum haben nahezu alle Anbieter im Programm, manche sind auf dieses Ziel spezialisiert. Kombinierte Rundreisen per Schiff und Reisebus vereinen Stationen in Estland, Lettland und Litauen auf einer Tour. Einbezogen ist dabei gelegentlich auch die Kurische Nehrung an der Ostsee. Zudem werden Kreuzfahrten ins Baltikum ebenso angeboten wie reine Städtereisen. Schließlich können die baltischen Staaten auch auf individuellen Urlaubsreisen erkundet werden – je nach Neigung mit Aktivtouren oder aber bei Streifzügen und Beobachtungen in Natur und Landschaft.

WEITERE INFORMATIONEN

UNESCO-Welterbe Riga
whc.unesco.org/en/list/852
UNESCO-Welterbe Vilnius
whc.unesco.org/en/list/541
UNESCO-Welterbe Tallinn
whc.unesco.org/en/list/822

MAHNMAL DER UNMENSCHLICHKEIT

Vernichtungslager steht für ungeheuerlichen Zivilisationsbruch

Das ehemalige deutsche Konzentrations- und Vernichtungslager der Nationalsozialisten ist eine eindringliche Mahnung, dass zum Erbe der Menschheit auch Stätten des Verbrechens gehören. Die fabrikmäßige Vernichtung von über einer Million Menschen zwischen 1940 und 1945 war Völkermord in einer bis dahin ungekannten Dimension. Die mit großem Abstand meisten Opfer des Vernichtungslagers waren Juden.

In Auschwitz habe es »nicht Teufel und Menschen« gegeben, »sondern Menschen und Menschen«. Klare Worte des polnischen KZ-Überlebenden Józef Szajna (1922–2008) zur erschreckenden Realität des Lageralltags: Die einen sorgten für Grausamkeiten und Mord, die anderen wurden zu deren Opfern. In dieser Wirklichkeit des Konzentrationslagers starben zwischen 1940 und 1945 rund 1,1 Millionen Männer, Frauen und Kinder einen qualvollen Tod in Gaskammern. Über eine Million von ihnen waren Juden. Auf Befehl der Nationalsozialisten wurden sie aus ganz Europa in das KZ deportiert, mit dessen Aufbau 1940 begonnen worden war. Die benachbarte polnische Kleinstadt Oświęcim wurde unter der deutschen Besatzung zu Auschwitz. Am 14. Juni 1940 schickten die Nationalsozialisten die ersten politischen Häftlinge aus dem besetzten Polen in das Lager östlich von Krakau.

88

↑ Fotodokumente im Museum des einstigen Vernichtungslagers.
↙ Die Bahnlinie zum Torhaus von Birkenau führte in den Tod.

Massenvernichtung mit Zyklon B

Beim ersten Versuch einer Massentötung im Herbst 1941 ermordeten sie 850 Menschen mit dem Giftgas Zyklon B. Im Jahr darauf begannen sie im neuen Lager Auschwitz II-Birkenau mit der systematischen Massenvernichtung. Sie dauerte bis zur Befreiung am 27. Januar 1945 unvermindert an. Seit dem Ende des Zweiten Weltkriegs ist Auschwitz weltweit das Synonym für den ungeheuerlichen Zivilisationsbruch, den Menschen an Menschen verübt haben.

In der heutigen Gedenkstätte erinnern Mauern, Rampen, Gaskammern und Krematorien hinter Zäunen aus Stacheldraht an das nach wie vor unfassbare Geschehen. Darüber informieren sich jährlich etwa eine halbe Million Menschen bei einem Besuch direkt vor Ort. Viele der Schüler- und Jugendgruppen suchen den Kontakt zu überlebenden Zeitzeugen. Ihre Zahl wird nach all den Jahren immer kleiner.

Die Ausstellung im ehemaligen Lager I gibt einen allgemeinen Überblick über die Bedeutung von Auschwitz im System der nationalsozialistischen Konzentrationslager. Beschrieben wird das Lagerleben mit schwerster körperlicher Arbeit, Hunger, Krankheit und Folter. Zugleich wird der Prozess der Vernichtung dokumentiert, von der Ankunft der Häftlinge an der berüchtigten Rampe über die Selektion durch Ärzte der SS bis zum Tod in der Gaskammer.

Ein besonderer Ort des Gedenkens ist in Birkenau neben dem Denkmal für die Opfer ein Raum mit der zynischen Bezeichnung »Sauna«. Dort wurden einst die Häftlinge registriert. Besucher erfahren die Stationen der damaligen Abläufe auf dem Weg in die Gaskammern hautnah: Kleiderdesinfektion, Haarrasur, medizinische Untersuchung, Duschen. Ein weiterer Gedenkort im Freigelände ist das »rote Häuschen« mit der ersten Gaskammer vom Frühjahr 1942.

Gegen das Vergessen

Die sogenannte Judenrampe zwischen dem Stammlager und Birkenau war die letzte Station der Deportationszüge mit Juden, Sinti und Roma aus den besetzten Gebieten. Über ihr Schicksal entschied die SS noch auf dem Bahnsteig. Wer nicht zur Ermordung im Rahmen der nationalsozialistischen »Endlösung« bestimmt wurde, musste im angegliederten Lager des deutschen Konzerns I. G. Farben arbeiten.

Als wichtiger Schritt gegen das Vergessen oder gar das Leugnen der beispiellosen Verbrechen wurde 2005 das Internationale Bildungszentrum über Auschwitz und den Holocaust gegründet. In internationaler Zusammenarbeit mit Jugendlichen und Pädagogen sowie wissenschaftlichen Einrichtungen werden Vorträge und Symposien organisiert, verschiedene Wettbewerbe bieten die Möglichkeit zu einer emotionalen Auseinandersetzung mit dem schwierigen Thema.

INFO

KOMPLIZEN DES HOLOCAUST

Spuren der beispiellosen Tötungsmaschinerie führen bis nach Thüringen. Dort baute das Erfurter Unternehmen Topf & Söhne für Auschwitz die Verbrennungsöfen. Ursprünglich war die 1878 gegründete Firma auf die Herstellung von Brauereitechnik spezialisiert. Später etablierte sie sich jedoch in Deutschland als Marktführer für Krematoriumsöfen, die für eine pietätvolle Feuerbestattung neue Maßstäbe setzten. Im früheren Erfurter Verwaltungsgebäude dokumentiert eine Ausstellung anschaulich, wie Topf & Söhne als Lieferant von Großkrematorien für Auschwitz und andere KZ seine geschäftlichen Beziehungen zur SS kontinuierlich ausbaute. Damit wurde ein ganz gewöhnlicher Betrieb zum Komplizen des Holocaust. Und die Mitarbeiter wussten um die Bedeutung ihrer Hochleistungsanlagen für die Tötungspraxis in Auschwitz spätestens seit Anfang 1942.

WEITERE INFORMATIONEN

UNESCO-Welterbe Auschwitz-Birkenau
whc.unesco.org/en/list/31
auschwitz.org/en/more/german/
Topf & Söhne
topfundsoehne.de/ts/de/index.html

89

WELTERBE ERSTAUNLICH – JAHRHUNDERTHALLE BRESLAU

STATEMENT DER MODERNE

Kühne Architektur bekräftigt Vision vom Neuen Bauen

Das einzigartige Bauwerk gilt als Pionierarbeit der modernen Technik und Architektur. Die mutige Konstruktion aus Stahlbeton gibt ein kreatives Beispiel für den Wandel in der Technik des Bauens vor hundert Jahren. Nach wie vor ist sie ein gefragter Ort für unterschiedlichste Veranstaltungen. Darüber hinaus besuchen viele Menschen gern diese besondere Attraktion am Rande eines Parks.

Erst auf den zweiten Blick zeigt sich das polnische Wrocław als Stadt der Moderne. Die Jahre des Aufbruchs in Kunst und Architektur um 1900 brachten der damals schlesischen Metropole unter anderem Bauwerke von Hans Poelzig (1869–1936), Hans Scharoun (1893‘1972) und Erich Mendelsohn (1887–1953). Ein ganz besonderes Statement der architektonischen Moderne aber ist die Jahrhunderthalle von Max Berg (1870–1947). Eröffnet wurde sie 1913 zum 100. Jahrestag der Völkerschlacht bei Leipzig, bei der Napoleon aus dem Feld geschlagen wurde.

Doch wie so oft bei ambitionierten Bauvorhaben waren auch Bergs Pläne zunächst heftig umstritten. Der damalige Breslauer Chefarchitekt wollte mit der monumentalen Halle seine

Vision des Neuen Bauens verwirklichen und damit die Stadt an der Oder in eine echte Metropole verwandeln. Kritiker dagegen befürchteten, die gewagte Kuppel aus Stahlbeton könnte beim Entfernen der Schalung einfach in sich zusammenfallen. Doch es sollte anders kommen …

Stahlbeton in klaren Formen

In weniger als zwei Jahren wuchs der gewaltige Bau östlich der Breslauer Altstadt am Rand des altehrwürdigen Scheitniger Parks aus dem Boden. Die Jahrhunderthalle sollte zu einem der ersten und bedeutendsten Stahlbetonbauten des 20. Jahrhunderts werden. Seine klaren Formen markieren zugleich den Abschied vom Historismus und die Hinwendung zum funktionalen Bauen. Die 42 Meter hohe Kuppel übertrifft mit einem Durchmesser von 65 Metern sogar die Spannweite des römischen Pantheon.

Getragen wird sie von 32 geschwungenen Bindern. Das Innere der Halle mit einem Durchmesser von 130 Metern lassen die terrassenförmig angeordneten Fensterreihen bei Tageslicht zu einem gewaltigen hellen und lichtdurchfluteten Rund werden. Es bietet im Parkett und auf den Rängen Platz für 6000 Besucher. Ihre Zahl kann allerdings durch Stehplätze problemlos auf 10.000 erweitert werden. Sie alle erleben bei Musik, Sport, Messen und anderen Veranstaltungen eine ausgezeichnete Akustik.

An der Außenfassade weckt der rohe Sichtbeton Assoziationen zu Monumentalbauten der antiken Frühzeit oder aber zum Pantheon und zur Hagia Sophia. Umgeben ist die Halle von zahlreichen weiteren Bauten und Elementen, die das Ensemble zu einer belebten und beliebten Flaniermeile machen. Für den künstlichen Teich an der Nordseite entwarf Hans Poelzig eine Pergola aus Betonpfählen, deren Bepflanzung im Sommer erholsamen Schatten spendet. Im benachbarten Vier-Kuppel-Pavillon Poelzigs zeigt das Nationalmuseum zeitgenössische polnische Kunst.

Zwischen Koi und Multimedia

Auch der Japanische Garten wurde bereits zur Eröffnung der Jahrhunderthalle angelegt. Mit seiner ungewöhnlichen Vegetation sowie überraschenden Arrangements und Raumkompositionen begeistert er bis heute nicht nur Gartenfreunde. Auch Liebhaber der Fischzucht kommen ins Schwärmen angesichts der orangefarbenen Koi-Karpfen in der Nachmittagssonne.

Die »Nadel« vor der Jahrhunderthalle steht erst seit 1948. Nach dem Zweiten Weltkrieg sollte sie das Bemühen der Breslauer um den Wiederaufbau ihrer als »Festung Breslau« zerstörten Stadt symbolisieren. Ursprünglich war das eigenwillige Symbol 106 Meter hoch. Nach dem wiederholten Entfernen von verrosteten Teilen misst es inzwischen nur noch 90 Meter.

Jüngste Attraktion auf dem Gelände der Jahrhunderthalle ist seit 2009 der Multimedia-Springbrunnen. Seine täglichen Musikshows mit Klängen von Klassik bis Pop werden abends stimmungsvoll illuminiert: Zahllose Lichtpunkte, 300 Wasser- und drei Feuerdüsen zaubern in wechselnden Farben bewegte und bewegende Bilder in den Abendhimmel über Breslau.

↖ Abendliche Sinfonie der Farben und Formen.

INFO

DOMINSEL UND MEHR

Mit mehreren bedeutenden Kirchen ist die Dominsel das religiöse Herz der Stadt. Die dominierende gotische Kathedrale ist Johannes dem Täufer gewidmet und wurde ab 1244 errichtet. In der Altstadt umrahmen 60 Bürgerhäuser den historischen Rynek. Die ersten Gebäude aus dem 13. Jahrhundert erhielten ihr heutiges Aussehen während der Renaissance. Der Turm des spätgotischen Rathauses ist 66 Meter hoch. Der Schweidnitzer Keller in den Gewölben ist eine der ältesten Gastwirtschaften in Europa. Etwas aus dem Rahmen fällt am Markt das inzwischen modernisierte Hochhaus von 1930. Ein Juwel des alten Breslau ist die barocke Aula Leopoldina aus dem 18. Jahrhundert. Der kostbar ausgestattete Saal der Universität ist auch als Konzertsaal ein gefragter Ort.

WEITERE INFORMATIONEN

UNESCO-Welterbe Jahrhunderthalle Breslau
whc.unesco.org/en/list/1165
halastulecia.pl/de/fuer-besucher/

POLENS HEIMLICHE HAUPTSTADT

Pulsierende Metropole zwischen Tuchhallen und Königsschloss

Mit einer lebendigen Geschichte von tausend Jahren ist die Stadt unter den Reisezielen in Polen die Nummer eins. Vielen Besuchern gilt sie als die schönste überhaupt im östlichen Nachbarland. Beliebte Treffpunkte sind der Markt mit den Tuchhallen und die Cafés in den Seitengassen, während es in den Parks und an der Weichsel ruhiger zugeht. Darüber hinaus gibt es viel Kunst und Kultur zu entdecken.

Das Trompetensignal ertönt zu jeder vollen Stunde. Mit dem traditionellen Turmlied, das es in vielen polnischen Städten gibt und bei den Polen *Heijnał* heißt, bliesen Turmwächter einst zum Öffnen der Stadttore oder warnten vor Feinden. Doch das Signal von der Marienkirche ist an diesem Sommertag plötzlich verstummt. Abrupt, mitten in der Melodie, wie schon in den Stunden zuvor … und allen nachfolgenden, wie sich zeigen wird: Die abgebrochene Melodie soll an einen Turmbläser erinnern, der beim Tatarenangriff im 13. Jahrhundert von einem Pfeil tödlich getroffen wurde.

↑ Denkmal für den Nationaldichter Adam Mickiewicz vor den Tuchhallen.
↙ Krone der Altstadt: die Marienkirche mit den ungleichen Türmen.

Davon jedenfalls erzählt die Legende. Verbürgt indes ist der große Angriff der Tataren von 1241. Nach den Verwüstungen wuchs auf den erhaltenen Resten eine neue Stadt, deren Mitte die Jahrhunderte nahezu unbeschadet überdauerte: Wie in früheren Zeiten schlägt auch das Herz des modernen Krakaus auf dem riesigen Marktplatz, dem 200 mal 200 Meter großen Rynek Glówny. Dessen Mittelpunkt wiederum, die berühmten Tuchhallen, sind untrennbar verbunden mit der Zeit, in der Krakau als Umschlagplatz für polnisches Tuch reich geworden ist.

Buntes Treiben in alten Gassen

Doch wo seit dem 13. Jahrhundert die Tuchscherer ihre Werkstätten hatten, sind längst bunte Läden und Galerien zu Hause, flankiert von Cafés und Bars für jeden Geschmack. Die kleinen Gassen, die schachbrettartig auf den Markt zulaufen, erinnern daran, wer ihnen im Mittelalter zu ihren Namen verhalf. In der Szewska etwa lebten und arbeiteten Schuhmacher, in der Stolarska die Tischler und Möbelbauer. Dagegen verweisen die Dominikańska und die Franciszkańska auf die geistlichen Herren und die Szpitalna auf das Heiliggeistspital.

In dieser Umgebung bestimmt seit 1320 die Marienkirche mit ihrer imposanten Backsteinfassade das Stadtbild. Vom höheren der beiden Kirchtürme, den seit dem 15. Jahrhundert ein neuer Turmhelm mit mehreren kleinen Türmen krönt, ertönt bis heute das stündliche *Heijnał*. Im Inneren fällt unter dem sternenübersäten Himmelsgewölbe der Blick direkt auf den monumentalen Hochaltar des Nürnberger Meisters Veit Stoß (um 1448–1533). Das Meisterwerk spätgotischer Schnitzkunst ist jedoch zumeist verborgen. Nur einmal am Tag werden die meterhohen Altarflügel geöffnet – für einen kurzen Moment gegen 11 Uhr.

Umgeben ist die Altstadt vom Grüngürtel Planty. Die ruhige Oase abseits des Touristentrubels entstand wie vielerorts im 19. Jahrhundert durch den Abriss der Stadtbefestigung. Vom Rynek Glówny führt der Weg durch das Grün direkt zum Wawel. Obwohl Krakau nur bis 1596 Polens Hauptstadt war, blieb das Königsschloss auf dem Hügel an der Weichsel bis ins 18. Jahrhundert Krönungsort der polnischen Könige. Davon zeugen nicht zuletzt die reichen Kunstschätze im Schlossmuseum und die königlichen Gärten.

Polens älteste Synagoge

Die Kathedrale auf dem Wawel ist von 21 Kapellen umgeben und die Ruhestätte zahlreicher polnischer Herrscher und Helden. Südlich davon liegt mit Kazimierz einer der ältesten Stadtteile. Das Stadtprivileg erhielt er schon 1335. Das »neue Krakau« hatte eine eigene Mühle an der Weichsel, besaß das Stapelrecht für den Salzhandel und war umgeben von Feldern, Wiesen und Weiden. In der ältesten Synagoge Polens aus dem 15. Jahrhundert informiert eine Ausstellung über Geschichte und Kultur der Krakauer Juden. Zudem wurde 2004 in Kazimierz ein »Jüdisches Museum Galizien« eröffnet.

INFO

HAUPTSTADT DER TATRA

Zakopane, Polens größtes Wintersportzentrum, sieht sich gern als Hauptstadt der Tatra. Die vier Hausberge der polnischen »Winterhauptstadt«, die jährlich rund drei Millionen Besucher zählt, sind bis zu 2500 Meter hoch. Die Region ist die traditionelle Heimat der Goralen, die seit fünf Jahrhunderten in der Bergwelt der Tatra leben. Prächtige Trachten und lebendige Folklore unterstreichen auf ihre Weise das ausgeprägte Selbstbewusstsein dieser Bevölkerungsgruppe. Bemerkenswert im Stadtbild ist die charakteristische Holzbauweise zahlreicher Villen und Sakralbauten im Zakopane-Stil. Einer der beliebtesten Wanderwege bei Zakopane führt zum berühmten »Morskie Oko« (Meerauge) am Fuß des Rysy. Wer es auf dem Weg durchs Hochgebirge gemächlicher mag, gelangt zum größten Bergsee der Hohen Tatra – je nach Saison – auch per Pferdekutsche oder Schlitten.

WEITERE INFORMATIONEN

UNESCO-Welterbe Krakau
whc.unesco.org/en/list/29
Zakopane
zakopane.pl/de/die-touristische-zone/zakopane-the-hub-of-the-world

91

WELTERBE MAJESTÄTISCH – MARIENBURG

HAUPTQUARTIER DER ORDENSRITTER

Mittelalterliches Machtzentrum hinter mächtigen Mauern

Ursprünglich sollte der Deutsche Orden in einem Hospital in Jerusalem verwundete Kreuzfahrer versorgen. Später erhielten die Ritter das kaiserliche Privileg zur Verbreitung des Christentums in Regionen, in denen die Menschen andere oder keine Götter verehrten. Erstes Ziel war östlich von Polen das Land der heidnischen Pruzen. Dort etablierten sie mit dem Deutschordensstaat ein modernes Gemeinwesen.

Sobald der Sommerremter erreicht ist, deutet der Guide auf den Kamin und erzählt den Besuchern die Geschichte von der Kanonenkugel: Polnische Belagerer hätten im Sommer 1410 die Marienburg beschossen, als im Hauptsaal maßgebliche Obere des Deutschen Ordens versammelt waren. Die Kugel sollte die Mittelsäule des Saales treffen, um das Gewölbe zum Einsturz zu bringen und die Ordensleute unter den Trümmern zu begraben. Doch der Schuss ging gründlich daneben, die Kanonenkugel verfing sich im Kaminaufbau an der Wand.

Gute Burgführungen leben von Geschichten wie dieser, wobei es unerheblich ist, ob sie Dichtung sind oder Wahrheit. Für die Marienburg im heute polnischen Malbork ist zumindest die Belagerung von 1410 eine gesicherte historische Tatsache. Zuvor hatten die Ordensritter, deren Hauptsitz seit 1309 die Burg südöstlich von Danzig war, in der Schlacht von Grunwald gegen polnische und litauische Truppen eine empfindliche Niederlage einstecken müssen. Gleichwohl blieben sie bis zur Reformation die Herren ihres Staates im Ostseeraum.

Ihr Hauptquartier war eine Burg der Superlative – die größte Festung der Welt und der größte Backsteinbau Europas. Von dort aus brachen die Ritter auf, um Ungläubige zu bekehren, wobei sie jedoch durchaus weltliche Ziele verfolgten. Die Heiden seien »schon viele Male bereit« gewesen, »den Glauben im Frieden anzunehmen«, schrieb der große englische Gelehrte Roger Bacon (um 1220–1292). Doch den Ordensrittern sei es darum gegangen, die Menschen »zu unterdrücken und sie in die Sklaverei herabzudrücken«.

↑ Der gotische Hauptsaal mit der standhaften Mittelsäule.
← Am Ufer der Nogat erheben sich wuchtige Bauten.

Restaurierte Atmosphäre der Macht

In ihrer heutigen Form ist die Marienburg nicht nur für ausgewiesene Burgenliebhaber ein Muss. Schon von fern bietet sie über dem Ufer der Nogat einen imposanten Anblick. Über den roten Backsteinmauern mit mächtigen Türmen erhebt sich auf 21 Hektar ein gewaltiger Gebäudekomplex. Ältester Bau ist das Hochschloss, die einstige Unterkunft der Ordensbrüder. Die benachbarte Marienkirche wurde 1945 zerstört, ab 2014 aber wiederhergestellt. Von der Vorburg mit Werkstätten, Ställen und Scheunen führte einst eine Pfahlbrücke über den Fluss. Herzstück war jedoch das Mittelschloss mit Wohnräumen, Verwaltung und dem repräsentativen Hochmeisterpalast.

Sorgsam restauriert, vermittelt der Palast einen anschaulichen Eindruck von der damaligen Atmosphäre im Zentrum der Macht. Für die Zeit um das Jahr 1400 gilt die Marienburg als die modernste Fürstenresidenz. Ihr Komfort genügte höchsten Ansprüchen. Die Wohnräume wärmte eine zentrale Warmluftheizung, die Toiletten waren einfach und bequem zu erreichen, und über versteckte Dienergänge reichten unsichtbare Hände Speisen und Konfekt.

Hofstaat mit hundert Bediensteten

Für geschmeidige Abläufe des Alltags sorgten in einem hundertköpfigen Hofstaat Köche und Kellerknechte ebenso wie Musikanten, Hofnarren, Juristen und Schreiber. Das offizielle Leben war bestimmt von Versammlungen jeder Art, hinzu kamen Ständetage, Ratssitzungen, Schiedsgerichte und Audienzen. Dafür gab es verschiedene Säle, die sogenannten *Remter.*

Ihr filigranes Sterngewölbe ruht jeweils nur auf einer einzigen schlanken Mittelsäule. Je nach Jahreszeit wurde einst in den Sommer- oder in den heizbaren Winterremter eingeladen. Und nach getaner Arbeit konnten sich die Ordensleute in wenigen Schritten über den Hohen Flur zurückziehen – zu Andacht und Besinnung in der Hochmeisterkapelle.

INFO

DANZIG
Rund 60 Kilometer entfernt gewährt die polnische Großstadt Gdańsk vielfältige Einblicke in ihre wechselvolle Geschichte der Stadt, die sich einst vehement gegen die Bevormundung durch den Deutschen Orden wehrte. Gleichzeitig brachte damals die Zuwanderung vieler Deutscher der Hansestadt Danzig den wirtschaftlichen Aufschwung. Die Altstadt bietet einen lebendigen Parcours durch Museen, Galerien und Kirchen, aber auch zahlreiche Möglichkeiten zum Flanieren oder Verweilen in Cafés und Restaurants. Die Danziger Werft war in den 1980er-Jahren die Keimzelle der »Solidarność«-Bewegung gegen den kommunistischen Staat. Natur pur gibt es in der reizvollen Umgebung der Kaschubischen Schweiz und natürlich an der Ostsee, in der Dreistadt von Gdańsk über die Hafenstadt Gdynia bis zum legendären Badeort Sopot.

WEITERE INFORMATIONEN
UNESCO-Welterbe Marienburg
whc.unesco.org/en/list/847
hochmeisterpalast.eu
Danzig
gdansk.pl/de/uber-danzig

ZUM BEISPIEL KARLSBAD

Der Erbe-Titel vereint elf berühmte Kurstädte in sieben Ländern

Wellness mit gepflegtem Müßiggang und erholsamen Auszeiten ist heute ein ultimativer Freizeittrend. Dabei haben Badekuren eine lange Tradition. Vielerorts reicht sie zurück bis zur Thermenkultur der alten Römer, die letztlich auch Impulse gab für das Entstehen neuzeitlicher Badeorte. Sie leben bis heute von den vergangenen Blütezeiten der Kur mit ihrer mondänen Atmosphäre.

Spätestens seit dem 18. Jahrhundert gehörte das Kuren zum guten Ton – zumindest in bestimmten Kreisen. Ganz oben auf der Liste derer, die sich mehr oder weniger regelmäßig eine Bade- oder Trinkkur leisteten, standen gekrönte Häupter und Adlige, dicht gefolgt von Wohlhabenden jeglicher Couleur. Dichter und Musiker gehörten dazu ebenso wie Gelehrte und Damen aus der Welt der Reichen und Schönen. All ihre Namen auf den unterschiedlichsten Gästelisten zusammengenommen, eröffnen aufschlussreiche Einblicke in längst vergangene Zeiten.

Geburtsort der Wellness

Das belgische *Spa* feiert sich gern als Geburtsort der Wellness – nicht ohne Grund: Der Name der belgischen Stadt wurde mit dem Entstehen immer neuer Kurstädte international zum Synonym für alles, was mit Baden und Kuren zu tun hat. Die Quellen im Hohen Venn in der heutigen Provinz Lüttich haben wohl schon die Römer genutzt. Die Entwicklung zur Kurstadt begann im 18. Jahrhundert.

Die römische Vorgeschichte von *Bath* kam 1889 bei Restaurierungsarbeiten ans Tageslicht. Die freigelegten Bäder um das antike Badehaus zählen mit zu den am besten erhaltenen Thermen der Römerzeit. Heutigen Besuchern bietet das moderne »Thermae Bath Spa« neben Thermalbädern auch Wellness- und Beautybereiche. Das Stadtbild von Bath mit seiner repräsentativen Architektur erinnert an die Entwicklung zum mondänen Kurort seit dem frühen 18. Jahrhundert.

Der Kurbetrieb im westböhmischen *Karlsbad* lebt zwischen der realsozialistischen Bausünde des »Termal«-Hotels und dem legendären Grand-Hotel »Pupp«, das seinen zwischenzeitlichen Namen »Moskva« nach 1990 schnell abgelegt hat. Im Tal der Tepl zeigen sich die schmucken Kurheime und Badehäuser wieder als »köstliche Tortenreihe«, wie es der renommierte Architekt Le Corbusier (1887–1965) einst empfand. Seinen Namen verdankt Karlsbad Kaiser Karl IV. (1316–1378), der den Ort Warmbad (tschechisch Vary) 1370 zur Königsstadt erhob. Ihr pulsierendes Herzstück ist die neoklassizistische Mühlbrunnkolonnade mit elf der zwölf Karlsbader Quellen.

Fränkische Konkurrenz zu Karlsbad

Beliebter Treffpunkt im benachbarten *Marienbad* ist die »singende Fontäne«. Zwischen Ende April und Oktober erklingt dort zu jeder ungeraden Stunde Musik. *Franzensbad* als kleinster Kurort im böhmischen Bäderdreieck erhielt sein erstes Kurhotel 1793. Eine Konkurrenz zu Karlsbad sollte schon im 18. Jahrhundert das fränkische *Kissingen* werden. Doch gleichauf mit den Großen war die Stadt erst ein Jahrhundert später. Von der Blütezeit geblieben sind der älteste Kurgarten und die größte Wandelhalle Europas mit Brunnenhalle und Konzertmuschel.

← Karlsbad nostalgisch: gusseiserne Parkkolonnade von 1881.

Auch in *Bad Ems* verweist ein gut erhaltenes Kurviertel auf die große Zeit als Weltbad. Zu denkwürdiger Berühmtheit verhalf dem Kaiserbad an der Lahn die legendäre Emser Depesche, die letztlich zum deutsch-französischen Krieg führte. Als Sommerhauptstadt Europas galt zur Glanzzeit die Kurstadt *Baden-Baden* mit ihren 13 Quellen. Auch die Kleinstadt *Baden* im Wienerwald begann als Kurort für bessere Kreise. Mit dem Wiederaufbau nach dem Stadtbrand von 1812 wurde daraus ein idyllisches Biedermeierstädtchen.

Die italienische Kurstadt *Montecatini Terme* mit der berühmten Excelsior-Therme von 1907 erinnert mit zahlreichen weiteren Bauten an die Belle Époque, als der Ort zu Weltgeltung gelangte. Zur denkmalgeschützten Therme Les Dômes von 1899 in *Vichy*, der französischen »Königin der Kurbäder«, gehören ein 700 Meter langer Wandelgang und ein orientalisches Bad.

INFO

BECHEROVKA UND OBLATEN

Die 13. Quelle von Karlsbad ist eine Anwendung der besonderen Art. Sie ist untrennbar verbunden mit dem Kräuterlikör Becherovka, den 1807 der Karlsbader Apotheker Josef Vitus Becher (1769–1840) erstmals destillierte. Als »Karlsbader Becherbitter« wurde der Likör aus 20 Kräuterextrakten weit über seine böhmische Quelle hinaus zu einem bis heute ungebrochenen Erfolg. Nicht weniger berühmt sind die Karlsbader Oblaten für den kleinen Hunger zwischendurch – auf der Kurpromenade oder anderswo. Die zarten kreisrunden Gebäckstücke aus Mehl, Nüssen und Mandeln mit verschiedenen Füllungen gibt es zwar inzwischen längst in vielen anderen Kurorten. Doch als Original dürfen nur die aus Karlsbad angeboten werden. Dort wurde die erste Bäckerei für die hauchdünne Spezialität schon 1867 eröffnet.

WEITERE INFORMATIONEN

UNESCO-Welterbe elf bedeutende Kurstädte Europas
unesco.de/kultur-und-natur/welterbe/welterbe-deutschland/die-bedeutenden-kurstaedte-europas
greatspatownsofeurope.eu
Becherovka
becherovka.com/de
Karlsbader Oblaten
kvoplatky.cz/de/karlsbader-oblaten-1.html

93

WELTERBE ERSTAUNLICH – VILLA TUGENDHAT

KEIN HAUS FÜR ALLE TAGE
Ein Schlüsselwerk von Mies van der Rohe im mährischen Brünn

Der Neubau war das teuerste Einfamilienhaus aller Zeiten. Allein für den Preis der Wand aus kostbarem Onyxmarmor im Wohnbereich hätte um 1930 ein komplettes Haus gebaut werden können. Architektur und Ausführung des Gebäudes waren damals revolutionär. Die Einfachheit der Konstruktion sowie klare architektonische Mittel und die Reinheit des Materials machten »Tugendhat« zum Synonym der Moderne.

Dem Textilfabrikanten Fritz Tugendhat (1895–1958) waren Zimmer ein Graus, »die bis an die Decke mit Figürchen und Zierdecken vollgestopft waren«, und seine Frau Grete (1903–1970) wünschte sich »immer ein geräumiges, modernes Haus mit klaren einfachen Formen«. Dank persönlicher Kontakte fanden beide schließlich in Ludwig Mies van der Rohe (1886–1969) einen geeigneten Architekten, der ihre Vorstellungen umzusetzen verstand – auf eine bahnbrechende Weise, wie sich zeigen sollte. Dazu entwarf er erstmals für den Wohnungsbau ein Stahlskelett.

Für den Hang des Grundstücks im Nordosten von Brünn, dem heutigen Brno in Tschechien, ermöglichte die Konstruktion ein mehrstöckiges Gebäude mit einem großzügigen Innenraum als Mittelpunkt. Die Gesamtfläche von 15 mal 24 Metern war durch geradezu schwerelose Glaswände aufgeteilt in Arbeitsbereich, Bibliothek oder Musikbereich, während die Sitzgruppe eine honiggelbe Wandscheibe aus Onyx abgrenzte. Am Essbereich stand ein Halbkreis aus dunklem Ebenholz, und die großflächige Fensterfront ließ beim Blick in den parkähnlichen Garten im Wechsel der Jahreszeiten immer neue Landschaftsbilder entstehen.

Ein »Sonntagshaus« mit weißem Boden

Zur Innenausstattung auf weißem Linoleum gehörten neben klassischen Stahlrohrsesseln auch Mies van der Rohes Barcelonasessel, die er ursprünglich für den Deutschen Pavillon auf der Weltausstellung 1929 in Barcelona entworfen hatte. Die heutigen Exemplare im Haus Tugendhat sind die letzten Originale dieser legendären Sitzmöbel. Ihre charakteristischen Stahlprofile haben das Möbeldesign des vergangenen Jahrhunderts nachhaltig beeinflusst. Bis heute findet man solche Sessel in repräsentativem Ambiente.

↑ Legendär: der berühmte Barcelona-Sessel.
← Zeitlos modern und unbezahlbar: die weiße Villa in exklusiver Hanglage.

Bei aller Avantgarde des Bauens durch Mies van der Rohe war zur Alltagstauglichkeit seiner Projekte durchaus Skepsis angebracht. Der berühmte Architektenkollege Walter Gropius (1883–1969) nannte das Gebäude von 1930 kurz »ein Sonntagshaus«. Gelebter Alltag etwa mit spielenden Kindern lasse sich darin nur schwer vorstellen. Gleichwohl sei das Haus ihrer Eltern in Brünn »der seltene Fall einer völligen Übereinstimmung zwischen Bauherrn und dem Architekten« gewesen, befand später die 1946 geborene Tochter und promovierte Kunsthistorikerin Daniela Hammer-Tugendhat. Ihrer Mutter indes schien das Haus dann doch etwas groß geraten.

Zwischen Verfall und Verlust

Die Familie lebte dort nur wenig mehr als sieben Jahre. Sie verließ Brünn 1938 und ging nach der Annexion durch Hitlerdeutschland über die Schweiz nach Venezuela. Ihr Anwesen fiel zunächst der Gestapo in die Hände und nach dem Zweiten Weltkrieg der Roten Armee. In der kommunistischen Tschechoslowakei wurde Haus Tugendhat zur Abteilung eines Kinderkrankenhauses – mit der Folge von Verlusten durch willkürliche Veränderungen und Verfall. Die versenkbaren Fensterscheiben verschwanden, der Wohnbereich wurde zur Turnhalle mit Sportgeräten an den Wänden.

Seit 2012 können Besucher im sanierten Haus Tugendhat wieder die ursprüngliche Atmosphäre nachempfinden. Einbauten wurden entfernt, verloren geglaubte Bauelemente wie die Ebenholzwand und eine Originalbadewanne, die sich bei den Nachbarn gefunden hatte, kehrten zurück. Wiederhergestellt wurden die fünf Meter langen Panoramafenster im Wohnraum mit ihrer elektrischen Technik zum Absenken, die zur Bauzeit ein Novum war. Und auf der gründlich gereinigten Onyxwand sorgt einfallendes Tageslicht für einen geradezu festlichen Glanz.

INFO

ARCHITEKTOUREN

Bei einem Rundgang durch die mährische Metropole lassen sich Bauten der Moderne an zahlreichen weiteren Orten entdecken. Das »Café Era« von 1928/29 ist von der niederländischen Avantgarde-Bewegung »De Stijl« inspiriert. Die »Villa Stiassni« von 1929 war nach 1945 eine repräsentative Regierungsvilla und ist heute als Methodisches Zentrum für moderne Architektur öffentlich zugänglich. Bauten des renommierten Architekten Bohuslav Fuchs (1895–1972) sind unter anderem das »Café Zeman« von 1925, das nur acht Meter breite Hotel »Avion« von 1928 und das Masaryk-Studentenheim von 1930. Populär ist das »Café Savoy« von 1929, und aktuelle Trends im ökologischen Bauen thematisiert seit 2012 der »Offene Garten« (Otevřená zahrada) als einzigartiger Ort für Erholung, Bildung und Unterhaltung.

WEITERE INFORMATIONEN

UNESCO-Welterbe Villa Tugendhat
whc.unesco.org/en/list/1052
Brünner Architektur des 20. Jahrhunderts
gotobrno.cz/de/erkunden-sie-bruenn/erkunden-sie-die-bruenner-architektur-des-20-und-21-jahrhunderts/

PERLE DES BÖHMERWALDES

Die Altstadt an der Moldau ist eine der schönsten Europas

Nur Prag hat mehr: Die imposante Anlage auf dem Schlossberg ist nach dem Hradschin die zweitgrößte in ganz Tschechien. Von dort aus wirkt die Stadt in der Moldauschleife wie das malerische Arrangement aus einer Spielzeugschachtel. Zwischen den kleinen Häusern hindurch führen verwinkelte Gassen zu Plätzen mit repräsentativen Bauten. Sie künden von einer langen Geschichte des Ortes.

Die Stadt liegt in einer dreifachen Schleife der Moldau, und diese »krumme Aue« im südlichen Böhmen verhalf dem Ort im 13. Jahrhundert zu seinem ursprünglichen Namen. Mit der Zeit jedoch ging im Ortsnamen Krummau das zweite »m« verloren, bis sich dann zu Beginn des vorigen Jahrhunderts zweisprachige Poststempel mit Krumau und Krumlov durchsetzten. Nach dem Zweiten Weltkrieg wurde daraus schließlich das heutige Český Krumlov.

Die Altstadt in der mittleren Moldauschleife mit der gotischen St.-Veit-Kirche aus dem 15. Jahrhundert wurde 1555 mit dem Ortsteil Latron in der nördlichen Schleife vereinigt. Seither entwickelte sich Krumau zu einer bezaubernden Kleinstadt, die über Jahrhunderte ihre unverwechselbare Atmosphäre bewahrte. »Wie Buchstaben sich eng aneinander fügen, so sind die Häuser und Gassen«, schrieb Egon Schiele (1890–1918) in sein Skizzenbuch, als er vor hundert Jahren zum ersten Mal nach Krumau kam.

Morbider Charme und frische Tünche

Von Anfang an zog die Stadt den österreichischen Maler magisch an. Sein erster Eindruck von damals gilt nahezu unverändert auch für heutige Besucher. Allerdings ist vom einstigen morbiden Charme inzwischen vieles übertüncht und bei Restaurierungen in den vergangenen Jahrzehnten verloren gegangen. Neu hinzugekommen ist 1993 in der alten Stadtbrauerei das Egon Schiele Art Centrum, das die enge Bindung des Künstlers an die Geburtsstadt seiner Mutter dokumentiert.

Sein Atelier in Krumau musste Schiele zwar bald wieder verlassen: Die Nachbarn störte die »wilde Ehe« mit Modell Wally ebenso wie das Aktzeichnen mit nackten Mädchen im Garten. Dennoch kehrte er mit Stift und Zeichenblock immer wieder zurück. Die Skizzen und Gemälde aus der Stadt sprechen jenseits seiner extrem expressionistischen Menschenbilder eine ganz andere Sprache. Sie zeigen das Budweiser Tor und das Rathaus mit den noch verbauten Arkadengängen, das Clarissinnenkloster, den Ortsteil Flößberg und den Kreuzberg oder ganz einfach »Häuserbogen« und die »kleine Stadt« mit dem ehemaligen Jesuitenkloster, das längst ein Hotel ist.

← Die Moldauschleife zwischen Schlossturm (links) und der Kirche St. Veit (rechts).

Grandioser Blick vom Schlossturm

Die häufig gemalten Häuserlandschaften erschließen sich wie in früheren Zeiten am besten von der Aussichtsgalerie im Schlossturm mit der Spitze 86 Meter über der Moldau. Das weithin sichtbare Wahrzeichen der Stadt markiert den Eingang zu einer sieben Hektar großen Burganlage, deren Anfänge zurückreichen bis ins Jahr 1250. Zum heutigen Schloss auf dem lang gestreckten Felsvorsprung gehören nicht weniger als 40 Gebäude und Paläste, fünf Schlosshöfe und der Schlossgarten.

Die Ausstattung der einzelnen Räume und Prunksäle mit Kunstschätzen aus mehreren Jahrhunderten reicht von der Renaissance über das Barock bis zum Rokoko. Besonders beeindruckend sind die illusionistischen Wandmalereien im Maskensaal. Das Theater in einem der Höfe gibt alljährlich im Juni den Rahmen für ein Barockfest. Dagegen ist die Freilichtbühne deutlich jüngeren Datums und eine Rarität: Bei der Eröffnung 1958 war sie eine der ersten Drehtribünen in Europa.

Die Szenerie im Sommertheater ändert sich für das Publikum nicht durch das Bewegen der Bühne. Vielmehr erhalten die Zuschauer wechselnde Perspektiven durch das Drehen ihrer Sitzreihen um die Bühne herum.

INFO

ECHT BUDWEISER

Budweiser Bier gehört bei einem Besuch in Südböhmen unbedingt dazu. Seine Geschichte beginnt 1895 ganz in der Nähe von Krumau mit Gründung der Tschechischen Aktienbrauerei. Sie entstand damals als Konkurrenz zum Budweiser Bürgerbräu von 1795, das vorwiegend deutschen Einwohnern der Stadt gehörte. Nach 1945 wurden beide Unternehmen verstaatlicht. Für das Bier aus dem heutigen České Budějovice steht seit 1930 die Schutzmarke »Budvar«, mit dem 1996 erstmals die Schallmauer von einer Million Hektoliter durchbrochen wurde. In seiner südböhmischen Heimat wird Budweiser mittlerweile in elf verschiedenen Sorten angeboten. Weltweite Abnehmer gibt es inzwischen in 76 Ländern. Und zum 125-jährigen Firmenjubiläum gab es 2020 eine limitierte Auflage von »Budvar Reserve«.

WEITERE INFORMATIONEN

UNESCO-Welterbe Český Krumlov
whc.unesco.org/en/list/617
Brauerei Budějovicky Budvar
budejovickybudvar.cz/de/home

95

WELTERBE TOP TEN – PRAG

SCHMELZTIEGEL DER KULTUREN

Die »Goldene Stadt« an der Moldau lebt vom Miteinander

Die tschechische Metropole ist eine der schönsten Hauptstädte der Welt. An der Moldau haben Kaiser und Könige über Jahrhunderte Geschichte geschrieben. Zudem inspirierte das Miteinander unterschiedlicher Völker und Kulturen Generationen von Literaten und Künstlern zu immer neuen Werken. Als multikultureller Schmelztiegel in der Mitte Europas zeigt sich die »Goldene Stadt« auch in der Gegenwart.

Zur Seele der Stadt fährt die Straßenbahn. »Wer nur einen einzigen Tag in Prag ist, sollte seine Zeit mit einem Kneipenbesuch und einer Fahrt mit der 22 verbringen«, rät der tschechische Schriftsteller Jaroslav Rudiš. In wenig mehr als einer Stunde durchquert die Tram mit den alten Tatra-Wagen die Stadt zwischen Bílá hora im Westen und dem Bahnhof Hostivař im schmucklosen Osten.

Unterwegs hält sie an manchen ihrer 41 Haltestellen ganz in der Nähe von markanten historischen Orten. Und manchmal auch an typischen Prager Kneipen. Doch schon die westliche Endstation berührt historischen Boden. Bílá hora steht für »Weißer Berg« und damit in der Geschichte des Landes für eine geradezu traumatische Niederlage: Am 8. November 1620 wurden dort die aufständischen Protestanten von kaiserlichen Truppen vernichtend geschlagen.

↑ Mit der 22 zu den Highlights der Stadt.
← Abendlicher Lichterglanz entlang der Moldau.

Überragende Stadtkrone des Hradschin

Während über das damalige Geschehen längst das sprichwörtliche Gras gewachsen ist, kommen in Richtung Zentrum bald das über tausendjährige und sorgsam restaurierte Kloster Břevnov und wenig später das Strahov-Kloster in den Blick. Unbestreitbarer Höhepunkt an der »22« ist dann zweifellos das Burgviertel des Hradschin.

Hoch über der Moldau prägt die Stadtkrone die in aller Welt bekannte Silhouette. Höchster Punkt ist der gotische St.-Veits-Dom, Prags größte Kirche und die Ruhestätte vieler Kaiser und Könige. Gleich nebenan verdankt das Goldene Gässchen seinen Namen den Alchimisten, die sich dort einst in kaiserlichem Auftrag an der Herstellung von Gold versuchten.

Die Geschichte von Prag als Residenz der Habsburger im 16. und 17. Jahrhundert steht häufig im Schatten von Wien, zumal nach dem Ende der K.-u.-k.-Monarchie von 1918 an der Moldau die habsburgische Geschichte geradezu obsolet geworden war. Dabei machte besonders Kaiser Rudolf II. (1552–1612) Prag zum glanzvollen Mittelpunkt des Heiligen Römischen Reiches. In die Residenz kamen Astronomen, Künstler und Gelehrte aus ganz Europa.

Von der malerischen Kleinseite mit ihren alten Häusern, engen Gassen und barocken Prachtbauten unterhalb des Hradschin gelangen Fußgänger über die Karlsbrücke mit der berühmten Statuengalerie in die Altstadt. Dort pulsiert zwischen Altstädter Ring und Wenzelsplatz das Leben einer modernen Großstadt. Cafés, Restaurants und Hotels sowie Läden, Boutiquen und Kneipen wechseln sich ab mit historischen Sachzeugen.

Auf ein Bier in Schwejks Kneipe

Am Altstädter Rathaus beispielsweise bestaunen zu jeder vollen Stunde große Menschentrauben das Spiel der Astronomischen Uhr. Blickfang gegenüber ist die Teynkirche mit ihren 80 Meter hohen Türmen. Die Prachtstraße Pařížská führt durch das historische Judenviertel mit dem Alten Friedhof. Und das Café Slavia gegenüber dem Nationaltheater lebt von der Erinnerung an seine Zeit als Treffpunkt der Intellektuellen und Künstler. Das große Fenster eröffnet einen grandiosen Blick auf Moldau, Burg und Laurenziberg.

Nach so viel Sightseeing darf schließlich eine entspannte Einkehr nicht fehlen. Unter den vielen Bierkneipen sind die Traditionsbrauerei U Fleků und Schwejks Stammkneipe U kalicha besonders klangvolle Namen. Dagegen war das elegante U Paukerta das Lieblingsbistro der 2008 gestorbenen Schriftstellerin Lenka Reinerová. Sie schrieb auf Deutsch und war die letzte prominente Vertreterin der jahrhundertelangen tschechisch-deutsch-jüdischen Kulturgeschichte von Prag.

INFO

PRAGER BURGENLAND

In der waldreichen Umgebung von Prag sind zahlreiche märchenhafte Burgen versteckt. Die bekannteste ist Karlštein aus dem 14. Jahrhundert mit reichen Kunstschätzen im Großen Turm und zahlreichen herrschaftlichen Gemächern. Kaiser Karl IV. (1316–1378) fand dort Erbauung und Erholung von der Geschäftigkeit des Prager Hofes. Die Burg Nižbor aus dem 13. Jahrhundert ganz in der Nähe wurde mehrfach umgebaut. Heute überrascht sie mit einem keltischen Informationszentrum. Wie aus dem Bilderbuch mit trutzigen Mauern, hohem Wehrturm und einem gewaltigen Rittersaal präsentiert sich Křivoklát, eine der ältesten Burgen der böhmischen Herzöge und Könige. Das Renaissanceschloss Mělník erhebt sich stolz über dem Zusammenfluss von Elbe und Moldau. Nach einem Rundgang durch die kostbar ausgestatteten Räume lockt eine Verkostung mit Schlosswein vom Weinberg der heiligen Ludmilla.

WEITERE INFORMATIONEN

UNESCO-Welterbe Prag

whc.unesco.org/en/list/616
prague.eu/de
visitczechrepublic.com/de-DE/

KANUS GEGEN DIE KLIMAKRISE
Für das Naturjuwel ist das Austrocknen eine reale Gefahr

Einheimische nennen ihn wegen seiner milchig-braunen Wasserfärbung mitunter liebevoll »Cappuccino-Lake«. Trüb wird der Neusiedler See durch die Schwebstoffe, die durch die Wellen in dem flachen Gewässer ständig herumgewirbelt werden – ein charakteristisches Merkmal am westlichsten Steppensee Europas zwischen Österreich und Ungarn, an dem es auch noch andere Merkwürdigkeiten gibt.

Für Outdoor-Aktivisten ist der Neusiedler See längst eine feste Adresse. Aus der Initiative von drei Enthusiasten ist innerhalb eines Jahrzehnts die Massenbewegung »Burgenland Extrem« geworden. Nicht nur Österreicher und Ungarn wollen damit den Blick auf die Einzigartigkeit der Landschaft – und ihre Gefährdung – lenken. Neben dem alljährlichen »Original Trail« mit 120 Kilometern rund um den See in 24 Stunden gab es im Sommer 2022 zum ersten Mal eine »Lakemania SOS Neusiedler See«. Das Motto war demnach eindeutig.

↑ Letzter Segeltörn in der Abendsonne.
↙ Still ruht der See bei Sonnenuntergang.

Mit jedem Ruderschlag und jedem Paddelzug wollten die Teilnehmer in ihren Kanus und Kajaks aufmerksam machen auf das langsame Sterben des Sees. Damit würde nicht nur ein einzigartiges Naturjuwel verschwinden, sondern für die Menschen in der Region auch ein wesentlicher Teil ihrer Identität, ihres alltäglichen Lebens, nicht zuletzt ihrer Kultur.

Austrocknen ist eine reale Gefahr

Die Gefahr des Austrocknens ist keine abstrakte These in der aktuellen Klimadiskussion, sondern ein durchaus reales Szenario. Von dem 34 Kilometer langen und 320 Quadratkilometer großen See gehört der größte Teil zu Österreich, auf Ungarn entfallen im südlichen Bereich etwa 90 Quadratkilometer. Der Steppensee hat weder einen natürlichen Zu- noch einen Abfluss und ist deshalb nahezu vollständig auf Niederschlagswasser angewiesen. Fehlt über längere Zeit der Regen, ist der See eines Tages verschwunden, wie zuletzt von 1865 bis 1871. Vor diesem Hintergrund werden nicht nur Fachleute hellhörig, wenn der Wasserstand mit lediglich 115 Zentimetern – wie im Frühjahr 2022– einen neuen Negativrekord erreicht.

Seit dem Mittelalter war der See in der seit 8000 Jahren besiedelten Tiefebene mindestens hundertmal über kurz oder lang ausgetrocknet, sagen Experten. Diese Besonderheit ließ über Jahrtausende ein sensibles Ökosystem entstehen. Damit es erhalten bleibt, bemühen sich die Menschen um ein ausgewogenes Gleichgewicht von wirtschaftlicher Nutzung und Bewahrung der natürlichen Lebensräume … durchaus mit Erfolg: In dem einzigartigen Schilfgürtel rund um den See leben wie in alten Zeiten über 300 Vogelarten. Moderner Massentourismus mit all seinen negativen Auswüchsen blieb der Region bisher erspart.

Buntes Vielvölkergemisch

Das alte Grenzland am Neusiedler See ist reich an einer bewegten Geschichte von unterschiedlichen Völkern und Kulturen. Durch die Landschaft zwischen der pannonischen Tiefebene und dem Alpenvorland führten einst wichtige Handelsrouten wie die berühmte Bernsteinstraße, die das Mittelmeer mit Nord- und Ostsee verband. Über Jahrhunderte sorgten Handel und Wandel für ein buntes Vielvölkergemisch. Mit dem Ende der Habsburger Doppelmonarchie kam dann die Grenze durch den See, die nach 1945 zum Eisernen Vorhang zwischen Österreich und Ungarn wurde.

Spuren einer langen Geschichte spiegeln sich im Charakter der Gemeinden am See, aber auch im einstigen Römersteinbruch bei Sankt Margarethen. Er ist mittlerweile die natürliche Kulisse für Opernaufführungen und Passionsspiele. Andernorts lassen Gutshöfe und Villen erkennen, dass seit jeher Landwirtschaft und Weinbau blühen. Dagegen erinnern die bunten Häuser im Seewinkel an das einfache Leben früherer Zeiten. Rust ist bekannt für guten Wein und als Stadt der Störche, die Wappentiere der Region. Und gelegentlich kommt auch das romantische Idyll von Ziehbrunnen und Schilfhütte in den Blick: Das Klischee lebt.

INFO

ESTERHÁZY UND HAYDN

Schloss Fertőd entstand aus einem Jagdsitz der Fürstenfamilie Esterházy und ist eines der schönsten Rokokoschlösser in Ungarn. Es erinnert daran, dass die Familie einst rund um den Neusiedler See das Sagen hatte. Als Hofkomponist verbrachte Joseph Hadyn (1732–1809) dort seine wichtigste Zeit. Das Schloss ist Museum und ein beliebter Ort für sommerliche Open-Air-Konzerte. Nur wenige Kilometer entfernt wurde am 19. August 1989 Geschichte geschrieben: Beim »Paneuropäischen Picknick« öffnete sich für einen Moment der Eiserne Vorhang, der Europa seit 1945 geteilt hatte. Hunderte Ungarn-Urlauber aus der DDR nutzten die Grenzöffnung kurz entschlossen zur Flucht nach Österreich. Im gleichen Jahr fiel die Berliner Mauer. Am denkwürdigen Ort in Ungarn ist sie gegenwärtig mit einem originalen Betonsegment aus der ehemals geteilten deutschen Hauptstadt.

WEITERE INFORMATIONEN

UNESCO-Welterbe Neusiedler See
unesco.at/kultur/welterbe/unesco-welterbe-in-oesterreich/ferto-neusiedler-see
welterbe.org
24stundenburgenland.com

97

WELTERBE BESINNLICH – SIEBENBÜRGEN

EIN FESTE BURG

Deutsche Siedlungsgeschichte in Transsylvaniens Dörfern

Die Dörfer der Siebenbürger Sachsen spiegeln eine lange Siedlungsgeschichte. Schon vor mehr als achthundert Jahren zogen die ersten deutschen Siedler nach Transsylvanien im heutigen Rumänien. Nach der Gegenreformation galt dort Glaubensfreiheit, weshalb damals viele Protestanten als Glaubensflüchtlinge in die Region kamen. Ihre Dörfer mit den mächtigen Kirchenburgen prägen die Landschaft bis heute.

Trinken in schlechter Gesellschaft war verboten, ebenso ein langer Kneipenabend im Wirtshaus. Gab es bei jungen Leuten »voreheliche unsittliche Vorkommnisse«, drohte dem Paar bei der Hochzeit eine entwürdigende Zeremonie. Und wer sich scheiden lassen wollte, kam kurzerhand ins »Ehegefängnis«. Solche strengen Regeln herrschten einst in Birthälm – mit harten Strafen bekämpften die Stadtoberen im 17. und 18. Jahrhundert den Verfall der guten Sitten.

Das Gefängnis für Scheidungswillige kann auf der Kirchenburg in Birthälm, dem heutigen Biertan in Rumänien, noch immer besichtigt werden. Die imposante Anlage aus dem frühen 16. Jahrhundert hat die Zeiten nahezu unbeschadet überstanden. Nach wie vor thront sie als eine der eindrucksvollsten und größten in ganz Siebenbürgen erhaben über dem Ort.

Die turmlose Hallenkirche ist umgeben von drei Ringmauern, zwei Zwingern und neun Wehrtürmen. Im Kircheninneren nimmt ein kostbarer spätgotischer Flügelaltar mit 28 Tafelbildern die ganze Breite des Altarraums ein. Das Schloss an der Sakristeitür, dessen komplizierte Zentralverriegelung den Kirchenschatz sichern sollte, war ein Highlight auf der Pariser Weltausstellung von 1889.

Sicherer Schutz hinter dicken Mauern

Kirchenburgen entstanden im späten Mittelalter vor allem in Grenzregionen, um die Menschen vor feindlichen Übergriffen zu schützen. Besonders kleine Siedlungen, die sich aufwendige Wehranlagen nicht leisten konnten, bauten sich solche Fluchtburgen mit Wohnräumen und Vorratskellern. Der steinerne Schutzraum Kirche wurde ergänzt um befestigte Kirchhöfe mit Mauern, Türmen und Wehrgängen.

»Es waren keine Könige, Adlige oder Experten, die die Kirchenburgen errichteten und gestalteten, sondern einfache Dorfbewohner, die durch dieses Bauwerk ihr Überleben in einer düsteren Ära sicherten«, resümiert der rumänische Kunsthistoriker George Oprescu (1881–1961). Die Siebenbürger Neusiedler von Rhein und Mosel, die in der Amtssprache allesamt zu »Sachsen« wurden, bauten in Transsylvanien über 160 solcher Burgen.

Viele der Anlagen zum Schutz vor Tataren oder Türken sind nicht zuletzt dank der Hilfe von deutschen Partnern gut erhalten und saniert. Mancherorts aber gibt es dringenden Handlungsbedarf. Erschwert wird die Situation durch die Abwanderung: Lebten 1989 noch 115.000 Menschen in der Siebenbürger Heimat ihrer Vorfahren, war die deutsche Minderheit dort bis 2019 auf unter 12.000 Einwohner gesunken.

Das Schmuckstück von Tartlau

Ein wahres Schmuckstück unter den sieben Welterbestätten in Transsylvanien ist Prejmer, das deutsche Tartlau. Das Dorf wurde zwischen dem 13. und 17. Jahrhundert über fünfzigmal angegriffen. Die Kirchenburg konnte jedoch nur selten eingenommen werden. In die Anlage hinein führt ein 30 Meter langer Tunnel mit Fallgittern und starken Eichentoren. In der massiven Ringmauer boten einst 270 Wohnzellen und Lagerkammern Platz für 1600 Menschen.

Eine der mächtigsten Kirchenburgen zeigt sich in ihrer nahezu vollständigen Gestalt in Valea Viilor, einem Straßendorf mit dem schönen deutschen Namen Wurmloch. Die Kirche im Mittelpunkt des Ortes wurde im frühen 16. Jahrhundert zur Festung mit einem massiven Turm über dem Chor, einem Wehrgeschoss über dem Kirchenschiff, zwei Basteien, einem Torturm mit Fallgatter und weiteren Elementen. Nach der Einschätzung von Fachleuten entstand damit eines der seltenen Siebenbürger Beispiele für ein gleichermaßen durchdachtes und formschönes Wehrsystem. Die imposante Kirche im früheren Deutsch-Weißkirch steht auf romanischen Grundmauern.

↖ Die Wehrkirche von Viscri schützen sieben Meter hohe Mauern.

INFO

PRINZ CHARLES HILFT

Das Dorf Viscri, von den Einheimischen Deutsch-Weißkirch genannt, ist für Siebenbürger Siedlungen zu Beginn des 19. Jahrhunderts ein geradezu idyllisches Beispiel. Die Perspektive als authentischer Ort schien jedoch nach dem Auswanderungsschock der 1990er-Jahre zunächst gefährdet. Einen Neubeginn ermöglichte die um das Jahr 2000 begonnene Zusammenarbeit von angestammten Dorfbewohnern und Zugezogenen mit der englischen Stiftung Mihai-Eminescu-Trust. Anhand neuer Ideen und Konzepte konnte das alte Ortsbild durch die Restaurierung alter Bauernhäuser weitgehend erhalten werden. Die Sanierungsvorhaben in traditioneller Technik unterstützt in Viscri und darüber hinaus die von Prinz Charles gegründete Stiftung »The Prince of Wales's Foundation Romania«: In einem restaurierten Bauernhaus am Dorfanger entstand ein Schulungszentrum für altes Handwerk.

WEITERE INFORMATIONEN

UNESCO-Welterbe Siebenbürgen

whc.unesco.org/en/list/596

kirchenburgen.org

VON KIRCHEN UND MOSCHEEN

Auf das Byzantinische Reich folgte die Herrschaft der Osmanen

In der historischen Altstadt zeugen vor allem Gotteshäuser von einer bewegten Geschichte der Metropole am Schnittpunkt von Europa und Asien. Seit dem vierten Jahrhundert war die Stadt am Bosporus als Mittelpunkt des Byzantinischen Reiches zu kultureller Blüte gelangt. Mit der Eroberung durch das osmanische Heer fand diese Glanzzeit jedoch nach tausend Jahren ein gewaltsames Ende.

Der Sultan war zum Äußersten entschlossen. Mehmet II. (1432–1481) brachte extra gegossene Riesenkanonen in Stellung, unterhöhlte Stadtmauern mit Tunneln und verlagerte über Land türkische Kriegsschiffe ins abgesperrte Goldene Horn. Nach erfolglosen Gesprächen zur Übergabe der völlig eingeschlossenen Stadt am Bosporus startete der osmanische Herrscher dann am 29. Mai 1453 den verhängnisvollen Generalangriff.

Nach wenigen Stunden war das christliche Konstantinopel gefallen – und damit das tausendjährige Byzanz. Mehmet gab sich den Beinamen Fatih, »der Eroberer«. Bald darauf wurden Kirchen zu Moscheen, unter den alten byzantinischen Kuppeln der Christen beteten fortan Muslime. Sultan Fatih Mehmet feierte schon fünf Tage nach der Eroberung in der Hagia Sophia, der damals weltweit größten christlichen Kirche, das erste Freitagsgebet.

Höhepunkt byzantinischer Pracht

Die riesige Kathedrale aus dem 6. Jahrhundert im europäischen Teil von Istanbul markiert für die orthodoxe Kirche den Höhepunkt der byzantinischen Prachtentfaltung. Ihr Schicksal unter osmanischer Herrschaft ist charakteristisch für die Entwicklung in der türkischen Hauptstadt, die bis 1930 Konstantinopel hieß. In der Kirche Hagia Sophia (»Heilige Weisheit«) wurden die christlichen Insignien ersetzt durch islamische, Ikonen verschwanden, Mosaike wurden überputzt oder zerstört.

Zudem erhielt die ursprüngliche Hauptkirche des Byzantinischen Reiches eine nach Mekka ausgerichtete Gebetsnische, vier Minarette, eine Medrese und eine Zisterne. Die Geschichte der Moschee endete zunächst fünf Jahrhunderte später, als die junge Türkische Republik sie zum Museum machte. Doch auf Anordnung der Regierung wurde diese Phase bereits nach weniger als hundert Jahren wieder beendet: Seit Juli 2020 ist die frühere Kirche offiziell die Hagia Sophia Moschee.

Auch die frühere Chora-Kirche aus dem 11. Jahrhundert wurde später Moschee und 1948 zum Museum. Seit 2020 ist die Kariye-Moschee zudem wieder für das islamische Gebet geöffnet. Der christliche Bildschmuck der Fresken und Mosaike war lange Zeit übertüncht und ist erst seit dem vorigen Jahrhundert wieder zu sehen. Zerstört wurden dagegen die Mosaike der Sergios- und Bakchos-Kirche aus dem 6. Jahrhundert. Als »Kleine Hagia Sophia« war sie so etwas wie das bauliche Vorbild für die große Schwester. Seit 1504 ist sie eine Moschee.

Die neuen Zeichen der Macht

Als Neubauten entstanden unter osmanischer Herrschaft die Süleymaniye-Moschee (1550–1557) und die Sultan-Ahmed-Moschee (1609–1616). Sultan Süleyman der Prächtige (um 1494 bis 1566) bekräftigte mit dem nach ihm benannten Bethaus seinen imperialen Anspruch als einer der bedeutendsten Herrscher der Osmanen. Die vier Minarette sind ein Hinweis darauf, dass Süleyman der vierte Sultan nach der Eroberung der Stadt war.

Der gewaltige Gebäudekomplex umschließt vollständig einen Garten, und mit ihrer 50 Meter hohen Kuppel ist sie in der Skyline des modernen Istanbuls eine der dominierenden Moscheen. Noch größer ist die Sultan-Ahmed-Moschee. Mit ihren sechs Minaretten ist sie ebenfalls ein unverkennbares Wahrzeichen der Stadt.

↑ Christliche Mosaike im islamischen Bethaus.
↙ Von der Kirche zur Moschee: die Hagia Sophia.

Ihr Platz gegenüber der Hagia Sophia war für die Erbauer ein deutliches Statement: Die Moschee steht direkt an der Stelle des früheren byzantinischen Kaiserpalastes. Die mehr als 20.000 blauen und weißen Fliesen im Inneren machten das Bethaus umgangssprachlich zur Blauen Moschee. Für eine lichte Atmosphäre sorgen 260 Fenster mit transparenten Farbglasscheiben. In der Gebetsnische ist im Marmor ein schwarzer Stein der Kaaba eingelassen.

INFO

TOPKAPI-PALAST

Die riesige Anlage bietet einen einzigartigen Einblick in das Leben und die Herrschaft der Sultane. Beim Flanieren durch die opulente Architektur mit zahlreichen Höfen lassen sich nicht nur 500 Jahre osmanischer Geschichte erleben. Im ersten Innenhof mit Garten und Brunnen steht die Hagia Irene. Die erste byzantinische Kirche der Stadt ist ein Museum und gefragter Konzertort für klassische Musik. Im Herzen des Topkapi mit Schatzkammer, Waffensammlung und Ratssaal gilt das besondere Interesse gewöhnlich dem Harem. Zu seiner verborgenen Welt gehörten einst über 300 Zimmer, neun Badehäuser, zwei Moscheen sowie Schlafsäle, Krankenhaus und Wäscherei. Ein Teil davon ist für Besucher geöffnet. Großartige Ausblicke auf die Stadt und den Bosporus sind im weitläufigen Areal des Palasts jederzeit inklusive.

WEITERE INFORMATIONEN

UNESCO-Welterbe Istanbul
whc.unesco.org/en/list/356
Topkapi-Palast
istanbul-tourist-information.com/sehenswuerdigkeiten/palast/topkapi-palast-zentrum-eines-ehemaligen-weltreichs/

99

WELTERBE BESINNLICH – KIEW

NATIONALE HEILIGTÜMER

Höhlenkloster und Sophienkathedrale – Orte der Identität

Kirchen und Klöster in der ukrainischen Hauptstadt sind eng verbunden mit der langen und wechselvollen Geschichte des Landes. Als Symbole der Identität sind sie immer wieder das Ziel feindlicher Angriffe. Mehrfach wurde bei wiederholten Zerstörungen auch wertvolles Kulturgut vernichtet. Doch den schmerzlichen Verlusten begegnen die Ukrainer seit jeher mit einem unerschrockenen Aufbauwillen.

Der Schriftsteller Anatoli Kusnezow (1929–1979) hat die Katastrophe als junger Mann aus nächster Nähe miterlebt. »Alle Öffnungen des Hauptglockenturms leuchteten in einem gleißenden orangefarbenen Licht, so, als wäre der Turm illuminiert«, schrieb er über den 3. November 1941, als das Kiewer Höhlenkloster ausbrannte: »Die Mariä-Himmelfahrt-Kathedrale existierte nicht mehr, an ihrer Stelle war jetzt ein Haufen Steine, aus dem die Überreste der mit Fresken bemalten Mauern herausragten.« Das gesamte Klosterstädtchen habe in Flammen gestanden.

Dunkle Höhlen und goldene Kuppeln

Das Höhlenkloster war seit dem 10. Jahrhundert ein wichtiger Ausgangspunkt des Christentums im Großreich der Kiewer Rus. Seinen Namen hat die weitläufige Klosteranlage mit 70 Gebäuden von den kilometerlangen Gängen hoch über dem Dnjepr-Ufer, in denen die orthodoxen Mönche einst lebten und beigesetzt sind. Auch drei unterirdische Kirchen aus dem 12. Jahrhundert blieben erhalten. Das heutige Aussehen des mehrfach zerstörten Höhlenklosters bestimmen Bauten aus dem 18. Jahrhundert.

Herausragend im engsten Wortsinn sind der Glockenturm von 1731 und mehrere große Kirchen mit goldglänzenden Kuppeln. In der Sowjetukraine machten die Kommunisten 1926 aus dem Kloster ein Museum, drei Jahre später wurden die Höhlen geschlossen. Zur Zerstörung von 1941 kursieren verschiedene Darstellungen. Auf der einen Seite wird sie begründet mit dem Ziel der deutschen Besatzer, den Ukrainern ihre Identität zu nehmen. Eine andere Variante spricht von einer sowjetischen Fernzündung – mit der möglicherweise gleichen Begründung. Und mit dem gleichen Resultat: Nach dem Zweiten Weltkrieg lag das Höhlenkloster in Trümmern.

Seit dem Wiederaufbau nach dem Ende der Sowjetherrschaft zeigt sich das Höhlenkloster in eindrucksvoller Größe und Schönheit. Einige Bereiche sind weiterhin Museen mit einzigartigen Sammlungen zu Kunsthandwerk und Kulturgeschichte auf dem Gebiet der heutigen Ukraine. In anderen Teilen des Klosters leben wieder etwa einhundert Mönche. Regelmäßig versammeln sie sich zu Andacht und Gebet und feiern Gottesdienste in den Kirchen.

Die betende Gottesmutter

Ein architektonisches und künstlerisches Juwel ist die Sophienkathedrale. Auch diese imposante Kirche mit sieben Kuppeln und fünf Kirchenschiffen wurde in ihrer tausendjährigen Geschichte mehrmals von Tataren zerstört und von den Kiewern immer wieder aufgebaut. Beim letzten großen Umbau erhielt sie dann ihren Turm in ukrainischem Barock, während das Kircheninnere byzantinisch blieb – mit 3000 Quadratmeter Fresken und 260 Quadratmeter Mosaiken.

Doch nach der russischen Revolution von 1917 sollte – wie fast zwei Drittel aller ukrainischen Kirchen – auch die Kathedrale in Kiew zerstört werden. An ihrer Stelle planten die sowjetischen Behörden einen Park zum Gedenken an die Helden der Roten Armee im Bürgerkrieg. Gegen diese Pläne jedoch regte sich der massive Widerstand von Historikern und anderen Wissenschaftlern.

Die Kirche konnte schließlich gerettet werden, als ein Museum mit faszinierenden Kunstwerken aus früheren Zeiten. Zu den überlebensgroßen Darstellungen in der Kathedrale gehört neben dem Weltenherrscher Christus auch ein Mosaik der betenden Gottesmutter. Nach einer alten Volksweisheit wird die »zählebigste Stadt der Ukraine«, wie sie der jüdische Dichter Ossip Mandelstam (1891–1938) einst nannte, so lange bestehen, wie das Bild der betenden Jungfrau Maria erhalten bleibt.

↖ In alter Pracht neu errichtet: die Uspenski-Kathedrale lag 1941 in Trümmern.

INFO

DIE NESTORCHRONIK

Die ältesten Zeugnisse zur Geschichte des mittelalterlichen Großreichs Kiewer Rus sind in der Chronik des Nestor von Kiew (1050–1113) überliefert. Darin beschreibt der Mönch des Höhlenklosters, dessen Verwüstung er 1096 selbst miterlebt hat, »die Geschichte der vergangenen Jahre«. Seine Aufzeichnungen gelten als wichtige Quelle für die damaligen Entwicklungen im ostslawischen Raum. Dafür nutzte er neben mündlichen und schriftlichen Überlieferungen Klosterchroniken, historische Sammlungen und byzantinische Chroniken sowie Berichte von Heerführern, Soldaten, Händlern und Handwerkern. Er schildert unter anderem die Entwicklung der kyrillischen Schriftsprache und beschreibt die erste orthodoxe Kirche von 945 in Kiew. Die Chronik gilt in der heutigen Ukraine wie in Russland und Weißrussland als identitätsstiftendes Dokument – mit allem Konfliktpotenzial durch unterschiedliche Lesarten.

WEITERE INFORMATIONEN

UNESCO-Welterbe Kiew
whc.unesco.org/en/list/527

SYMBOL RUSSISCHER MACHTPOLITIK

Einstige Stadtbefestigung ist Spiegelbild der Jahrhunderte

Der Moskauer Kreml ist unter den großen Festungsanlagen, die für das alte Russland charakteristisch sind, zweifellos die bekannteste. Spätestens seit Iwan dem Schrecklichen ist er das Symbol imperialer Großmachtpolitik von autokratischen Herrschern. Das Bild vom Kreml als Ausgangspunkt von Gewalt und Terror hat der Vernichtungskrieg gegen das Nachbarland Ukraine auf erschreckende Weise bestätigt.

Das historische Moskau ist eine Stadt der Türme, Paläste und Kathedralen. Nirgendwo anders in der Millionenstadt ist das so deutlich erkennbar wie am Roten Platz. »Über der Stadt ist der Kreml, über dem Kreml ist nur Gott«, lautet denn auch ein altes russisches Sprichwort. Die Geschichte der einstigen Stadtbefestigung auf dem Borowizki-Hügel beginnt mit der Gründung Moskaus, das erstmals in einer Chronik von 1147 erwähnt wird. Seither wurde die Keimzelle der russischen Hauptstadt immer wieder verändert und erweitert.

Der heutige Kreml ist ein Spiegelbild wechselvoller Entwicklungen seit dem 15. Jahrhundert. Die Schauseite über der Moskwa zeigt sich besonders vom anderen Flussufer als eindrucksvolles Panorama. Zwischen einem der 20 Kremltürme und goldglän-

zenden Kuppeln wird das weltweit bekannte Postkartenmotiv bestimmt vom Großen Kremlpalast. Hinter der 125 Meter langen Fassade entstanden zwischen 1838 und 1849 auf 24.000 Quadratmetern fast 700 Räumlichkeiten.

Paradesäle voller Prunk und Pomp

Dazu gehören auch fünf Paradesäle mit einer Höhe von bis zu 18 Metern. Ihr üppiger Prunk und Pomp steht seit jeher im krassen Widerspruch zur repressiven Staatspolitik der russischen Zaren und Präsidenten. Für gewöhnliche Besucher ist der Große Kremlpalast seit jeher gesperrt. Der zugängliche Bereich innerhalb der über zwei Kilometer langen Kremlmauer beginnt am Kutafja-Turm mit dem anschließenden Dreifaltigkeitsturm.

Als Erstes kommt mit dem Kremlpalast von 1961 das jüngste Gebäude in den Blick, ein Ort für öffentliche Großveranstaltungen jeglicher Art. Abgesperrt für die Öffentlichkeit ist der Senatspalast auf der anderen Seite des Platzes. An die kirchliche Geschichte des Kreml erinnert der Patriarchenpalast mit der Zwölf-Apostel-Kirche aus dem 17. Jahrhundert.

Nach der Revolution von 1917 wurden jedoch Palast und Kirche von den Kommunisten geschlossen und erst 1955 als Museum wiedereröffnet. Die Ausstellung zeigt Exponate aus einstigen Kirchen im Kreml, die nach 1920 auf Geheiß der kommunistischen Regierung mutwillig abgerissen wurden. Dass Kritik daran tödlich sein konnte, zeigt das Beispiel des Moskauer Historikers Wladimir Newski. Er wurde in den großen stalinistischen Säuberungen von 1937 erschossen, weil er sich wiederholt gegen die Zerstörungswut des Kreml ausgesprochen hatte.

Bewahrte altrussische Baukunst

Davon verschont blieben zumindest einige Meisterwerke altrussischer Baukunst wie die Uspenski-Kathedrale (1475–1479), die Kathedrale Mariä Verkündigung (1484–1489) und die Erzengel-Michael-Kathedrale (1505–1508).

Ihnen zur Seite steht der 81 Meter hohe Glockenturm Iwan der Große. Im Gegensatz zu seinen 22 Glocken aus dem 16. bis 19. Jahrhundert hat die über sechs Meter hohe, reich verzierte Zarenglocke von 1737 nie geläutet. Denn kurz vor dem Ende der Gießereiarbeiten wurde sie von einem Feuer erfasst und so stark erhitzt, dass das kalte Löschwasser ein großes Metallteil heraussprengte. Es lehnt am Sockel der geborstenen Glocke.

↑ Markant: die farbigen Türme der Basilius-Kathedrale.
↙ Weltliche und geistliche Macht: Kremlpalast und Kathedralen.

Vor den östlichen Kremlmauern ist der Rote Platz der weltweit wohl bekannteste Ort der russischen Hauptstadt. Im Schatten der Basilius-Kathedrale von 1561 mit ihren neun farbigen Kuppeln prägten seit dem Mittelalter Händler und Handwerker den Alltag. Zu Beginn des 19. Jahrhunderts erhielt der Platz dann sein erstes Kopfsteinpflaster, und 1930 wurde an der Kremlmauer das Lenin-Mausoleum errichtet.

INFO

BLÜHENDE ZWIEBELN

Altrussische Baukunst hat der Schriftsteller Joseph Roth (1894 bis 1939) nach seiner Russland-Reise 1926 anschaulich beschrieben: »Über den Dächern glänzen die Märchenkuppeln der russischen Kirchen, blühen die goldenen Zwiebeln, Früchte eines bunten, seltsamen, exotischen Christentums.« Die Beschreibung gilt bis heute besonders für den »Goldenen Ring« nordöstlich von Moskau. Susdal mit einem Kreml aus dem frühen 12. und einer Kathedrale aus dem 13. Jahrhundert ist eine der ältesten russischen Städte überhaupt. Wichtigste Denkmäler in Wladimir sind die Kathedrale von 1185, die Kirche des heiligen Demetrius von 1191 und das Goldene Tor (1164). Das heutige Sergijew Possad, bis 1991 bekannt als Sagorsk, entstand im 15. Jahrhundert aus mehreren Ortschaften rund um das Dreifaltigkeitskloster.

WEITERE INFORMATIONEN

UNESCO-Welterbe Moskauer Kreml und Roter Platz
whc.unesco.org/en/list/545
UNESCO-Welterbe Weiße Monumente von Wladimir Susdal
whc.unesco.org/en/list/633
UNESCO-Welterbe Dreifaltigkeitskloster von Sergijew Possad
whc.unesco.org/en/list/657

Der Dettifoss-Wasserfall
in Island.

ALLE EUROPÄISCHEN WELTERBESTÄTTEN AUF EINEN BLICK

Albanien
- 1992 – Ruinen von Butrint und Höhensiedlung Kalivo (K)
- 2005 – Historische Zentren von Gjirokastra und Berat (K, Erweiterung 2008)
- 2017 – Alte Buchenwälder und Buchenurwälder der Karpaten und anderer Regionen Europas (N, transnational mit 17 weiteren Ländern)

Andorra
- 2004 – Vall del Madriu-Perafita-Claror (K, 2006 erweitert)

Belarus
- 1979 – Waldgebiet Bialowieza (N, grenzüberschreitend mit Polen)
- 2000 – Schloss Mir (K)
- 2005 – Struve-Bogen (K, transnational mit 9 weiteren Ländern)
- 2005 – Architektonisches und kulturelles Erbe der Adelsfamilie Radziwill in Nieswiez (K)

Belgien
- 1998 – Flämische Beginenhöfe (K)
- 1998 – Die vier Schiffshebewerke des Canal du Centre (K)
- 1998 – Der Große Platz (Grote Markt / Grand' Place) in Brüssel (K)
- 1999 – Belfriede in Belgien und Frankreich (K, 2005 erweitert, zusammen mit Frankreich)
- 2000 – Jungsteinzeitliche Feuersteinminen bei Spiennes (K)
- 2000 – Altstadt von Brügge (K)
- 2000 – Kathedrale Notre Dame in Tournai (K)
- 2000 – Jugendstilbauten von Victor Horta in Brüssel (K)
- 2005 – Plantin-Moretus-Museum (K)
- 2009 – Palais Stoclet (K)
- 2012 – Bedeutende Bergbauanlagen Walloniens (K)
- 2016 – Das architektonische Werk von Le Corbusier – ein herausragender Beitrag zur Moderne (K, transnational, aus Belgien das Maison Guiette in Antwerpen)
- 2017 – Alte Buchenwälder und Buchenurwälder der Karpaten und anderer Regionen Europas (N, transnational mit 17 weiteren Ländern)
- 2021 – Kolonien der Barmherzigkeit (K, zusammen mit den Niederlanden)
- 2021 – Bedeutende Kurstädte Europas: Spa (K, transnational mit sechs weiteren Ländern)

Bosnien und Herzegowina
- 2005 – Alte Brücke und Altstadt von Mostar (K)
- 2007 – Mehmed-Paša-Sokolovic-Brücke in Višegrad (K)
- 2016 – Friedhöfe mit Stećci – mittelalterliche Grabsteine (K, transnational mit Kroatien, Montenegro und Serbien)
- 2021 – Alte Buchenwälder und Buchenurwälder der Karpaten und anderer Regionen Europas (N, transnational mit 17 weiteren Ländern)

Bulgarien
- 1979 – Kirche von Bojana (Sofia) (K)
- 1979 – Felsrelief des Reiters von Madara (K)
- 1979 – Felskirchen von Iwanowo (K)
- 1979 – Thrakergrab von Kasanlak (K)
- 1983 – Altstadt von Nessebar (K)
- 1983 – Biosphärenreservat Srebarna (N)
- 1983 – Nationalpark Pirin (N)
- 1983 – Kloster Rila (K)
- 1985 – Thrakergrab von Sweschtari (K)
- 2017 – Alte Buchenwälder und Buchenurwälder der Karpaten und anderer Regionen Europas (N, transnational mit 17 weiteren Ländern)

Dänemark
- 1994 – Grabhügel, Runen und Kirche von Jelling (K)
- 1995 – Kathedrale von Roskilde (K)
- 2000 – Schloss Kronborg bei Helsingør (K)
- 2014 – Wattenmeer (N)
- 2014 – Stevns Klint (N)
- 2015 – Christiansfeld, eine mährische Kirchensiedlung (K)
- 2015 – Parforcejagdlandschaft in Nordseeland (K)

Dänemark hat auch Welterbestätten auf Grönland in Amerika.

Deutschland
- 1978 – Aachener Dom mit Aachener Domschatz (K)
- 1981 – Dom zu Speyer (K)
- 1981 – Würzburger Residenz mit Hofgarten und Residenzplatz (K)
- 1983 – Wallfahrtskirche in der Wies (K)
- 1984 – Schlösser Augustusburg und Falkenlust in Brühl (K)
- 1985 – Dom und Michaeliskirche in Hildesheim (K)
- 1986 – Römische Baudenkmäler, Dom und Liebfrauenkirche in Trier (K)

- 1987 – Hansestadt Lübeck mit Holstentor (K)
- 1990 – Schlösser und Parks von Potsdam und Berlin (K)
- 1991 – Abtei und Altenmünster des Klosters Lorsch (K)
- 1992 – Bergwerk Rammelsberg, die Altstadt von Goslar und die Oberharzer Wasserwirtschaft(K)
- 1993 – Altstadt von Bamberg (K)
- 1993 – Kloster Maulbronn (K)
- 1994 – Stiftskirche, Schloss und Altstadt von Quedlinburg (K)
- 1994 – Völklinger Hütte (K)
- 1995 – Fossilienfundstätte Grube Messel (N)
- 1996 – Kölner Dom (K)
- 1996 – Das Bauhaus und seine Stätten in Weimar, Dessau und Bernau (K, 2017 erweitert)
- 1996 – Luthergedenkstätten in Eisleben und Wittenberg (K)
- 1998 – Klassisches Weimar (K)
- 1999 – Museumsinsel in Berlin (K)
- 1999 – Wartburg (K)
- 2000 – Dessau-Wörlitzer Gartenreich (K)
- 2000 – Klosterinsel Reichenau (K)
- 2001 – Zeche Zollverein und Kokerei Zollverein (K)
- 2002 – Kulturlandschaft Oberes Mittelrheintal (K)
- 2002 – Die historischen Altstädte von Stralsund und Wismar (K)
- 2004 – Bremer Rathaus und Bremer Roland (K)
- 2004 – Fürst-Pückler-Park in Bad Muskau (K)
- 2005 – Grenzen des Römischen Reiches (K, transnational mit dem Vereinigten Königreich), aus Deutschland der Obergermanisch-Raetische Limes
- 2006 – Altstadt von Regensburg mit Stadtamhof (K)
- 2008 – Wohnsiedlungen der Berliner Moderne (K)
- 2009 – Wattenmeer der Nordsee (N, grenzüberschreitend mit Dänemark und den Niederlanden)
- 2011 – Alte Buchenwälder und Buchenurwälder der Karpaten und anderer Regionen Europas (N, transnational mit 17 weiteren Ländern)
- 2011 – Fagus-Werk in Alfeld (Leine) (K)
- 2011 – Prähistorische Pfahlbauten um die Alpen (K, transnational)
- 2012 – Markgräfliches Opernhaus in Bayreuth (K)
- 2013 – Bergpark Wilhelmshöhe in Kassel (K)
- 2014 – Karolingisches Westwerk und Civitas Corvey (K)
- 2015 – Hamburger Speicherstadt und Kontorhausviertel mit Chilehaus (K)
- 2016 – Das architektonische Werk von Le Corbusier (K, transnational), aus Deutschland zwei Häuser der Weißenhofsiedlung in Stuttgart (K)
- 2017 – Höhlen und Eiszeitkunst im Schwäbischen Jura (K)
- 2018 – Archäologischer Grenzkomplex Haithabu und Danewerk (K)
- 2018 – Naumburger Dom (K)
- 2019 – Montanregion Erzgebirge / Krušnohoří (K, grenzüberschreitend mit Tschechien)
- 2019 – Augsburger Wassermanagement-System (K)
- 2021 – Grenzen des Römischen Reichs – Donaulimes (zusammen mit Österreich und der Slowakei) (K)
- 2021 – Grenzen des Römischen Reichs – Niedergermanischer Limes (zusammen mit den Niederlanden) (K)
- 2021 – Mathildenhöhe Darmstadt (K)
- 2021 – SchUM-Stätten Speyer, Worms und Mainz (K)
- 2021 – Bedeutende Kurstädte Europas: Baden-Baden, Bad Ems, Bad Kissingen (K, transnational)

Die 2004 in die Welterbeliste aufgenommene Kulturlandschaft Dresdner Elbtal (K) wurde 2009 gestrichen.

Estland
- 1997 – Altstadt von Tallinn (K)
- 2005 – Struve-Bogen (K, transnational mit 9 weiteren Ländern)

Finnland
- 1991 – Stadt Rauma (K)
- 1991 – Festung Suomenlinna (K)
- 1994 – Alte Kirche von Petäjävesi (K)
- 1996 – Historische Kartonfabrik von Verla (K)
- 1999 – Bestattungsstätte von Sammallahdenmäki (K)
- 2005 – Struve-Bogen (K, transnational mit 9 weiteren Ländern)
- 2006 – Kvarken (N, Erweiterung der Höga Kusten in Schweden)

Frankreich
- 1979 – Schloss und Park von Versailles (K)
- 1979 – Mont-Saint-Michel und seine Bucht (K)
- 1979 – Kathedrale Notre-Dame de Chartres (K)
- 1979 – Abteikirche und Stadthügel von Vézelay (K)
- 1979 – Vézère-Tal: Fundorte und Höhlenmalereien (K)
- 1981 – Schloss und Park von Fontainebleau (K)
- 1981 – Römische und romanische Denkmale von Arles (K)
- 1981 – Amphitheater und Römischer Bogen von Orange (K)
- 1981 – Zisterzienserkloster von Fontenay (K)
- 1981 – Kathedrale von Amiens (K)
- 1982 – Von der Großen Saline in Salins-les-Bains bis zur Königlichen Saline in Arc-et-Senans, die Herstellung von Siedesalz (K)
- 1983 – Die Plätze Stanislas, de la Carrière, d'Alliance in Nancy (K)
- 1983 – Abteikirche von Saint-Savin (K)
- 1983 – Kap Girolata, Kap Porto, Calanche und der Naturpark Scandola auf Korsika (N)
- 1985 – Römisches Aquädukt Pont du Gard (K)
- 1988 – Straßburg: von der Grande-Île zur Neustadt, eine europäische Stadtszenerie (K, 2017 erweitert)
- 1991 – Seineufer von Paris (K)
- 1991 – Kathedrale Notre Dame, Basilika Saint-Remi und Palast von Tau in Reims (K)

- 1992 – Kathedrale von Bourges (K)
- 1995 – Altstadt von Avignon (K)
- 1996 – Canal du Midi (K)
- 1997 – Altstadt und Stadtmauer von Carcassonne (K)
- 1997 – Mont Perdu in den Pyrenäen (K/N, grenzüberschreitend mit Spanien)
- 1998 – Historische Stätten von Lyon (K)
- 1998 – Jakobsweg in Frankreich: Via Turonensis, Via Lemovicensis, Via Podiensis und Via Tolosana (K)
- 1999 – Weinanbaugebiet von Saint-Émilion (K)
- 2000 – Tal der Loire zwischen Sully-sur-Loire und Chalonnes (K)
- 2001 – Mittelalterliche Handelsstadt Provins (K)
- 2005 – Stadtzentrum von Le Havre (K)
- 2005 – 23 Belfriede in Frankreich (K, zusammen mit Belgien) (K)
- 2007 – Stadtzentrum von Bordeaux (K)
- 2008 – Festungsanlagen von Vauban (K)
- 2010 – Bischofsviertel der Stadt Albi (K)
- 2011 – Prähistorische Pfahlbauten um die Alpen (K, transnational)
- 2011 – Agropastorale Landschaften der Causses und Cevennen (K)
- 2012 – Nordfranzösisches Kohlerevier, Bergbaubecken von Nord-Pas-de-Calais (K)
- 2014 – Chauvet-Höhle (K)
- 2015 – Weinberge, Häuser und Weinkeller der Champagne (K)
- 2015 – Markungen und Weinanbaugebiete im Burgund (K)
- 2016 – Das architektonische Werk von Le Corbusier (K, transnational) aus Frankreich zehn Bauwerke, u. a. Notre-Dame-du-Haut in Ronchamp
- 2018 – Chaîne des Puys (N)
- 2021 – Buchenurwälder und Alte Buchenwälder der Karpaten und anderer Regionen Europas (N, transnational mit 17 weiteren Ländern)
- 2021 – Bedeutende Kurstädte Europas: Vichy (K, transnational)
- 2021 – Leuchtturm von Cordouan (K)
- 2021 – Nizza, Winterkurort der Riviera (K)

Weitere Welterbestätten aus Frankreich befinden sich in Übersee.

Griechenland

- 1986 – Apollontempel bei Bassae (K)
- 1987 – Delphi (K)
- 1987 – Akropolis in Athen (K)
- 1988 – Berg Athos (K/N)
- 1988 – Meteora-Klöster (K/N)
- 1988 – Frühchristliche und byzantinische Bauten in Thessaloniki (K)
- 1988 – Antike Stadt Epidauros (K)
- 1988 – Mittelalterliche Stadt von Rhodos (K)
- 1988 – Ruinen von Olympia (K)
- 1989 – Ruinenstadt Mystras (K)
- 1990 – Insel Delos (K)
- 1990 – Klöster Daphni, Hosios Lukas und Nea Moni (K)
- 1992 – Pythagoreion und Heraion von Samos (K)
- 1996 – Ausgrabungsstätten von Vergina (K)
- 1999 – Archäologische Stätten von Mykene und Tiryns (K)
- 1999 – Altstadt mit dem Kloster des Hl. Johannes und der Höhle der Apokalypse auf der Insel Patmos (K)
- 2007 – Altstadt von Korfu (K)
- 2016 – Philippi (K)

Irland

- 1993 – Archäologische Stätte Bend of the Boyne (K)
- 1996 – Felseninsel Skellig Michael (K)

Island

- 2004 – Nationalpark Þingvellir (K)
- 2008 – Insel Surtsey (N)
- 2019 – Vatnajökull-Nationalpark (N)

Italien

- 1979 – Felsbilder im Valcamonica (K)
- 1980 – Dominikanerkirche Santa Maria delle Grazie in Mailand mit dem Bild »Das Abendmahl« (K)
- 1980 – Historische Altstadt von Rom (K), 1990 erweitert um Basilika St. Paul einschließlich der extraterritorialen Besitztümer des Vatikans in der Stadt
- 1982 – Die Altstadt von Florenz (K)
- 1987 – Venedig und seine Lagune (K)
- 1987 – Domplatz von Pisa (K)
- 1990 – Historisches Zentrum von San Gimignano (K)
- 1993 – Höhlenwohnungen Sassi di Matera (K)
- 1994 – Vicenza und die Villen Palladios (K)
- 1995 – Historisches Zentrum von Siena (K)
- 1995 – Historisches Zentrum von Neapel (K)
- 1995 – Modellsiedlung Crespi d'Adda (K)
- 1995 – Renaissancestadt Ferrara und Delta des Po (K)
- 1996 – Trulli von Alberobello (K)
- 1996 – Castel del Monte (K)
- 1996 – Frühchristliche Baudenkmale und Mosaike von Ravenna (K)
- 1996 – Historisches Zentrum von Pienza (K)
- 1997 – Königliches Schloss in Caserta (K)
- 1997 – Residenzen des Hauses Savoyen in der Provinz Turin (K)
- 1997 – Botanischer Garten in Padua (K)
- 1997 – Kathedrale von Modena, Torre Civica und Piazza Grande in Modena (K)
- 1997 – Pompeji, Herculaneum und Villa von Oplontis (K)
- 1997 – Villa Romana del Casale (K)
- 1997 – Bronzezeitliche Turmbauten von Barumini in Sardinien (K)

- 1997 – Kulturlandschaft Porto Venere und Cinque Terre (K)
- 1997 – Kulturlandschaft Küste von Amalfi (K)
- 1997 – Archäologische Stätten von Agrigent (K)
- 1998 – Nationalpark Cilento und Vallo di Diano mit den archäologischen Stätten von Paestum und Velia und der Kartause von Padula (K)
- 1998 – Historisches Zentrum von Urbino (K)
- 1998 – Archäologische Stätten und die Basilika von Aquileia (K)
- 1999 – Hadriansvilla in Tivoli
- 2000 – Äolische Inseln (K)
- 2000 – Basilika San Francesco von Assisi und Gedenkstätten des Hl. Franziskus (K)
- 2000 – Altstadt von Verona (K)
- 2001 – Villa d'Este in Tivoli (K)
- 2002 – Spätbarocke Städte des Val di Noto (K)
- 2003 – Sacri Monti im Piemont und der Lombardei (K)
- 2004 – Val d'Orcia (K)
- 2004 – Etruskische Nekropolen von Cerveteri und Tarquinia (K)
- 2005 – Syrakus und die Felsnekropolis von Pantalica (K)
- 2006 – Le Strade Nuove und Palazzi dei Rolli in Genua (K)
- 2008 – Mantua und Sabbioneta (K)
- 2008 – Berninabahn der Rhätischen Bahn (K, grenzüberschreitend mit der Schweiz)
- 2009 – Dolomiten in Südtirol und in den Provinzen Trient (Trentino), Belluno (Venetien) sowie Udine und Pordenone (Friaul) (N)
- 2010 – Monte San Giorgio (K, Erweiterung um italienisches Gebiet) (N)
- 2011 – Die Langobarden in Italien, Orte der Macht (568 bis 774 n. Chr.) (K)
- 2011 – Prähistorische Pfahlbauten um die Alpen (K, transnational) (K)
- 2013 – Ätna (Sizilien) (N)
- 2013 – Villen und Gärten der Medici (K)
- 2014 – Weinbau-Landschaft des Piemonts: Langhe-Roero und Monferrato (K)
- 2015 – Arabisch-normannisches Palermo und die Kathedralen von Cefalù und Monreale (K)
- 2017 – Alte Buchenwälder und Buchenurwälder der Karpaten und anderer Regionen Europas (N, transnational mit 17 weiteren Ländern)
- 2017 – Venezianisches Verteidigungssystem des 16. bis 17. Jahrhunderts (K, transnational mit Kroatien und Montenegro)
- 2018 – Ivrea, Industriestadt des 20. Jahrhunderts (K)
- 2019 – Die Hügel des Prosecco zwischen Conegliano und Valdobbiadene (K)
- 2021 – Arkadengänge von Bologna (K)
- 2021 – Paduas Freskenzyklen aus dem 14. Jahrhundert (K)
- 2021 – Bedeutende Kurstädte Europas: Montecatini Terme (K, transnational mit sechs weiteren Ländern)

Kroatien
- 1979 – Altstadt von Dubrovnik (K)
- 1979 – Historischer Komplex von Split mit dem Diokletianspalast (K)
- 1979 – Nationalpark Plitvicer Seen (N)
- 1997 – Bischofsgebäude der Euphrasius-Basilika in der Altstadt von Porec (K)
- 1997 – Altstadt von Trogir (K)
- 2000 – Kathedrale des Heiligen Jakob in Sibenik (K)
- 2008 – Ebene von Stari Grad (K)
- 2016 – Stećci – Mittelalterliche Grabsteine (K, transnational mit Bosnien und Herzegowina, Montenegro und Serbien)
- 2017 – Alte Buchenwälder und Buchenurwälder der Karpaten und anderer Regionen Europas (N, transnational mit 17 weiteren Ländern)
- 2017 – Venezianisches Verteidigungssystem des 16. bis 17. Jahrhunderts (K, transnational mit Italien und Montenegro)

Lettland
- 1997 – Riga, Altstadt und Neustadt (K)
- 2005 – Struve-Bogen (K, transnational mit 9 weiteren Ländern, in Lettland: Sestu-Kalns und Jacobstadt)

Litauen
- 1994 – Altstadt von Vilnius (K)
- 2000 – Kurische Nehrung (K, grenzüberschreitend mit Russland)
- 2004 – Archäologische Stätte Kernavė (K)
- 2005 – Struve-Bogen (K, transnational mit 9 weiteren Ländern)

Luxemburg
- 1994 – Altstadtviertel und Festungen von Luxemburg (K)

Malta
- 1980 – Stadt Valletta (K)
- 1980 – Megalithische Tempel von Malta (K)
- 1980 – Unterirdischer Kultraum Hypogäum von Ħal-Saflieni (K)

Moldawien
- 2005 – Struve-Bogen (K, transnational mit 9 weiteren Ländern)

Montenegro
- 1979 – Natürliche und kulturhistorische Region Kotors (K)
- 1980 – Nationalpark Durmitor (N)
- 2016 – Stećci (K, transnational mit Bosnien und Herzegowina, Kroatien und Serbien)
- 2017 – Venezianisches Verteidigungssystem des 16. bis 17. Jahrhunderts (K, transnational mit Italien und Kroatien)

Niederlande
- 1995 – Polderlandschaft Schokland (K)
- 1996 – Holländische Wasserverteidigungslinien (K, 2021 erweitert)
- 1997 – Mühlenanlagen in Kinderdijk-Elshout (K)
- 1998 – Dampfpumpwerk von Wouda (K)
- 1999 – Beemster-Polder (K)
- 2000 – Rietveld-Schröder-Haus in Utrecht (K)
- 2009 – Wattenmeer (N)
- 2010 – Grachtengürtel (K)
- 2014 – Van-Nelle-Fabrik in Rotterdam (K)
- 2021 – Kolonien der Barmherzigkeit (K, zusammen mit Belgien)
- 2021 – Niedergermanischer Limes (K, zusammen mit Deutschland)

Das Königreich der Niederlande hat auch eine Welterbestätte in der Karibik.

Nordmazedonien
- 1979 – Natur- und Kulturerbe der Region Ohrid (K/N)
- 2021 – Alte Buchenwälder und Buchenurwälder der Karpaten und anderer Regionen Europas (N, transnational mit 17 weiteren Ländern)

Norwegen
- 1979 – Hanseviertel Bryggen der Stadt Bergen (K)
- 1979 – Stabkirche Urnes (K)
- 1980 – Røros (K)
- 1985 – Steinritzungen in Alta (K)
- 2004 – Vega-Archipel (K)
- 2005 – Struve-Bogen (K, transnational mit 9 weiteren Ländern)
- 2005 – Westnorwegische Fjorde Geirangerfjord und Nærøyfjord (N)
- 2015 – Industriestätten in Rjukan und Notodden (K)

Österreich
- 1996 – Historisches Zentrum der Stadt Salzburg (K)
- 1996 – Schloss und Park von Schönbrunn (K)
- 1997 – Kulturlandschaft Hallstatt–Dachstein/Salzkammergut (K)
- 1998 – Semmeringbahn (K)
- 1999 – Stadt Graz – Historisches Zentrum und Schloss Eggenberg (K, 2010 erweitert um das Schloss Eggenberg)
- 2000 – Kulturlandschaft Wachau (K)
- 2001 – Historisches Zentrum von Wien (K, R)
- 2001 – Kulturlandschaft Fertő/Neusiedler See (K, grenzüberschreitend mit Ungarn)
- 2011 – Prähistorische Pfahlbauten um die Alpen (K, transnational)
- 2017 – Alte Buchenwälder und Buchenurwälder der Karpaten und anderer Regionen Europas (N, transnational mit 17 weiteren Ländern)
- 2021 – Grenzen des Römischen Reichs – Donaulimes (K, zusammen mit Deutschland und der Slowakei)
- 2021 – Bedeutende Kurstädte Europas: Baden bei Wien (K, transnational mit 6 weiteren Ländern)

Polen
- 1978 – Altstadt von Krakau (K)
- 1978 – Königliche Salzbergwerke Wieliczka und Bochnia (K)
- 1979 – Auschwitz-Birkenau – nationalsozialistisches Konzentrations- und Vernichtungslager (1940–1945) (K)
- 1979 – Waldgebiet Bialowieza (N, grenzüberschreitend mit Belarus)
- 1980 – Altstadt von Warschau (K)
- 1992 – Altstadt von Zamość (K)
- 1997 – Mittelalterliche Altstadt von Toruń (Thorn) (K)
- 1997 – Deutschordensburg Marienburg in Malbork (Marienburg) (K)
- 1999 – Kalvarienberg Zebrzydowska (K)
- 2001 – Friedenskirchen in Jawor und Świdnica – (Friedenskirchen in Jauer und Schweidnitz) (K)
- 2003 – Holzkirchen im südlichen Kleinpolen (K)
- 2004 – Park Muzakowski (K, grenzüberschreitend mit Deutschland)
- 2006 – Jahrhunderthalle in Breslau
- 2013 – Holzkirchen der Karpatenregion (K, transnational mit der Ukraine)
- 2017 – Blei-Silber-Zink-Mine von Tarnowskie Góry und ihr unterirdisches Wassermanagementsystem (K)
- 2021 – Alte Buchenwälder und Buchenurwälder der Karpaten und anderer Regionen Europas (N, transnational mit 17 weiteren Ländern)

Portugal
- 1983 – Stadtzentrum von Angra do Heroísmo (K)
- 1983 – Hieronymuskloster und Turm von Belém in Lissabon (K)
- 1983 – Kloster Batalha (K)
- 1983 – Christuskloster in Tomar (K)
- 1988 – Historisches Zentrum von Évora (K)
- 1989 – Kloster Alcobaça (K)
- 1995 – Kulturlandschaft Sintra (K)
- 1996 – Historisches Zentrum von Porto (K)
- 1998 – Prähistorische Felszeichnungen im Parque Arqueológico do Vale do Côa (K)

2010 erweitert um Siega Verde in Spanien
- 2001 – Weinregion Alto Douro (K)
- 2001 – Historisches Zentrum von Guimarães (K)
- 2004 – Weinbaukultur der Insel Pico (K)
- 2012 – Grenz- und Garnisonsstadt Elvas mit ihren Befestigungen (K)
- 2013 – Universität Coimbra (K)
- 2019 – Königlicher Gebäudekomplex von Mafra (K)
- 2019 – Bom Jesus do Monte in Braga (K)

Portugal hat auch Welterbestätten außerhalb Europas.

Rumänien
- 1991 – Donaudelta (N)
- 1993 – Dörfer und Wehrkirchen in Transsilvanien (Siebenbürgen) (K)

- 1993 – Kloster Horezu (K)
- 1993 – Kirchen der Moldau (K)
- 1999 – Festungsanlagen der Daker in den Bergen von Orăștie (K)
- 1999 – Holzkirchen von Maramureș (K)
- 1999 – Historisches Zentrum von Sighișoara (Schäßburg) (K)
- 2017 – Alte Buchenwälder und Buchenurwälder der Karpaten und anderer Regionen Europas (N, transnational mit 17 weiteren Ländern)
- 2021 – Bergbaulandschaft Roșia Montană (K, R)

Russland
- 1990 – Historisches Zentrum von Sankt Petersburg und dazugehörende Ensembles (K)
- 1990 – Holzkirchen von Kischi Pogost (K)
- 1990 – Kreml und Roter Platz in Moskau (K)
- 1992 – Altstadt von Weliki Nowgorod mit Kreml und Sophienkathedrale (K)
- 1992 – Solowezki-Inseln mit befestigtem Kloster (K)
- 1992 – Weiße Monumente von Wladimir und Susdal (K)
- 1993 – Befestigtes Kloster in Sergijew Possad (K)
- 1994 – Christi-Himmelfahrts-Kirche in Kolomenskoje (K)
- 1995 – Urwälder von Komi (N)
- 2000 – Kreml von Kasan (K)
- 2000 – Kloster Ferapontow (K)
- 2000 – Kurische Nehrung (K, grenzüberschreitend mit Litauen)
- 2004 – Kloster Nowodewitschi (K)
- 2005 – Altstadt von Jaroslawl (K)
- 2005 – Struve-Bogen (K, transnational mit 9 weiteren Ländern)
- 2014 – Historischer und archäologischer Komplex Bolgar (K)
- 2017 – Mariä-Himmelfahrts-Kathedrale der Inselstadt Swijaschsk (K)
- 2019 – Kirchen der Architekturschule von Pskow (K)
- 2021 – Felsbilder am Onegasee und am Weißen Meer (K)

Weitere Welterbestätten Russlands liegen in Asien.

San Marino
- 2008 – Historisches Stadtzentrum von San Marino und der Berg Titano (K)

Schweden
- 1991 – Königliches Sommerschloss Drottningholm (K)
- 1993 – Wikingersiedlungen Birka und Hovgården (K)
- 1993 – Eisenhütte Engelsberg (K)
- 1994 – Felsenzeichnungen von Tanum (K)
- 1994 – Friedhof Skogskyrkogården (K)
- 1995 – Stadt Visby (K)
- 1996 – Kirchenbezirk Gammelstad (K)
- 1996 – Laponia – Arktische Kulturlandschaft in Lappland (K/N)
- 1998 – Marinehafen Karlskrona (K)
- 2000 – Höga Kusten – Landhebungsgebiet am Bottnischen Meerbusen (N), 2006 erweitert um den Kvarken-Archipel in Finnland
- 2000 – Agrarlandschaft Südölands (K)
- 2001 – Historische Industrielandschaft in Falun (K)
- 2004 – Längstwellensender Grimeton (K)
- 2005 – Struve-Bogen (K, transnational mit 9 weiteren Ländern)
- 2012 – Dekorierte Bauernhäuser von Hälsingland (K)

Schweiz
- 1983 – Benediktinerinnenkloster St. Johann (Claustra Son Jon) in Müstair (K)
- 1983 – Altstadt von Bern (K)
- 1983 – Stiftsbezirk in St. Gallen (K)
- 2000 – Die Tre Castelli mit Schutzmauer und Stadtbefestigung in Bellinzona (K)
- 2001 – Gebirgslandschaft Schweizer Alpen Jungfrau-Aletsch (N, 2007 erweitert)
- 2003 – Monte San Giorgio im Tessin (N, 2010 auf das italienische Gebiet erweitert)
- 2007 – Weinberg-Terrassen in Lavaux (K)
- 2008 – Rhätische Bahn in der Landschaft Albula/Bernina (K, Berninabahn zusammen mit Italien)
- 2008 – Tektonikarena Sardona (N)
- 2009 – Stadtlandschaft La Chaux-de-Fonds/Le Locle (K)
- 2011 – Prähistorische Pfahlbauten um die Alpen (K, transnational)
- 2016 – Das architektonische Werk von Le Corbusier (K, transnational), aus der Schweiz die Villa Le Lac in Corseaux und das Immeuble Clarté in Genf
- 2021 – Alte Buchenwälder und Buchenurwälder der Karpaten und anderer Regionen Europas (N, transnational mit 17 weiteren Ländern), aus der Schweiz die Wälder am Bettlachstock und im Val di Lodano

Serbien
- 1979 – Stadt Stari Ras und Kloster Sopoćani (K)
- 1986 – Kloster Studenica (K)
- 2004 – Mittelalterliche Denkmäler im Kosovo (K, R, 2006 erweitert)
- 2007 – Romuliana, Palast des Galerius in Gamzigrad (K)
- 2016 – Stećci (K, transnational)

Da der Kosovo kein Vertragsstaat der Welterbekonvention ist, werden die Welterbestätten im Kosovo in der UNESCO-Liste unter Serbien geführt.

Slowakei
- 1993 – Bauerndorf Vlkolínec (K)
- 1993 – Levoča, Spišský hrad, Spišské Podhradie und Heilig-Geist-Kirche in Žehra (K)
- 1993 – Bergbaustadt Banská Štiavnica (K)

- 1995 – Höhlen im Aggteleker und Slowakischen Karst (N, grenzüberschreitend mit Ungarn)
- 2000 – Historisches Zentrum von Bardejov (K)
- 2007 – Alte Buchenwälder und Buchenurwälder der Karpaten und anderer Regionen Europas(N, transnational mit 17 weiteren Ländern, 2017 und 2021 erweitert)
- 2008 – Holzkirchen im slowakischen Teil der Karpaten (K)
- 2021 – Grenzen des Römischen Reichs – Donaulimes (K, transnational mit Deutschland und Österreich)

Slowenien
- 1986 – Höhlen von Škocjan (N)
- 2011 – Prähistorische Pfahlbauten um die Alpen (K, transnational)
- 2012 – Historische Stätten der Quecksilbergewinnung: Almadén und Idrija (K, transnational mit Spanien)
- 2017 – Alte Buchenwälder und Buchenurwälder der Karpaten und anderer Regionen Europas (N, transnational mit 17 weiteren Ländern)
- 2021 – Das Werk von Jože Plečnik in Ljubljana – am Menschen orientierte Stadtgestaltung (K)

Spanien
- 1984 – Historisches Zentrum von Córdoba (K)
- 1984 – Alhambra, Generalife und Albaicín in Granada (K)
- 1984 – Kathedrale von Burgos (K)
- 1984 – Escorial in Madrid (K)
- 1984 – Werke von Antoni Gaudí (K, 2005 erweitert)
- 1985 – Höhle von Altamira und Altsteinzeitliche Höhlenmalereien in Nordspanien (K, Erweiterung 2008)
- 1985 – Altstadt von Segovia mit Aquädukt (K)
- 1985 – Denkmäler von Oviedo und des Königreiches Asturien (K)
- 1985 – Altstadt von Santiago de Compostela (K)
- 1985 – Altstadt von Ávila und Kirchen außerhalb der Stadtmauer (K)
- 1986 – Architektur der Mudéjaren in Aragón (K)
- 1986 – Historische Innenstadt von Toledo (K)
- 1986 – Nationalpark Garajonay (N)
- 1986 – Altstadt von Cáceres (K)
- 1987 – Kathedrale, Alcázar und Archivo General de Indias in Sevilla (K)
- 1988 – Altstadt von Salamanca (K)
- 1991 – Kloster Poblet (K)
- 1993 – Archäologisches Ensemble von Mérida (K)
- 1993 – Königliches Kloster Santa María de Guadalupe (K)
- 1993 – Pilgerweg nach Santiago de Compostela (K)
- 1994 – Nationalpark Doñana (N)
- 1996 – Historische befestigte Stadt von Cuenca (K)
- 1996 – Die Seidenbörse von Valencia (K)
- 1997 – Palau de la Música Catalana und Hospital de la Santa Creu i Sant Pau in Barcelona (K)
- 1997 – Las Médulas (K)
- 1997 – Klöster San Millán de Yuso und San Millán de Suso (K)
- 1997 – Pyrenäen – Monte Perdido (K/N, grenzüberschreitend mit Frankreich)
- 1998 – Universität und historischer Bezirk von Alcalá de Henares (K)
- 1998 – Felsenkunst des Mittelmeerraums auf der Iberischen Halbinsel (K)
- 1999 – Ibiza: Biologische Vielfalt und Kultur (K/N)
- 1999 – San Cristóbal de La Laguna (K)
- 2000 – Archäologisches Ensemble von Tarraco (K)
- 2000 – Palmenhain von Elche (K)
- 2000 – Römische Mauern von Lugo (K)
- 2000 – Kirchen der Katalanischen Romanik im Vall de Boí (K)
- 2000 – Archäologische Stätte von Atapuerca (K)
- 2001 – Kulturlandschaft von Aranjuez (K)
- 2003 – Monumentale Renaissance-Bauten von Úbeda und Baeza (K)
- 2006 – Puente de Vizcaya (K)
- 2007 – Nationalpark Teide (N)
- 2009 – Herkulesturm (K)
- 2010 – Prähistorische Felszeichnungen in Siega Verde (K, Erweiterung der Welterbestätte Parque Arqueológico do Vale do Côa in Portugal)
- 2011 – Kulturlandschaft der Serra de Tramuntana (K)
- 2012 – Bergwerk Almadén (K, transnational mit Slowenien Historische Stätten der Quecksilbergewinnung: Almadén und Idrija)
- 2016 – Megalithanlagen von Antequera (K)
- 2017 – Alte Buchenwälder und Buchenurwälder der Karpaten und anderer Regionen Europas (N, transnational mit 17 weiteren Ländern)
- 2018 – Kalifatsstadt Madīnat az-Zahrā (K)
- 2019 – Risco Caído und die Kulturlandschaft der heiligen Berge von Gran Canaria
- 2021 – Paseo del Prado und Buen Retiro, Landschaft der Künste und der Wissenschaften

Spanien hat auch Welterbestätten in Afrika.

Tschechien
- 1992 – Historisches Zentrum von Prag (K)
- 1992 – Altstadt von Český Krumlov (K)
- 1992 – Altstadt von Telč (K)
- 1994 – Johann-Nepomuk-Wallfahrtskirche Zelená Hora (K)
- 1995 – Altstadt von Kutná Hora mit Dom der heiligen Barbara und Marienkirche des Klosters Sedlec (K)
- 1996 – Kulturlandschaft Lednice-Valtice (K)
- 1998 – Schloss Kroměříž mit Schlosspark und Blumengarten (K)
- 1998 – Historisches Dorf Holašovice (K)
- 1999 – Schloss Litomyšl (K)
- 2000 – Dreifaltigkeitssäule in Olmütz (K)
- 2001 – Villa Tugendhat in Brünn (K)
- 2003 – Jüdisches Viertel und St.-Prokop-Basilika in Třebíč (K)

- 2019 – Montanregion Erzgebirge / Krušnohoří (K, grenzüberschreitend mit Deutschland)
- 2019 – Landschaft für die Zucht und Dressur von zeremoniellen Wagenpferden in Kladruby nad Labem (K)
- 2021 – Buchenurwälder und Alte Buchenwälder der Karpaten und anderer Regionen Europas: Jizerskohorské bučiny (N, transnational mit 17 weiteren Ländern)
- 2021 – Bedeutende Kurstädte Europas: Karlovy Vary, Františkovy Lázně und Mariánské Lázně (K)

Türkei
- 1985 – Historische Bereiche von Istanbul (K)
- 2011 – Selimiye-Moschee in Edirne (K)

Weitere Welterbestätten der Türkei liegen in Asien.

Ukraine
- 1990 – Sophienkathedrale und Höhlenkloster Lawra Petschersk in Kiew (K)
- 1998 – Historisches Zentrum von Lwiw (K)
- 2005 – Struve-Bogen (K, transnational mit 9 weiteren Ländern)
- 2007 – Alte Buchenwälder und Buchenurwälder der Karpaten und anderer Regionen Europas (N, transnational mit 17 weiteren Ländern)
- 2011 – Residenz der orthodoxen Metropoliten der Bukowina und Dalmatiens (K)
- 2013 – Antike Stadt in der taurischen Chersones und ihre Chora (K)
- 2013 – Holzkirchen der Karpatenregion (K, transnational mit Polen)

Ungarn
- 1987 – Uferbereich der Donau, Andrássy-Straße und Burg Buda in Budapest (K)
- 1987 – Traditionelles Dorf Hollókő (K)
- 1995 – Höhlen im Aggteleker und Slowakischen Karst (N, 2000 erweitert, grenzüberschreitend mit der Slowakei)
- 1996 – Benediktinerabtei Pannonhalma (K)
- 1999 – Nationalpark Hortobágy, die Puszta (K)
- 2000 – Frühchristlicher Friedhof von Pécs (K)
- 2001 – Kulturlandschaft Fertő/Neusiedler See (K, grenzüberschreitend mit Österreich)
- 2002 – Kulturlandschaft Tokajer Weinregion (K)

Vatikan
- 1984 – Vatikanstadt (K)
- 1990 – Historisches Zentrum von Rom, Basilika St. Paul (seit 1980) einschließlich der extraterritorialen Besitztümer des Vatikans in der Stadt (Erweiterung 1990) (K)

Vereinigtes Königreich
- 1986 – Giant's Causeway (»Straße der Riesen«) und ihre Küste (N)
- 1986 – Durham Castle und Durham Cathedral (K)
- 1986 – Industriedenkmäler im Tal von Ironbridge (K)
- 1986 – Ruinen von Fountains Abbey (K)
- 1986 – Stonehenge, Avebury and Associated Sites (K)
- 1986 – Burgen und Stadtmauern von König Eduard in Gwynedd (K)
- 1986 – Inselgruppe St. Kilda (K/N)
- 1987 – Blenheim Palace (K)
- 1987 – Altstadt von Bath (K)
- 1987 – Grenzen des Römischen Reiches (K, seit 2005 transnational mit Deutschland) Hadrianswall, 2008 erweitert um den Antoninuswall
- 1987 – Westminster Abbey, Palace of Westminster und St Margaret's Church (K)
- 1988 – Tower von London (K)
- 1988 – Kathedrale, Abtei St. Augustinus und St Martin's Church in Canterbury (K)
- 1995 – Altstadt und Neustadt von Edinburgh (K)
- 1995 – Wildreservat der Inseln Gough und Inaccessible (N)
- 1997 – Greenwich (K)
- 1999 – The Heart of Neolithic Orkney (K)
- 2000 – Industrielandschaft Blaenavon (K)
- 2001 – Industrielandschaft Derwent Valley Mills (K)
- 2001 – Textilfabrik, Arbeitersiedlung und Parkanlagen in Saltaire (K)
- 2001 – Industrielle Mustersiedlung New Lanark (Schottland) (K)
- 2001 – Küste von Dorset und Ost-Devon (Jurassic Coast) (N)
- 2003 – Königliche Botanische Gärten von Kew (London) (K)
- 2006 – Bergbaulandschaft von Cornwall und West Devon (K)
- 2009 – Pontcysyllte-Aquädukt und Kanal (K)
- 2015 – Die Forth Bridge (K)
- 2016 – Höhlenkomplex von Gorham in Gibraltar (K)
- 2017 – Der englische Lake District (K)
- 2019 – Jodrell-Bank-Radioobservatorium (K)
- 2021 – Bedeutende Kurstädte Europas: Bath (K, transnational)
- 2021 – Schieferlandschaft von Nordwestwales (K)

Weitere Welterbestätten des Vereinigten Königreichs befinden sich in Übersee.

Quelle: https://de.wikipedia.org/wiki/Liste_des_UNESCO-Welterbes_in_Europa, Letzter Zugriff: 8/2022

Der Trevi-Brunnen in Rom.

BENEDICTVS

REGISTER

Seite 1: Salzwiese im Nationalpark Wattenmeer **Seite 2/3:** Giants Causeway bei Sonnenuntergang **Seite 4/5 v.l.n.r.:** »Printenmädchen« an der Körbergasse in Aachen. Windmühle in Holland. Palmenhaus in Schloss Schönbrunn. Station Eismeer an der Jungfraubahn. In der Chauvet-Höhle. Petersdom in Rom. **Seite 6/7 v.l.n.r.:** Geschlechtertürme in San Gimignano. Glasmacher in Murano. Franziskanerkloster in Dubrovnik. Whiskeyfässer in Bushmills. Yesnaby-Klippen auf den Orkneys. Kathedrale auf dem Wawel in Krakau. **Seite 8/9 v.l.n.r.:** Die Jahrhunderthalle in Breslau. Rentiere in Lappland. Eisberge auf Grönland. Ikone auf Athos. Menhire auf den Orkneys. Im Tower von London. **Seite 228/229 v.l.n.r.:** Stonehenge. Leuchtturm Westerheversand im Nationalpark Wattenmeer. Deckenmosaik auf der Mathildenhöhe. Niersteiner Warte im Oberrheintal. Chilehaus im Hamburger Kontorviertel. Hamburger Speicherstadt. **Seite 230/231 v.l.n.r.:** Brücke im Muskauer Park. Stiftskirche Quedlinburg. Moderne Kunst in der Völklinger Hütte. Goethe- und Schiller-Denkmal in Weimar.Limes-Kastell Saalburg im Taunus. Fundgrube Alte Elisabeth im sächsischen Freiberg. **Seite 232/233 v.l.n.r.:** Große Galerie in Schloss Schönbrunn. Windmühle in Holland. Semmeringbahn-Erbauer Carl Ritter v. Ghega. Götterquergang in der Eiger Nordwand. Schiffshebewerk am Canal du Centre in Belgien. Wegweiser im Oberrheintal. **Seite 234/235 v.l.n.r.:** Giant's Causeway in Nordirland. Kirche von Le Corbusier in Ronchamp. Casa della Fontana in Pompeji. Teide-Blick auf Teneriffa mit Humboldt-Denkmal. Königliche Kapelle in Schloss Versailles. Burano in der Lagune von Venedig. **Seite 238/239 v.l.n.r.:** Hagia Sophia und Blaue Moschee in Istanbul. Montecatini-Terme in der Toskana. Alte Porzellanfabrik in Ironbridge. Wasserfall am Geirangerfjord. – In Schloss Drottningholm. Tower von London.

Autor: Thomas Bickelhaupt ist seit über drei Jahrzehnten als Diplom-Journalist tätig. Sein besonderes Interesse gilt kultur- und geistesgeschichtlichen Themen sowie der jüngeren deutschen Geschichte. Thomas Bickelhaupt lebt in Weimar.

IMPRESSUM

Verantwortlich: Susanne Kaufmann
Redaktion: Helga Peterz
Art Direction: Peter Feierabend
Layout: Frank Behrendt
Umschlaggestaltung: Kaj Ritter
Repro: LUDWIG:media
Kartografie: Huber Kartografie, Heike Block
Herstellung: Alexander Knoll
Printed in Slowakia by Neografia Martin

★★★★★

Sind Sie mit diesem Titel zufrieden? Dann würden wir uns über ihre Weiterempfehlung freuen. Erzählen Sie es im Freundeskreis, berichten Sie Ihrem Buchhändler, oder bewerten Sie bei Onlinekauf. Und wenn Sie Kritik, Korrekturen, Aktualisierungen haben, freuen wir uns über Ihre Nachricht an Bruckmann Verlag, Postfach 40 02 09, D-80702 München oder per E-Mail an lektorat@verlagshaus.de

Unser komplettes Programm finden Sie unter

www.bruckmann.de

In diesem Buch wird aus Gründen der besseren Lesbarkeit das generische Maskulinum verwendet. Weibliche und anderweitige Geschlechteridentitäten werden dabei ausdrücklich mitgemeint, soweit es für die Aussage erforderlich ist.

Bildnachweis:
lookphotos: S. 1, 68 (Ellerhorst, Axel); 2, 8 M., 23, 122, 126, 127, 136, 146, 147, 158, 159, 160, 188, 200, 204, 205, 215, 228 l. (robertharding); 4 M., 9 M., 17, 91, 129, 132, 133, 138, 139 o., 149, 172, 175, 178, 180, 198, 218, 222, 226/227 (age fotostock); 4 l., 21 (Jalag / Schweigert, Thomas); 5 l., 7 M., 18/19, 79, 82, 86, 123 (Strauß, Andreas); 5 M., 6 M, 7 l., 16, 92/93, 94, 98, 100, 102, 105, 106, 197, 234 l., 234 M., 235 M. (Hemis); 5 r., 9 r., 164 (Design Pics); 6 l., 143 (Allgöwer, Walter G.); 6 r., 84, 128, 216, 217 (Bischof, Manuel); 8 l. (Saga Photo); 12/13, 46, 233 r. (Wohner, Heinz); 14, 120, 225 (Frei, Franz Marc); 15, 61, 78 (Wrba, Ernst); 20, 109 (Jalag / Bossemeyer, Klaus); 22, 96 (Daniel Schoenen); 24, 28, 29, 30, 31 o., 34, 35, 36, 37 o., 37 u., 40, 42, 48, 50, 51, 55, 58, 60, 62, 229 r., 230 l., 231 M., 231 r. (Bayerl, Günther); 25, 168 (Johaentges, Karl); 26, 39, 43, 63 (Zielske, H.& D.); 27, 53, 54, 66, 118, 141 (Wagner, Hanna); 31 u. (travelstock44); 32 (Jalag / Diefenbach, Andrea); 38, 228 M. (Achtelik, Norbert); 44, 167, 179, 232 M. (Avalon.red2); 52, 187, 229 M. (Bäck, Christian); 56 (Jalag / Selbach, Arthur F.); 57, 230 r. (Jalag / Spörl, Lukas); 64, 196 (Grundner, Thomas); 67 (Fuchs, Don); 69, 124, 154, 234 r., 239 r. (Wothe, Konrad); 70, 208 (Jungk, Werner); 80 (Mirau, Rainer); 88, 116, 130, 148 (ClickAlps); 104 (Jaeger, Katharina); 108 (Fleisher, Elan); 110, 111, 112, 113, 134, 235 l., 238 M. (Richter, Jürgen); 115, 156 (Leue, Holger); 137 (Kreuzer, Martin); 139 u., 239 l. (Stankiewicz, Thomas); 140, 142, 220 (Lubenow, Sabine); 144 (Radler-Wöss, Alois); 150, 151 (Visions from Earth); 152 (Andrew_T); 153 (Eisele-Hein, Norbert); 162, 163, 238 r. (Dressler, Hauke); 176 (Draeger, Maximilian); 186 (Bathke, Olaf); 190, 192, 236/237 (Meinhardt, Olaf); 194, 221 (Martini, Rainer); 206 (Zarod, Dariusz); 214 (Schulz, Stephan); 224 (van Velzen, Joris); 228 r., 230 M. (Foto Herzig); 231 l. (Böttcher, Ulf); 233 l. Erber, Hermann; 235 r. (Baitg, Cristian); 238 l. (Jalag / Schmitz, Walter);
Mauritius images: S. 229 l. (Udo Siebig);
Picture alliance: S. 76 (Alan John Ainsworth / Heritage-Images); 87 (KEYSTONE); 232 l. (Avalon);
shutterstock: 4 r. (aaron choi); 7 r. (Nataliya Hora); 8 r. (Sirio Carnevalino); 9 l. (Predrag Lukic); 72 (fokke baarssen); 73 (Takashi Images); 74 (Merz, Brigitte); 77, 107 (Pecold); 83 (trabantos); 90 (Lisa Culton); 95 (RudiErnst); 114 (Elena Shavlovska); 131 (essevu); 155 (Ververidis Vasilis); 157 (Paolo Paradiso); 166 (Matt Gibson); 170 (Martin Payne); 171 (corlaffra); 174 (Christopher Fregly); 176 (Alla Laurent); 182 (Peter Helge Petersen); 183 (ricochet64); 184 (Dennis Jacobsen); 191 (Inspired By Maps); 195 (Danita Delimont); 201 (Desi H. Sitorus); 202 (posztos); 207 (ArtMediaFactory); 210 (Miklos Greczi); 211 (Peter Turansky); 212 (Boris Stroujko); 232 r. (Karl Allen Lugmayer); 233 M. (Silvia Dubois); 239 M. (Nonnanat Yooyuen);

Umschlagvorderseite oben: Forth Bridge, Schottland (mauritius images / Alamy Stock Photos / Dougie Milne Photography)
Umschlagvorderseite unten: Basilica San Francesco, Italien (mauritius images/ robertharding)
Umschlagrückseite oben: Sonnenuntergang über dem Aurlandsfjord.
Umschlagrückseite unten v.l.n.r.: Moldauschleife in Česk Krumlov; Mühlenlandschaft bei Rotterdam; Wasserschloss in der Speicherstadt in Hamburg.

Die Deutsche Nationalbibliothek verzeichnet diese Publikation in der Deutschen Nationalbibliografie; detaillierte bibliografische Daten sind im Internet über http://dnb.d-nb.de abrufbar.

Infanteriestraße 11a
80797 München

ISBN: 978-3-7343-2706-3